"十二五"职业教育国家规划教材·修订版

U0731227

审计基础与实务

主　编　周慧玲　刘婷婷　押松海

副主编　张惠芳　荣红涛　尹云磊　陈　渝

　　　　范　涤　韩芳艳　张国君　刘　媛

**SHENJI JICHU
YU SHIWU**

中国海洋大学出版社
CHINA OCEAN UNIVERSITY PRESS

图书在版编目（CIP）数据

审计基础与实务 / 周慧玲，刘婷婷，押松海主编 .
—青岛：中国海洋大学出版社，2018.7（2024.6 重印）
ISBN 978-7-5670-1867-9

Ⅰ.①审…　Ⅱ.①周…　②刘…　③押…　Ⅲ.①审计学
Ⅳ.①F239.0

中国版本图书馆 CIP 数据核字（2018）第 147461 号

出版发行	中国海洋大学出版社		
社　　址	青岛市香港东路 23 号	邮政编码	266071
出 版 人	杨立敏		
网　　址	http://pub.ouc.edu.cn		
电子信箱	2583272820@qq.com		
订购电话	010-82477073（传真）	电　　话	0532-85902349
责任编辑	矫恒鹏		
印　　制	涿州汇美亿浓印刷有限公司		
版　　次	2018 年 7 月第 1 版		
印　　次	2024 年 6 月第 3 次印刷		
成品尺寸	185 mm×260 mm		
印　　张	17.25		
字　　数	406 千		
印　　数	13000—18000		
定　　价	38.00 元		

前　言

党的二十大报告中提出："教育、科技、人才是全面建设社会主义现代化国家的基础性、战略性支撑。"

为了体现注册会计师审计工作的现实需求，反映审计准则的最新变化，遵循"以就业为导向、以能力为本位、以实践为中心"的原则，突出学生实践能力的培养，按照财会类专业人才培养方案的要求，我们组织编写了《审计基础与实务》一书。

本书具有如下三大特点：

一是体现工学结合的人才培养模式要求。为了实现"做中学""学中做"，我们对审计课程进行了创新，把会计师事务所的审计工作引入课堂，教室就是审计现场，赋予了学生注册会计师的特殊身份，实现了人才培养理论与实践的零距离，突出了高素质、应用型人才培养目标。

二是基于工作过程设计课程内容体系。根据审计工作流程，将教学内容分为审计基础知识、审计实施过程、综合业务审计、完成审计工作与出具审计报告四大知识模块。包括认知审计与审计职业、认知审计职业道德与法律责任、认知审计独立性、接受审计业务委托、确定审计目标、制订审计计划、了解被审计单位、评估重要性与审计风险、实施审计抽样、获取与评价审计证据、编制与保管审计工作底稿、销售与收款循环审计、采购与付款循环审计、生产与存货循环审计、货币资金审计、完成审计工作、形成审计意见与出具审计报告十七个项目，每个项目下设工作任务。

三是突出案例教学，实现教学模式创新。本教材创新性地将河南兴达会计师事务所对黄河通用机械制造股份有限公司的审计案例贯穿审计教学始终，体现了财务报表审计的工作全过程。每个单元教学既有项目导入，又有任务驱动，全面培养学生发现问题、分析问题、解决问题的审计职业能力，实现以就业为导向的办学宗旨。

本书是"十二五"职业教育国家规划教材修订而成。

本书可作为财会类专业教材，也可作为会计、审计工作人员业务学习用书。

本书在编写过程中参考了大量书籍，得到了有关专家、河南兴达会计师事务所大力支持，在此一并表示感谢！

限于编者水平，书中难免有疏忽和错误之处，恳请读者不吝赐教，以便再版时完善。

编　者

目 录
Contents

第一编　审计基础知识

第二编　审计实施过程

第三编　综合业务审计

第四编　完成审计工作与出具审计报告

审计基础知识

项目一 认知审计与审计职业

学习目标

能力目标：

1. 能区分三大审计组织及其业务范围；
2. 能确定注册会计师审计的三方关系人；
3. 会概括注册会计师审计的基本要求；
4. 会描述注册会计师审计的业务流程。

知识目标：

1. 了解三大审计组织及其业务范围；
2. 理解审计三方关系人的含义及特点；
3. 熟悉注册会计师审计的基本要求；
4. 熟悉注册会计师审计的业务流程。

项目导入

王博是 2022 年 9 月 1 日刚进入河南大学的一名大学生，学的是会计专业（注册会计师方向），他之所以选择这个专业，是因为自己未来理想的职业是做一名注册会计师。你知道王博为什么想当一名注册会计师吗？注册会计师的主要工作是什么？这项职业有何特殊要求？这项职业在当今社会中处于什么地位？

任务 1.1 认知审计

一、审计的产生与发展

注册会计师制度产生于 19 世纪，其存在和发展归结于企业所有权和经营权的分离，特别是股份公司的出现。当社会经济发展到一定程度时，经济组织规模扩大了，经济活动过程复杂了，管理层次增多了，致使企业财产所有者无法亲自掌管全部经济活动，只好委托他人代为经管，这样就形成了企业财产所有权与经营管理权的分离及受托责任关系。为了监督经营管理者的经济行为和受托责任的履行程度，就需要由独立的第三方——注册会计师对企业管理层提供的财务报表进行审计监督，向财产所有者出具客观、公正的审计报告，于是就产生了注册会计师审计。

我国注册会计师制度出现于20世纪初期，伴随着市场经济的萌芽与发展而产生。1980年12月，我国开始重建注册会计师制度。1994年1月1日《中华人民共和国注册会计师法》的颁布实施，推动了注册会计师制度的较快发展。通过40多年的发展，注册会计师审计发挥了巨大作用：一是促进了上市公司会计信息质量的提高；二是维护了市场经济秩序；三是推动了国有企业的改革发展。

二、审计的含义

（一）审计的含义

我国"审计"一词最早见于《宋史》。从词义上解释，"审"为审查，"计"为会计账目，审计就是审查会计账目。"审计"一词英文单词为"audit"，被注释为"查账"，兼有"旁听"的含义。因此，早期的审计就是审查会计账目，与会计账目密切相关。

后来，审计经过不断的完善和发展，到今天已经形成了一套比较完备的科学体系。在审计学术界，人们对审计的概念也进行了深入的研究，最具代表性的是美国会计学会（AAA）在《基本审计概念说明》公告中的描述：审计是"为确定关于经济行为及经济现象的结论和所制定的标准之间的一致程度，而对与这种结论有关的证据进行客观收集、评定，将结果传达给利害关系人的有系统的过程"。

（二）注册会计师审计的含义

财务报表审计是注册会计师的传统核心业务。财务报表审计是指注册会计师对财务报表是否不存在重大错报提供合理保证，以积极方式提出意见，增强除管理层之外的预期使用者对财务报表的信赖程度。

上述定义可以从以下几方面加以理解：

1. 注册会计师审计的用户是财务报表的预期使用者，即注册会计师审计是用来满足财务报表预期使用者的需求。

2. 注册会计师审计的目的是改善财务报表的质量或内涵，增强预期使用者对财务报表的信赖程度。

3. 合理保证是一种高水平保证。当注册会计师获取充分、适当的审计证据，将审计风险降至可接受的低水平时，就获取了合理保证。

4. 注册会计师审计的基础是独立性和专业性，其中独立性是注册会计师审计的灵魂。

5. 注册会计师审计的最终产品是审计报告。注册会计师对财务报表是否在所有重大方面按照适用会计准则的规定编制并实现公允反映发表审计意见，并以审计报告的形式予以传达。

三、审计的三方关系人

对注册会计师的财务报表审计而言，三方关系人分别是指审计人、被审计人和审计委托人，他们顺次为第一关系人、第二关系人和第三关系人。其中，审计人是指注册会计师；被审计人是指被审计单位管理层（责任方）；审计委托人是指财务报表的预期使用者（主要指股东）。三者关系如图1-1所示。

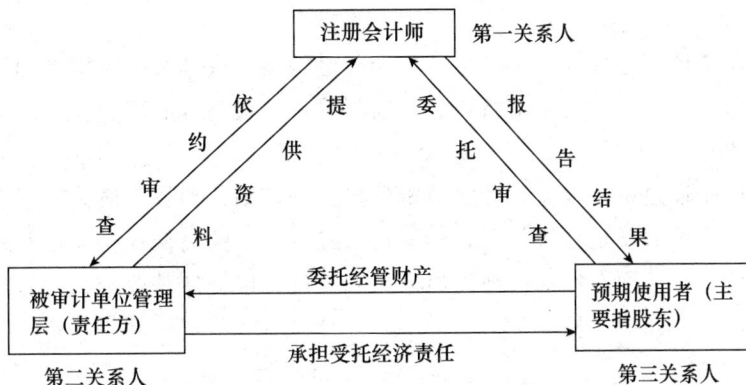

图1-1　审计三方关系图

四、审计的对象与标准

（一）审计的对象

在财务报表审计中，鉴证对象信息是财务报表，即反映被审计单位财务状况、经营成果和现金流量的财务报表和相关附注。具体表现为：

1. 被审计单位的财政、财务收支及其相关的经济活动。

不论是传统审计还是现代审计，都要求以被审计单位客观存在的财政、财务收支及其相关的经济活动作为审计对象。

2. 被审计单位的会计资料及其相关资料。

审计对象主要包括记载和反映被审计单位财政、财务收支，提供会计信息载体的会计凭证、账簿、财务报表等会计资料，以及相关的计划、预算、经济合同等资料；经营目标、预测和决策方案、经济活动分析、技术等其他资料；电子计算机的磁带、磁盘等会计信息载体。

会计资料及其相关资料是审计对象的外在表现，它所反映的被审计单位的财政、财务收支及其相关的经济活动是审计对象的本质。

（二）审计的标准

在财务报表审计中，财务报告编制基础即为审计的标准。财务报告编制基础分为通用目的的编制基础和特殊目的的编制基础。通用目的的编制基础主要是企业会计准则和相关会计制度；特殊目的的编制基础包括计税核算基础、监管机构的报告要求和合同的约定等。

五、审计的职能与作用

（一）审计的职能

1. 经济监督。

经济监督是指监察和督促被审计单位的全部经济活动或其某一特定方面限定在规定的范围以内，保持在正常的轨道上进行。经济监督是审计最基本的职能。

2. 经济评价。

经济评价就是通过审核检查，评定被审计单位的计划、预算、决策方案等是否先进可行，经济活动是否按照既定的决策和目标进行，经济效益的高低优劣，以及内部控制制度是否健全、有效等，从而有针对性地提出意见和建议，以促使其改善经营管理，提高经济效益。

3. 经济鉴证。

经济鉴证是指通过对被审计单位的财务报表及其相关经济资料所反映的财政、财务收支及其相关的经济活动的合法性、公允性的审核检查，确定其可信赖程度，并做出书面证明，以取得审计委托人或其他有关方面的信任。经济鉴证是注册会计师审计最重要的职能。鉴证职能的发挥应当具备两个条件：一是注册会计师审计的专业性、权威性；二是注册会计师要有良好的审计职业道德。

（二）审计的作用

1. 防护性作用。

审计防护性作用，也称制约性作用，是指通过审核检查，对被审计单位的经济活动进行监督和鉴证，揭露错误和舞弊，制止违反财经法规、侵占资产等行为，维护国家财经秩序，促进廉政建设，保障国民经济健康发展。

2. 促进性作用。

审计促进性作用，也称建设性作用，是指通过审核检查，对被审计单位的经营管理制度及经营管理活动进行评价，指出其合理方面，以便继续推广；针对其不合理方面提出建议，以便及时纠正。对于经济活动所实现的经济效益进行评价，提出挖掘潜力所在，以便挖掘利用，从而促进经济效益的提高。

六、注册会计师审计与政府审计、内部审计的区别

注册会计师审计是指注册会计师接受客户委托，对客户财务报表进行独立检查，并发表意见；政府审计主要是指政府审计机关，例如审计署和地方审计厅、局，依法对政府部门的财政收支进行的监督检查，此外还包括对国有金融机构和企事业组织的财务收支进行的检查监督；内部审计主要是对内部控制的有效性、财务信息的真实性和完整性以及经营活动的效率和效果所开展的一种评价活动。注册会计师审计和政府审计、内部审计共同发挥作用，是国家维护市场经济秩序，强化经济监督的有力手段。但三者也存在以下几个方面的区别。

1. 审计主体不同。政府审计的主体是国家审计机关及其审计人员；内部审计的主体是单位内部的审计机构及其审计人员；注册会计师审计的主体是由国家有关部门审核批准的注册会计师事务所和注册会计师。

2. 审计目标和对象不同。政府审计是对政府的财政收支和国有金融机构和企事业组织财务收支进行审计，确定其真实性、合法性和效益性；内部审计是对本单位的内部控制、财务信息以及经营活动进行审计，确定其真实性、合法性和效益性；注册会计师审计是注册会计师依法对企业财务报表进行审计，确定其是否符合会计准则和相关会计制度，是否公允反映了被审计单位的财务状况、经营成果和现金流量。

3. 审计的标准不同。政府审计的依据是《中华人民共和国审计法》和审计署制定的《国家审计准则》；内部审计的依据是《审计署关于内部审计工作的规定》和内部审计协会发布的《内部审计准则》；注册会计师审计的依据是《中华人民共和国注册会计师法》和财政部批准发布的注册会计师审计准则。

4. 经费或收入来源不同。政府审计和内部审计是无偿审计；而注册会计师审计是有偿审计。政府审计是行政行为，政府审计机关履行职责所必需的经费，列入同级财政预算，由同级人民政府予以保证；内部审计是单位内部控制行为，内部审计所必需的经费由单位自行解决；注册会计师审计是市场行为，是有偿服务，费用由注册会计师和审计客户协商确定，但是注册会计师在发表审计意见时，独立性不能受到干扰。

5. 取证权限不同。政府审计和内部审计是强制审计；而注册会计师审计是自愿审计。政府审计、内部审计和注册会计师审计都需要取得审计证据，各有关单位都有责任配合，但是政府审计具有更大的强制力，各有关单位和个人应当支持，协助审计机关工作，如实向审计机关反映情况，提供有关证明材料；而注册会计师审计受市场行为的局限，在获取审计证据时，很大程度上有赖于企业及相关单位配合和协助，对企业及相关单位，没有行政强制力。

6. 对发现问题的处理方式不同。审计机关对违反国家规定的财政收支、财务收支行为可在职权范围内做出审计决定，或者向主管机关提出处理、处罚意见；内部审计对违反规定的财政收支、财务收支行为根据单位相关规定进行处理；注册会计师对审计过程中发现的问题只能提请企业调整有关数据或进行披露，没有行政强制力；如果企业拒绝调整和披露，注册会计师需要根据具体情况予以反映，具体表现为出具保留意见或否定意见的审计报告。

7. 审计的独立性不同。政府审计和内部审计是单向独立；而注册会计师审计是双向独立。

任务1.2　认知审计职业

一、审计组织与审计人员

(一)审计组织

注册会计师审计产生于意大利合伙企业制度，形成于英国股份制企业制度，发展和完善于美国的资本市场。它是伴随着商品经济的发展而产生和发展起来的。

20世纪40年代以后，国际会计公司的出现标志着社会审计开始走向国际化。目前，"四大"国际会计师事务所包括普华永道、德勤、安永、毕马威。

我国社会审计组织是根据国家法律规定，经政府有关部门审核批准、注册登记的会计师事务所。会计师事务所是国家批准成立的，依法独立承办注册会计师业务的单位，实行自收自支、独立核算、依法纳税，它是注册会计师的工作机构。

1. 会计师事务所的组织形式。

会计师事务所主要有独资、普通合伙制、有限责任公司制、有限责任合伙制四种组织形式。

（1）独资会计师事务所，是指由具有注册会计师执业资格的个人独立开业，并承担无限责任的组织。它的优点是对执业人员的数量没有限制，容易设立，执业灵活，能够在代理记账、代理纳税等方面很好地满足小型企业对注册会计师服务业务的需求，虽承担无限责任，但实际发生风险的可能性相对较低；缺点是无力承担大型业务，缺乏发展后劲。

（2）普通合伙制会计师事务所，是指由两位或两位以上注册会计师组成的合伙组织。合伙人以各自的财产对事务所的债务承担无限连带责任。它的优点是能在风险牵制和共同利益的驱动下促使事务所强化专业发展、扩大规模、提高风险规避能力；缺点是建立一个跨地区、跨国界的大型事务所要经历一个漫长的过程。同时，任何一个合伙人执业中的失误或舞弊行为，都可能给整个会计师事务所带来灭顶之灾。

（3）有限责任公司制会计师事务所，是指由注册会计师认购会计师事务所股份，并以其所认购股份对事务所承担有限责任的公司制组织。会计师事务所以其全部资产对其债务承担有限责任。它的优点是可以通过公司制形式迅速聚集一批注册会计师，建立规模型大所，承办大型业务；缺点是降低了风险责任对执业行为的高度制约，弱化了注册会计师的个人责任。

（4）有限责任合伙制会计师事务所，是指事务所以全部资产对其债务承担责任，各合伙人只对个人执业行为承担无限责任的合伙组织。它的最大特点在于既融合了普通合伙制和有限责任公司制的优点，又摒弃了它们的不足。有限责任合伙制会计师事务所已成为当今注册会计师职业界组织形式发展的趋势。

根据《中华人民共和国注册会计师法》的规定，合伙制和有限责任制为我国会计师事务所的法定组织形式。

2. 会计师事务所的业务范围。

根据《中国注册会计师执业准则》规定，注册会计师的业务范围包括鉴证业务和相关服务业务。

（1）鉴证业务。鉴证业务按照提供的保证程度和鉴证对象的不同分为审计业务、审阅业务和其他鉴证业务。如图1-2所示。

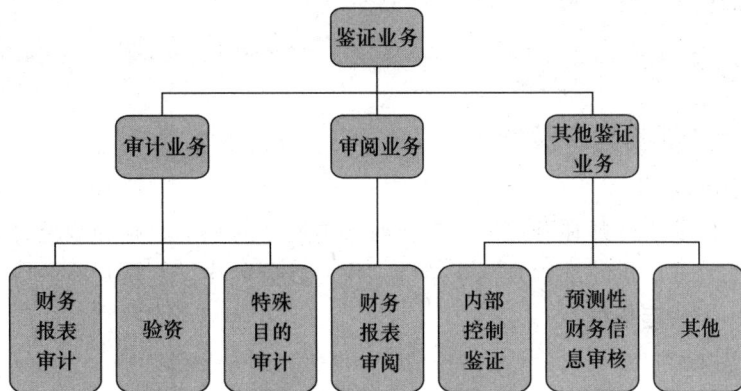

图1-2 鉴证业务范围

①审计业务。

• 审查企业财务报表，出具审计报告；

• 验证企业资本，出具验资报告；

• 办理企业合并、分立、清算事宜中的审计业务，出具有关报告；

• 办理法律、法规规定的其他审计业务，出具相应的审计报告。

②审阅业务。

审阅业务是指注册会计师执行历史财务信息的审阅业务，如财务报表审阅等。

③其他鉴证业务。

其他鉴证业务是指除历史财务信息审计和审阅业务之外的鉴证业务。通常包括内部控制鉴证、预测性财务信息审核等。

(2) 相关服务业务。相关服务业务是指注册会计师执行除鉴证业务外的其他相关服务业务。如对财务信息执行商定程序、代编财务信息、税务代理和管理咨询等。

(二) 审计人员

从事财务报表审计工作的人员主要包括注册会计师和助理审计人员。

1. 注册会计师。

注册会计师具有在审计报告上签章的权力，注册会计师职业资格取得必须同时具备下列条件：

(1) 参加注册会计师全国统一考试且成绩合格。如果只取得注册会计师全国统一考试全科合格证，未在会计师事务所从事审计工作，还不能成为注册会计师协会的执业会员。

(2) 在中国境内会计师事务所从事审计业务工作两年以上，可以向省级注册会计师协会申请注册为执业会员。

2. 助理审计人员。

在会计师事务所中，助理审计人员主要是辅助注册会计师完成审计工作，不具有在审计报告上签章的权力。

二、审计准则

(一) 审计准则的含义及作用

1. 审计准则的含义。

审计准则是注册会计师在开展审计工作时必须遵守的基本原则和规范，是审计工作质量的权威性判断标准。审计准则是衡量审计工作的质量标准，也是判断注册会计师审计职责履行情况的一个法定依据。

2. 审计准则的作用。

审计准则的具体作用体现在以下几方面：

(1) 可以保证审计工作质量；

(2) 可以赢得社会公众的信任；

(3) 可以维护会计师事务所和注册会计师的合法权益；

(4) 可以促进国际审计经验交流。

(二) 注册会计师执业准则体系

注册会计师执业准则体系由以下三部分构成。

1. 鉴证业务准则。

鉴证业务准则由鉴证业务基本准则统领，按照鉴证业务提供的保证程度和鉴证对象的不同，分为中国注册会计师审计准则、中国注册会计师审阅准则和中国注册会计师其他鉴证业务准则。其中，审计准则是整个执业准则的核心。

2. 相关服务准则。

相关服务准则用以规范注册会计师代编财务信息、执行商定程序或提供管理咨询等其他服务业务。在提供相关服务时，注册会计师不提供任何程度的保证。

3. 会计师事务所质量控制准则。

质量控制准则是用以规范会计师事务所在执行各类业务时应当遵守的质量控制政策和程序，是对会计师事务所质量控制提出的制度要求。其目的是规范会计师事务所及其人员的质量控制责任，降低审计风险。

三、审计基本要求

(一) 遵守审计准则

审计准则是衡量注册会计师执行财务报表审计业务的权威性标准，涵盖从接受业务委托到出具审计报告的整个过程。注册会计师在执业过程中，应当遵守审计准则的要求。

(二) 遵守职业道德守则

注册会计师受到与财务报表审计相关的职业道德要求的约束。

《中国注册会计师职业道德守则》规定了与注册会计师执行财务报表审计相关的职业道德基本原则，并提供了应用这些原则的概念框架。根据职业道德守则，注册会计师应当遵循的基本原则包括：①诚信；②独立性；③客观和公正；④专业胜任能力和应有的关注；⑤保密；⑥良好职业行为。

就审计而言，注册会计师应当独立于被审计单位才是符合公众利益的，因此，职业道德守则对独立性做出要求。职业道德守则规定，独立性包括实质上的独立和形式上的独立。注册会计师独立于被审计单位，能够保护其形成适当审计意见的能力，使其在发表审计意见时免受不当影响。独立性能够增强注册会计师诚信行事、保持客观和公正以及职业怀疑的能力。

《会计师事务所质量控制准则》，规定了会计师事务所建立和保持有关审计业务的质量控制制度的责任，同时规定了会计师事务所应当制定政策和程序，以合理保证会计师事务所及其人员遵守相关职业道德要求的责任。

（三）保持职业怀疑

在计划和实施审计工作时，注册会计师应当保持职业怀疑，认识到可能存在导致财务报表发生重大错报的情形。职业怀疑，是指注册会计师执行审计业务的一种态度，包括采取质疑的思维方式，对可能表明由于舞弊或错误导致错报的情况保持警觉，以及对审计证据进行审慎评价。职业怀疑应当从下列方面理解。

1. 职业怀疑在本质上要求秉持一种质疑的理念。这种理念促使注册会计师在考虑获取的相关信息和得出结论时采取质疑的思维方式。保持独立性，可以增强注册会计师在审计中保持客观和公正职业怀疑的能力。

2. 职业怀疑要求对引起疑虑的情形保持警觉。这种情形包括但不限于：相互矛盾的审计证据；引起对文件记录、对询问的答复的可靠性产生怀疑的信息；表明可能存在舞弊的情况；表明需要实施除审计准则规定外的其他审计程序的情形。

3. 职业怀疑要求审慎评价审计证据。审计证据包括支持和印证管理层认定的信息，也包括与管理层认定相互矛盾的信息。审慎评价审计证据是指质疑相互矛盾的审计证据的可靠性。在怀疑信息的可靠性或存在无比迹象时，注册会计师需要做出进一步调查，并确定需要修改哪些审计程序或实施哪些追加的审计程序。

4. 职业怀疑要求客观评价管理层和治理层。注册会计师不应依赖以往对管理层和治理层诚信形成的判断。即使注册会计师认为管理层和治理层是正直诚实的，也不能降低保持职业怀疑的要求，不允许在获取合理保证的过程中满足于说服力不足的审计证据。

职业怀疑是注册会计师综合技能不可或缺的一部分，是保证审计质量的关键要素。保持职业怀疑有助于注册会计师恰当运用职业判断，提高审计程序设计及执行的有效性，降低审计风险。

（四）合理运用职业判断

职业判断，是指在审计准则、财务报告编制基础和职业道德要求的框架下，注册会计师综合运用相关知识、技能和经验，做出适合审计业务具体情况、有根据的行动决策。

职业判断是注册会计师行业的精髓。从本质上讲，无论是财务报表的编制，还是注册会计师审计，都是有一系列判断行为构成的。职业判断对于适当的执行审计工作是必不可少的，如果没有运用职业判断，将知识和经验灵活运用于具体事实和情况，仅靠机械的执行审计程序，注册会计师无法理解审计准则、财务报告编制基础和相关职业道德要求，难以在整个审计过程中做出有依据的决策。

职业判断涉及注册会计师执业的各个环节。一方面，职业判断贯穿于注册会计师执业的始终，从决定是否接受业务委托，到出具业务报告，注册会计师都需要做出职业判断；另一方面，职业判断涉及注册会计师执业中的各类决策，包括与具体会计处理相关的决策、与审计程序相关的决策，以及与遵守职业道德要求相关的决策。

注册会计师是职业判断的主体，职业判断能力是注册会计师胜任能力的核心。通常来说，注册会计师具有下列特征，可能有助于提高职业判断质量：①丰富的知识、经验和良好的专业技能；②独立、客观和公正；③保持适当的职业怀疑。

四、审计业务流程

风险导向审计模式要求注册会计师在审计过程中，以重大错报风险的识别、评估和应对作为工作主线。相应的，审计过程大致可分为以下几个阶段。

（一）接受业务委托

会计师事务所应当按照执业准则的规定，谨慎决策是否接受或保持某客户关系和具体审计业务。在接受新客户的业务前，或决定是否保持现有业务或考虑接受现有客户的新业务时，会计师事务所应当执行有关客户接受与保持的程序，以获取如下信息：①考虑客户的诚信，没有信息表明客户缺乏诚信；②具有执行业务必要的素质、专业胜任能力、时间和资源；③能够遵守相关职业道德要求。

注册会计师需要做出的最重要的决策之一就是接受和保持客户。一项低质量的决策会导致不能准确确定记酬的时间或未被支付的费用，增加项目合伙人和员工的额外压力，使会计师事务所声誉遭受损失，或者涉及潜在的诉讼。

一旦决定接受业务委托，注册会计师应当与客户就审计约定条款达成一致意见，对于连续审计，注册会计师应当根据具体情况确定是否需要修改业务约定条款，以及是否需要提醒客户注意现有的业务约定书。

（二）计划审计工作

计划审计工作十分重要。如果没有恰当的审计计划，不仅无法获取充分、适当的审计证据，影响审计目标的实现，而且还会浪费有限的审计资源，影响审计工作的效率。因此，对于任何一项审计业务，注册会计师在执行具体审计程序之前，必须根据具体情况，制订科学、合理的计划，使审计业务以有效的方式得到执行。一般来说，计划审计工作主要包括：

1. 在本期审计业务开始时开展的初步业务活动；
2. 制定总体审计策略；
3. 制订具体审计计划等。

需要指出的是，计划审计工作不是审计业务的一个独立孤立阶段，而是一个持续的、不断修正的过程，贯穿于整个审计过程的始终。

（三）识别和评估重大错报风险

审计准则规定，注册会计师必须实施风险评估程序，以此作为评估财务报表层次和认定层次重大错报风险的基础。风险评估程序是必要程序，了解被审计单位及其环境为注册会计师在许多关键环节做出职业判断提供了重要基础。了解被审计单位及其环境，实际上是一个连续和动态的收集更新与分析信息的过程，贯穿于整个审计过程的始终。一般来说，实施风险评估程序的主要工作包括：

1. 了解被审计单位及其环境；

2. 识别和评估财务报表层次，以及各类交易账户余额和披露认定层次的重大错报风险，包括确定需要特别考虑的重大错报风险（即特别风险）以及仅通过实施实质性程序无法应对的重大错报风险等。

（四）应对重大错报风险

注册会计师实施风险评估程序本身并不足以为发表审计意见提供充分、适当的审计证据，还应当实施进一步审计程序，包括实施控制测试和实质性程序。因此，注册会计师在评估财务报表重大错报风险后，应当运用职业判断，针对评估的财务报表层次重大错报风险确定总体应对措施，并针对评估的认定层次重大错报风险设计和实施进一步审计程序，以将审计风险降至可接受的低水平。

（五）编制审计报告

注册会计师在完成进一步审计程序后，应当按照有关审计准则的规定，做好审计完成阶段的工作，并根据所获取的审计证据，合理运用职业判断，形成适当的审计意见。

知识检测

一、单项选择题

1. 审计的第一关系人是指（　　）。
   A. 被审计单位管理层 　　　　　　　　B. 被审计单位财务报表
   C. 注册会计师 　　　　　　　　　　　D. 预期使用者

2. 财务报表预期使用者主要是指（　　）。
   A. 被审计单位管理层 　　　　　　　　B. 被审计单位治理层
   C. 被审计单位股东 　　　　　　　　　D. 被审计单位债权人

3. 《中华人民共和国注册会计师法》于（　　）实施。
   A. 1980 年 9 月 　　　　　　　　　　B. 1994 年 1 月
   C. 1996 年 1 月 　　　　　　　　　　D. 1998 年 1 月

4. 注册会计师执业准则体系的核心是（　　）。

A. 审计准则   B. 审阅准则

C. 其他鉴证业务准则   D. 相关服务准则

5.（   ）是注册会计师的主要业务。

    A. 审计业务   B. 审阅业务

    C. 其他鉴证业务   D. 相关服务业务

6. 注册会计师执行审计业务应遵守（   ）。

    A. 审计准则   B. 审阅准则

    C. 其他鉴证业务准则   D. 相关服务准则

二、多项选择题

1. 审计的三方关系人是由（   ）组成。

    A. 被审计单位管理层   B. 被审计单位财务报表

    C. 注册会计师   D. 预期使用者

2. 审计职能包括（   ）三个方面。

    A. 经济监督   B. 经济评价

    C. 经济鉴证   D. 经济保障

3. 现行审计监督体系由（   ）三大部分组成。

    A. 政府审计   B. 内部审计

    C. 注册会计师审计   D. 国际审计

4. 注册会计师的业务范围包括（   ）。

    A. 审计业务   B. 审阅业务

    C. 其他鉴证业务   D. 相关服务业务

5. 注册会计师鉴证业务包括（   ）。

    A. 审计业务   B. 审阅业务

    C. 其他鉴证业务   D. 相关服务业务

6. 注册会计师审计的基本要求包括（   ）。

    A. 遵守审计准则

    B. 遵守职业道德守则

    C. 保持职业怀疑

    D. 合理运用职业判断

三、判断题

    1. 注册会计师审计是强制审计。   （   ）

    2. 政府审计、注册会计师审计、内部审计三者同时产生。   （   ）

    3. 注册会计师执行审计业务应当遵守审计准则。   （   ）

    4. 职业判断贯穿于注册会计师执业的始终。   （   ）

    5. 职业怀疑要求注册会计师对引起疑虑的情形保持警觉。   （   ）

6. 在财务报表审计中，鉴证对象信息是财务报表。　　　　　　　（　　）

四、思考题

1. 如何理解审计的三方关系人？
2. 如何理解注册会计师审计的含义？
3. 什么是注册会计师的职业怀疑？
4. 简述注册会计师审计的业务流程。
5. 简述注册会计师审计的基本要求。
6. 简述会计师事务所的业务范围。

项目二　认知审计职业道德与法律责任

能力目标：

1. 能运用审计职业道德指导审计工作；
2. 能区分会计责任与审计责任；
3. 能制定审计法律责任的防范措施。

知识目标：

1. 了解注册会计师职业道德的基本内容；
2. 熟悉注册会计师职业道德的影响因素；
3. 掌握注册会计师法律责任的防范措施。

项目导入

2022 年 6 月，刚刚大学毕业的王强取得了注册会计师证书并加入了一家会计师事务所。在当前的风险审计时代，作为未来的签字注册会计师，王强深感责任重大。他将如何遵守《中国注册会计师职业道德守则》，如何做一名合格的注册会计师。

任务2.1　遵守审计职业道德

注册会计师行业需要更高的道德水准，其理由有三：其一，维护公共利益是行业的宗旨，这决定了行业的会员需要超越个人、客户或所在单位的利益和法律法规的最低要求，恪守更高的职业道德要求，履行好对社会公众、客户、同行等所肩负的职责。其二，诚信是注册会计师行业核心价值之一，也是行业的立身之本，行业会员只有展现出较高的道德水准，才能取信于社会公众。其三，注册会计师行业是专家行业，其工作的技术复杂性决定了社会公众很难判断其执业质量，制定并贯彻严格的职业道德规范有助于社会公众增强对行业的信心。

为了规范中国注册会计师职业行为，提高职业道德水准，维护职业形象，中国注册会计师协会制定了《中国注册会计师职业道德守则》和《中国注册会计师协会非执业会员职业道德守则》。中国注册会计师协会会员包括注册会计师和非执业会员，会员应当遵守职业道德基本原则，并能够运用职业道德概念框架解决职业道德问题。

一、职业道德基本原则

与职业道德有关的基本原则包括：①诚信；②独立性；③客观和公正；④专业胜任能

力和应有的关注；⑤保密；⑥良好的职业行为。

（一）诚信

诚信，是指诚实守信。也就是说，一个人言行与内心思想一致，不虚假；能够履行与别人的约定而取得对方的信任。诚信原则要求会员应当在所有的职业关系和商业关系中保持正直和诚实，秉公处事、实事求是。

注册会计师如果认为业务报告、申报资料或其他信息存在下列问题，则不得与这些有问题的信息发生牵连：

1. 含有严重虚假或误导性的概述；

2. 含有缺乏充分依据的陈述或信息；

3. 存在遗漏或含糊其词的信息。

举例来说，在审计、审阅或其他鉴证业务中，下列事项可能导致上述问题的出现：

1. 引起重大风险的事项，如舞弊行为；

2. 财务信息存在重大错报而客户未对此做出调整和反应；

3. 导致在实施审计程序时出现重大困难的情况，例如客户未能提供充分、适当的审计证据，注册会计师难以做出结论性陈述；

4. 与会计准则或其他相关规定的选择、应用和一致性相关的重大发现和问题，而客户未对此在其报告或申报材料中反映；

5. 在出具审计报告时，未解决的重大审计差异。

注册会计师如果注意到已与有问题的信息发生牵连，应当采取措施消除牵连。在鉴证业务中，如果注册会计师依据执业准则出具了恰当的非标准业务报告，不被视为违反上述要求。

（二）独立性

独立性是指不受外来力量控制、支配，按照一定之规行事。独立性原则通常是对注册会计师而不是非执业会员提出的要求。在执行鉴证业务时，注册会计师必须保持独立性。在市场经济条件下，投资者主要依赖财务报表判断投资风险，在投资机会中做出选择。如果注册会计师不能与客户保持独立性，而是存在经济利益、关联关系，或屈从于外界压力，就很难取信于社会公众。注册会计师的独立性包括两个方面——实质上的独立性和形式上的独立性。注册会计师执行审计和审阅业务以及其他鉴证业务时，应当从实质上和形式上保持独立性，不得因任何利害关系影响其客观性。

会计师事务所在承办审计和审阅业务以及其他鉴证业务时，应当从整体层面和具体业务层面采取措施，以保持会计事务所和项目组的独立性。

（三）客观和公正

客观，是指按照事物的本来面目去考察，不添加个人的偏见。公正，是指公平、正直，不偏袒。客观和公证原则要求会员应当公正处事、实事求是，不得由于偏见、利益冲突或他人的不当影响而损害自己的职业判断。如果存在导致职业判断出现偏差，或对职业判断产生不当影响的情形，会员不得提供相关专业服务。

(四) 专业胜任能力和应有的关注

专业胜任能力和应有的关注原则要求会员通过教育、培训和职业实践取得保持专业胜任能力。会员应当持续了解并掌握当前法律、技术和实务的发展变化，将专业知识和技能始终保持在应有的水平，确保为客户提供具有专业水准的服务。

会员作为专业人士，在许多方面都要履行相应的责任，保持和提高专业胜任能力就是其中的重要内容。专业胜任能力是指会员具有专业知识、技能和经验，能够经济、有效地完成客户委托的业务。会员如果不能保持和提高专业胜任能力，就难以完成客户委托的业务。事实上，如果会员在缺乏足够的知识、技能和经验的情况下提供专业服务，就构成了一种欺诈。一个合格的会员，不仅要充分认识自己的能力，对自己的充满信心，更重要的是，必须清醒地认识到自己在专业胜任能力方面存在的不足。如果会员不能够认识到这一点，承接了难以胜任的业务，就可能给客户乃至社会公众带来危害。

注册会计师在应用专业知识和技能时，会员应当合理运用职业判断。专业胜任能力可分为两个独立阶段：①专业胜任能力的获取；②专业胜任能力的保持。会员应当持续了解和掌握相关的专业技术和业务的发展，保持专业胜任能力。持续职业发展能够使会员发展和保持专业胜任能力，使其能够胜任特定业务环境中的工作。

应有的关注，要求会员遵守职业准则和职业道德规范要求，勤勉尽责，认真、全面、及时地完成工作任务。在审计过程中，会员应当保持职业怀疑态度，运用专业知识、技能和经验获取和评价审计证据。同时，会员应当采取措施以确保在其授权下工作的人员得到适当的培训和督导。在适当情况下，会员应当使客户、工作单位和专业服务的以及业务报告的其他使用者了解专业服务的固有局限性。

(五) 保密

会员能否与客户维持正常的关系，有赖于双方能否自愿而又充分地进行沟通和交流，不掩盖任何重要的事实和情况，只有这样，会员才能有效地完成工作。会员与客户的沟通，必须建立在为客户信息保密的基础上。这里所说的客户信息，通常是指涉密信息，一旦涉密信息被披露或被利用，往往会给客户造成损失。因此，许多国家规定，在会计师事务所工作的注册会计师，在没有取得客户同意的情况下，不能泄露任何客户的涉密信息。

保密原则，要求会员应当对其在职业活动中获知的涉密信息予以保密，不得有下列行为：

1. 未经客户授权或法律法规允许，向会计师事务所以外的第三方披露其所获知的涉密信息；

2. 利用所获知的涉密信息为自己或第三方谋取利益。

会员在社会交往中应当履行保密义务。会员应当警惕泄密的可能性，特别是警惕无意中向近亲属或关系密切的人员泄密的可能性。近亲属是指配偶、父母、子女、兄弟姐妹、祖父母、外祖父母、孙子女、外孙子女。

另外，会员应当对拟接受的客户和拟受雇的工作单位向其披露的涉密信息保密。在终止客户和工作单位的关系之后，会员仍然应当对在职业关系和商业关系中获知的信息保密。如果变更工作单位或获得新客户，会员可以利用以前的经验，但不应利用或披露以前执业活动中获知的涉密信息，会员应当明确在会计师事务所内部保密的必要性，采取有效措施确保其下级员工以及为其提供建议和帮助的人员遵守保密义务。

会员在下列情况下可以披露涉密信息：

1. 法律法规允许披露，并且取得客户或工作单位的授权；

2. 根据法律法规的要求，为法律诉讼、仲裁准备文件，或提供证据，以及向有关监管机构报告发现的违法行为；

3. 法律法规允许的情况下，在法律诉讼、仲裁中维护自己的合法权益；

4. 接受注册会计师协会和监督机构的执业质量检查、答复及询问和调查；

5. 法律法规、执业准则和职业道德规范规定的其他情形。

（六）良好的职业行为

会员应当遵守相关法律法规，避免发生任何损害职业声誉的行为。

会员在向公众传递信息以及推荐自己和工作时，应当客观、真实、得体，不得损害职业形象。

会员应当诚实、实事求是，不得有下列行为：

1. 夸大宣传提供的服务、拥有的资质或获得的经验；

2. 贬低或无根据的比较其他注册会计师的工作。

二、对职业道德基本原则产生不利影响的因素及防范措施

（一）可能对职业道德基本原则产生不利影响的因素

注册会计师对职业道德基本原则的遵循，可能受到多种因素的不利影响。不利影响的性质和严重程度因注册会计师提供服务类型的不同而不同。可能对职业道德基本原则产生不利影响的因素包括自身利益、自我评价、过度推介、密切关系和外在压力。

1. 自身利益导致不利影响的情形主要包括：

（1）鉴证业务项目组成员，在鉴证客户中拥有直接经济利益；

（2）会计师事务所的收入过分依赖某一客户；

（3）鉴证业务项目组成员与鉴证客户存在重要且密切的商业关系；

（4）会计师事务所担心可能失去某一重要客户；

（5）鉴证业务项目组成员正在与鉴证客户协商受雇于该客户；

（6）会计师事务所与客户就鉴证业务达成或有收费的协议；

（7）注册会计师在评价所在会计师事务所以往提供的专业服务时，发现了重大错误。

2. 自我评价导致不利影响的情形主要包括：

（1）会计师事务所对客户提供财务系统的设计和操作服务后，又对系统的运行有效性出具鉴证报告；

（2）会计师事务所为客户编制原始数据，这些数据构成鉴证业务的对象；

（3）鉴证业务项目组成员担任或最近曾经担任客户的董事或高级管理人员；

（4）鉴证业务项目组成员目前或最近曾受雇于客户，并且所处职位能够对鉴证对象施加重大影响；

（5）会计师事务所为鉴证客户提供直接影响鉴证对象信息的其他服务。

3. 过度推介导致不利影响的情形主要包括：

（1）会计师事务所推荐审计客户的股份；

（2）在审计客户与第三方发生诉讼或纠纷时，注册会计师担任该客户的辩护人。

4. 密切关系导致不利影响的情形主要包括：

（1）项目组成员的近亲属担任客户的董事或高级管理人员；

（2）项目组成员的近亲属是客户的员工，其所处职位能够对业务对象施加重大影响；

（3）客户的董事、高级管理人员，或所处职位能够对业务对象施加重大影响的员工，最近担任会计师事务所的项目合伙人；

（4）注册会计师接受客户的礼品和款待；

（5）会计师事务所的合伙人或高级员工与鉴证客户存在长期业务关系。

这里的合伙人、项目合伙人是指会计师事务所中负责某项业务及其执行，并代表会计师事务所在报告上签字的合伙人。在有限责任制的会计师事务所，项目合伙人是指主任会计师、副主任会计师或具有相同职位的高级管理人员。如果项目合伙人以外的其他注册会计师在业务报告上签字，中国注册会计师职业道德守则对项目合伙人做出的规定也适用于该签字注册会计师。

5. 外在压力导致不利影响的情形主要包括：

（1）会计师事务所受到客户解除业务关系的威胁；

（2）审计客户表示，如果会计师事务所不同意对某项交易的会计处理，则不再委托其承办拟议中的非鉴证业务；

（3）客户威胁将起诉会计师事务所；

（4）会计师事务所受到降低收费的影响而不恰当地缩小工作范围；

（5）由于客户员工对于所讨论的事项更具有专长，注册会计师面临服从其判断的压力；

（6）会计师事务所合伙人告知注册会计师，除非同意审计客户不恰当的会计处理，否则将影响晋升。

（二）应对不利影响的防范措施

注册会计师应当运用判断，确定如何应对超出其可接受水平的不利影响，包括采取措施消除不利影响或将其降低至可接受的水平，或者终止业务约定，或拒绝接受业务委托。在运用判断时，注册会计师应当考虑：一个理性且掌握充分信息的第三方，在权衡注册会计师当时可获得的所有具体事实和情况后，是否很可能认为这些防范措施能够消除不利影响或将其降低至可接受的水平，以使职业道德基本原则不受损害。应对不利影响的防范措施包括法律法规和职业规范规定的防范措施和在具体工作中采取的防范措施。

在具体工作中，应对不利影响的防范措施包括会计师事务所层面的防范措施和具体业务层面的防范措施。

1. 会计师事务所层面的防范措施：

（1）领导层强调遵循职业道德规范原则的重要性；

（2）领导层强调鉴证业务项目组成员应当维护公众利益；

（3）制定有关政策和程序，实施项目质量控制，监督业务质量；

（4）制定有关政策和程序，识别对职业道德基本原则的不利影响，评价不利影响的严重程度，采取防范措施消除不利影响或将其降低至可接受的水平；

（5）制定有关政策和程序，保证遵循职业道德基本原则；

（6）制定有关政策和程序，识别会计师事务所或项目组成员与客户之间的利益和关系；

（7）制定有关政策和程序，监控对某一客户收费的依赖程度；

（8）向鉴证客户提供非鉴证业务时，指派鉴证业务项目组以外的其他合伙人和项目组，并确保鉴证业务项目组和非鉴证业务项目组分别向各自的业务主管报告工作；

（9）制定有关政策和程序，防止项目组以外的人员对业务结果施加不当影响；

（10）及时向所有合伙人和专业人员传达会计师事务所的政策程序及其变化情况，并就这些政策和程序进行适当的培训；

（11）指定高级管理人员负责监督质量控制系统是否有效运行；

（12）向合伙人和专业人员提供鉴证客户及其关联实体的名单，并要求合伙人和专业人员与之保持独立；

（13）制定有关政策和程序，鼓励员工就遵循职业道德基本原则方面的问题与领导层沟通；

（14）建立惩戒机制，保障相关政策和程序得到遵守。

2. 具体业务层面的防范措施：

（1）对已执行的非鉴证业务，由未参与该业务的注册会计师进行复核，或在必要时提供建议；

（2）对于执行的鉴证业务，由鉴证业务项目组以外的注册会计师进行复核，或在必要时提供建议；

（3）向客户审计委员会、监督机构或注册会计师协会咨询；

（4）与客户治理层讨论有关的职业道德问题；

（5）向客户治理层说明提供服务的性质和收费范围；

（6）由其他会计师事务所执行或重新执行部分业务；

（7）轮换鉴证业务项目组合伙人和高级员工。

三、专业服务委托

（一）接受客户关系

在接受客户关系前，注册会计师应当确定接受客户关系是否对职业道德基本原则产生不利影响。注册会计师应当考虑客户的主要股东、关键管理人员和管理层是否诚信，以及客户是否涉及非法活动（如洗钱）或存在可疑的财务报告问题等。

客户存在的问题可能对注册会计师遵循诚信原则或良好职业行为原则产生不利影响，注册会计师应当评价不利影响的严重程度，并在必要时采取措施消除不利影响或将其降低至可接受的水平。防范措施主要包括：

1. 对客户及其主要股东、关键管理人员、治理层和负责经营活动的人员进行了解；

2. 要求客户对完善公司治理结构或内部控制做出承诺。

如果不能将客户存在的问题产生的不利影响降低至可接受的水平，注册会计师应当拒绝接受客户关系。如果向同一客户连续提供专业服务，注册会计师应当定期评价继续保持客户关系是否适当。

（二）承接业务

注册会计师应当遵循专业胜任能力和应有的关注原则，仅向客户提供能够胜任的专业服务。在承接某客户业务前，注册会计师应当确定承接该业务是否对职业道德原则基本原则产生不利影响。

如果项目组不具备或不能获得执行业务所必需的胜任能力，将对专业胜任能力和应有的关注原则产生不利影响。注册会计师应当评价不利影响的严重程度，并在必要时采取防范措施消除不利影响或将其降低至可接受的水平。防范措施主要包括：

1. 了解客户的业务性质、经营的复杂程度，以及所在行业的情况；

2. 了解专业服务的具体要求和业务对象，以及注册会计师拟执行工作的目的、性质和范围；

3. 了解相关监管要求或报告要求；

4. 分派足够的具有胜任能力的员工；

5. 必要时利用专家的工作；

6. 就执行业务的时间安排与客户达成一致意见；

7. 遵循质量控制政策和程序，以合理保证仅承接能够胜任的业务。

当利用专家的工作时，注册会计师应当考虑专家的声望、专长及其可获得资源，以及适用的执业准则和职业道德规范等因素，以确定专家的工作结果是否值得信赖。注册会计师可以通过以前与专家的交往或向他人咨询获得相关信息。

（三）客户变更委托

如果应客户要求或考虑以投标方式接替前任注册会计师，注册会计师应当从专业角度或其他方面确定应否承接该业务。如果注册会计师在未了解所有相关情况前就承接业务，可能对专业胜任能力和应有的关注原则产生不利影响，注册会计师应当评价不利影响的严重程度。

由于客户变更委托的表面理由可能并未完全反映事实真相，根据业务性质，注册会计师可能需要与前任注册会计师直接沟通，核实与变更委托相关的事实和情况，以确定是否适宜承接该业务。

注册会计师应当在必要时采取防范措施，消除因客户变更委托产生的不利影响或将其降低至可接受的水平。防范措施主要包括：

1. 当应邀投标时，在投标书中说明，在承接业务前需要与前任注册会计师沟通，以了解是否存在不应接受委托的理由；

2. 要求前任注册会计师提供已知悉的相关事实或情况，即前任注册会计师认为，后任注册会计师在做出承接业务的决定前，需要了解的事实或情况；

3. 从其他渠道获取必要的信息。

如果采取的防范措施不能够消除不利影响或将其降低至可接受的水平，注册会计师不得承接该业务。

注册会计师可能应客户要求在前任注册会计师工作的基础上提供进一步的服务。如果缺乏完整的信息，可能对专业胜任能力和应有的关注原则产生不利影响。注册会计师应当评价不利影响的严重程度，并在必要时采取防范措施消除不利影响或将其降低至可接受的水平。

采取的防范措施主要包括将拟承担的工作告知前任注册会计师，提请其提供相关信息，以便恰当的完成该项工作。

前任注册会计师应当遵循保密原则。前任注册会计师是否可以或必须与后任注册会计师讨论客户的相关事务，取决于业务的性质、是否征得客户同意，以及法律法规和职业道德规范的有关要求。

注册会计师在与前任注册会计师沟通前，应当征得客户的同意，最好征得客户的书面同意。前任注册会计师在提供信息时，应当实事求是、清晰明了。如果不能与前任注册会计师沟通，注册会计师应当采取适当措施，通过询问第三方或调查客户的高级管理人员、治理层的背景等方式，获取有关对职业道德基本原则产生不利影响的信息。

四、利益冲突

注册会计师应当采取适当措施，识别可能产生利益冲突的情形。这些情形可能对职业道德基本原则产生不利影响。注册会计师与客户存在直接竞争关系，或与客户的主要竞争者存在合资或类似关系，可能对客观和公正原则产生不利影响。注册会计师为两个以上客户提供服务，而这些客户之间存在利益冲突或者对某一事项或交易存在争议，可能对客观和公正原则或保密原则产生不利影响。

案例：在 20 世纪 70 年代末，美国"基金之基金"公司（Funds of Funds）决定采取多元化策略，与帝王资源公司签订购买石油天然气资产的协议，协议规定，这些资产的售价不高于后者向其他客户的销售价格。安达信会计师事务所同时负责审计这两家公司。在审计帝王资源公司时，会计师事务所发现双方的交易价格要比帝王资源公司向其他方销售的价格高得多，但出于保密考虑，没有将该信息提供给"基金之基金"公司。"基金之基金"公司发现交易不公后起诉了会计师事务所，声称其有义务披露帝王资源公司的违约信息或辞聘其中一方的审计师。会计师事务所以保密为由予以辩护，但法庭责令其赔偿"基金之基金"公司的股东。

注册会计师应当评价利益冲突产生不利影响的严重程度，并在必要时采取防范措施消除不利影响或将其降低至可接受的水平。在接受或保持客户关系和具体业务前，如果与客户或第三方存在商业利益或关系，注册会计师应当评价其产生不利影响的严重程度。

注册会计师应当根据可能产生利益冲突的情形，采取下列方法措施：

1. 如果注册会计师事务所的商业利益或业务活动可能与客户存在利益冲突，注册会计师应当告知客户，并在征得其同意的情况下执行业务；

2. 如果为存在利益冲突的两个以上客户服务，注册会计师应当告知所有已知相关方，并在征得他们同意的情况下执行业务；

3. 如果为某一特定行业或领域中的两个以上客户提供服务，注册会计师应当告知客户，并在征得他们同意的情况下执行业务。

如果客户不同意注册会计师为存在利益冲突的其他客户提供服务，注册会计师应当终止为其中一方或多方提供服务。

除采取以上方法措施外，注册会计师还应当采取下列一种或多种防范措施：

1. 分派不同的项目组为相关客户提供服务。

2. 实施必要的保密程序，防止未经授权接触信息。例如，对不同的项目组实施严格的隔离程序，做好数据文档的安全保密工作。

3. 向项目组成员提供有关安全和保密问题的指引。

4. 要求会计师事务所的合伙人和员工签订保密协议。

5. 由未参与执行相关业务的高级员工定期复核防范措施的执行情况。

如果利益冲突对职业道德基本原则产生不利影响，并且采取防范措施无法消除不利影响或将其降低至可接受的水平，注册会计师应当拒绝承接某一特定业务，或者解除一个或多个存在冲突的业务约定。

五、应客户的要求提供第二次意见

在某客户运用会计准则对特定交易和事项进行处理，且已由前任注册会计师发表意见的情况下，如果注册会计师应客户的要求提供第二次意见，可能对职业道德基本原则产生不利影响。

如果第二次意见不是由前任注册会计师所获得的相同事实为基础，或依据的证据不充分，可能对专业胜任能力和应有的关注原则产生不利影响。不利影响存在与否及其严重程度，取决于业务的具体情形情况，以及为提供第二次意见所能够获得的所有相关事实和证据。

如果被要求提供第二次意见，注册会计师应当评价不利影响的严重程度，并在必要时采取防范措施消除不利影响或将其降低至可接受的水平。

防范措施主要包括：

1. 征得客户同意与前任注册会计师沟通；

2. 在与客户沟通中说明注册会计师发表专业意见的局限性；

3. 向前任注册会计师提供第二次意见的副本。

如果客户不允许与前任会计师沟通，注册会计师应当在考虑所有情况后决定是否适宜提供第二次意见。

六、收费

会计师事务所，在确定收费时，应当主要考虑专业服务所需要的知识和技能、所需专业人员的水平和经验、各级别专业人员提供服务所需的时间和提供专业服务所需承担的责任。在专业服务取得良好的计划、监督及管理的前提下，收费通常以每一专业人员适当的小时收费标准或日收费标准为基础计算。

收费是否对职业道德基本原则产生不利影响，取决于收费报价水平和所提供的相应服务。注册会计师应当评价不利影响的严重程度，并在必要时采取防范措施消除不利影响或将其降低至可接受的水平。防范措施主要包括让客户了解业务约定条款，特别是确定收费的基础以及在收费报价内所能提供的服务、安排恰当的时间和具有胜任能力的员工执行任务。

承接业务时，如果收费报价过低，可能导致难以按照执业准则和相关职业道德要求的要求执行业务，从而对专业胜任能力和应有的关注原则产生不利影响。如果收费报价明显低于前任注册会计师或其他会计师事务所的相应报价，会计事务所应当确保在提供专业服务时，遵守执业准则和相关职业道德规范的要求，使工作质量不受损害并使客户了解专业服务的范围和收费基础。

或有收费可能对职业道德基本原则产生不利影响。不利影响存在与否及严重程度取决于下列因素：

1. 业务的性质；
2. 可能的收费金额区间；
3. 确定收费的基础；
4. 是否由独立第三方复核交易和提供服务的结果。

除法律法规允许外，注册会计师不得以或有收费方式提供鉴证服务，收费与否或收费多少不得以鉴证工作结果或实现特定目的为条件。注册会计师应当评价或有收费产生不利影响的严重程度，并在必要时采取防范措施消除不利影响或将其降低至可接受的水平。防范措施主要包括：

1. 预先就收费的基础与客户达成书面协议；
2. 向预期的报告使用者披露注册会计师所执行的工作及收费的基础；
3. 实时质量控制政策和程序；
4. 由独立的第三方复核注册会计师已执行的工作。

注册会计师收取与客户相关的介绍费或佣金，可能对客观和公正原则以及专业胜任能力和应有的关注原则产生非常严重的不利影响，导致没有防范措施能够消除不利影响或将其降低至可接受的水平。注册会计师不得收取与客户相关的介绍费和佣金。注册会计师为获得客户而支付业务介绍费，可能对客观和公正原则以及专业胜任能力和应有的关注原则产生非常严重的不利影响，导致没有防范措施能够消除不利影响或将其降低至可接受的水平。注册会计师不得向客户或其他方支付业务介绍费。

七、专业服务营销

注册会计师通过广告或其他营销方式招揽业务，可能对职业道德基本原则产生不利影响。在向公众传递信息时，注册会计师应当维护职业声誉，做到客观、真实、得体。

注册会计师在营销专业服务时，不得有下列行为：

1. 夸大宣传提供的服务、拥有的资质或获得的经验；

2. 贬低或无根据地比较其他注册会计师的工作；

3. 暗示有能力影响有关主管部门、监管机构或类似机构；

4. 做出其他欺骗性的或可能导致误解的声明。

注册会计师不得采取强迫、欺诈、利诱或骚扰等方式招揽业务。注册会计师不得对其能力进行广告宣传以招揽业务，但可以利用媒体刊登设立、合并、分立、解散、迁址、名称变更和招揽员工信息。

八、礼品和款待

如果客户向注册会计师（或其近亲属）赠送礼品或给予款待，将对职业道德基本原则产生不利影响。注册会计师不得向客户索取、收受委托合同约定外的酬金或其他财物，或者利用执行业务之便，谋取其他不正当的利益。

注册会计师应当评价接受款待产生不利影响的严重程度，并在必要时采取防范措施消除不利影响或将其降低至可接受的水平。如果款待超出业务活动中的正常往来，注册会计师应当拒绝接受。

九、保管客户资产

除非法律法规允许或要求，注册会计师不得提供保管客户资金或其他资产的服务。注册会计师保管客户资金或其他资产，应当履行相应的法定义务。保管客户资金或其他资产，可能对职业道德基本原则产生不利影响，尤其可能对客观和公正原则以及良好的职业行为原则产生不利影响。

注册会计师如果保护客户资金或其他资产，应当符合下列要求：

1. 将客户资金或其他资产与个人或会计师事务所的资产分开；

2. 仅按照预定用途使用客户资金或其他资产；

3. 随时准备向相关人员报告资产状况及产生的收入、红利或利得；

4. 遵守所有与保管资产和履行报告义务相关的法律法规。

如果某项业务涉及保管客户资金或其他资产，注册会计师应当根据有关接受与保持客户关系和具体业务政策的要求，适当询问资产的来源，并考虑应当履行的法定义务。如果客户资金或其他资产来源于非法活动（如洗钱），注册会计师不得提供保管资产服务，并应当向法律顾问征询进一步的意见。

十、对客观和公正原则的要求

在提供专业服务时，注册会计师如果在客户中拥有经济利益，或者与客户董事、高级管理人员或员工存在家庭和私人关系或商业关系，应当确定是否对客观和公正原则产生不利影响。

在提供专业服务时，对客观和公正原则的不利影响及其严重程度，取决于业务的具体情形和注册会计师所执行工作的性质，注册会计师应当评价不利影响的严重程度，并在必要时采取防范措施消除不利影响或将其降低至可接受的水平。防范措施主要包括：

1. 退出项目组；

2. 实施督导程序；

3. 终止产生不利影响的经济利益或商业关系；

4. 与会计师事务所内部较高级别管理人员讨论有关事项；

5. 与客户治理层讨论有关事项。

如果防范措施不能消除不利影响或将其降低至可接受的水平，注册会计师应当拒绝接受业务委托或终止业务。

在提供鉴证服务时，注册会计师应当从实质上和形式上独立于鉴证客户，客观公正地提出结论，并且从外界看来没有偏见、无利益冲突、不受他人的不当影响。在执行审计和审阅业务以及其他鉴证业务时，为了达到保持独立性的要求，注册会计师应当分别遵守《中国注册会计师职业道德守则第4号——审计与审阅业务对独立性的要求》和《中国注册会计师职业道德守则第5号——其他鉴证业务对独立性的要求》的规定。

【案例2-1】ABC会计师事务所具有多年金融企业年度财务报表审计经验，2022年初正在考虑与新、老客户签署审计业务约定书。假定存在以下情形：

（1）注册会计师A作为负责甲银行2021年度财务报表审计的项目组成员，A在该银行存有100万元的三年定期存款。

（2）ABC会计师事务所接受乙银行审计业务委托后。乙银行负责人专门印制了一批银行业务指导手册，放在营业厅大堂经理办公桌上，供各公司财务人员索取。在手册封面的显著位置上印有ABC会计师事务所的名称、地址、电话和业务范围。

（3）ABC会计师事务所已连续4年承办丙保险公司的年度财务报表审计业务。2022年初，该事务所为其员工从丙保险公司集体购买了人寿保险。丙保险公司破例向ABC会计师事务所返还了20%的保费。

（4）丁银行是ABC会计师事务所的老审计客户，双方共同租赁在同一层写字楼上办公，ABC会计师事务所多年来一直在该行开户，双方业务合作融洽。

（5）注册会计师B作为负责戊银行2021年度财务报表审计的项目组成员，B的丈夫是戊银行的财务总监。

【要求】分析判断ABC会计师事务所的（1）～（5）项行为是否违背审计职业道德，并说明理由。

【分析】（1）不违背。银行定期存款账户按正常商业条件开立，不影响审计独立性。

（2）不违背。会计师事务所宣传其名称、地址、电话和业务范围，在审计职业道德允许的范围内。

（3）违背。丙保险公司向兴达会计师事务所返还20％的保费，会因自身利益或密切关系可能影响独立性。ABC会计师事务所不得承接丙保险公司的年度财务报表审计业务。

（4）不违背。正常业务合作关系，不影响审计独立性。

（5）违背。注册会计师B作为项目组成员，其主要近亲属是丁银行的财务总监，会因密切关系可能影响独立性。注册会计师B应调离项目组。

任务2.2　防范审计法律责任

一、会计责任和审计责任

（一）会计责任

被审计单位的管理层和治理层对财务报表承担会计责任。

1. 管理层的责任包括：

（1）按照适用的财务报告编制基础编制财务报表，并使其实现公允反映；

（2）设计、执行和维护必要的内部控制，以使财务报表不存在由于舞弊或错误导致的重大错报。

2. 治理层负责监督财务报告的编制过程。这种责任主要体现为：

（1）监督管理层建立和维护内部控制，保证管理层在树立诚信文化方面的受托责任；

（2）监督编制财务报告的过程，包括审查或监督企业的重大会计政策、审核或监督企业财务报告和披露程序、审核或监督与财务报告相关的企业内部控制、组织和领导企业内部审计、审核和批准企业的财务报告和相关信息披露、聘任和解聘负责企业财务报表审计工作的注册会计师并与其进行沟通等。

（二）审计责任

按照审计准则的规定对财务报表发表审计意见是注册会计师的审计责任。注册会计师通过签署审计报告确认其责任。审计责任是注册会计师对被审计单位应尽的义务，是审计职业赖以生存和发展的基础。

注册会计师的责任包括：

（1）在实施审计工作的基础上对财务报表发表审计意见；

（2）按照中国注册会计师审计准则的规定遵守职业道德要求，计划和实施审计工作，获取充分、适当的审计证据，以对财务报表是否不存在重大错报获取合理保证；

（3）得出合理的审计结论、发表恰当的审计意见。

在审计报告中清楚地表达审计意见，并对其出具的审计报告负责，就是审计责任。审计责任是注册会计师对被审计单位应尽的义务，是审计职业赖以生存和发展的基础。

在审计报告中指明管理层的责任，有利于区分管理层和注册会计师的责任，降低财务报表使用者误解注册会计师责任的可能性。

注册会计师审计不能替代、减轻或免除被审计单位管理层和治理层的会计责任。当注册会计师遵循审计准则和职业规范的要求进行审计时，仍有可能没有发现财务报表中的某些错报（含漏报），以致出具了与事实不相符的审计报告。这种情况下，由于注册会计师已按职业规范执业，就不能认定是审计失败，也无须承担任何法律责任。而如果注册会计师不具备专业胜任能力，或没有做到应有的职业谨慎，或没有依据审计准则的要求执业，或未实施必要的审计程序并获取充分的审计证据，或与被审计单位合谋舞弊，出具了虚假、错误的审计报告，就必须承担相应的审计责任，此时，注册会计师也不能借口财务报表是由被审计单位负责人提供而不承担过失责任。

二、注册会计师法律责任的成因

只要注册会计师严格遵循审计执业准则的要求，保持职业上应有的认真与谨慎，通过实施适当的审计程序，是能够将财务报表中重大的错报或舞弊事项揭示出来的。但是，由于审计的固有限制，并不能保证将财务报表中所有的错报或舞弊事项都揭示出来，也就不能要求注册会计师对所有未查出的错报或舞弊事项都负责任。然而，这并不意味着注册会计师对于未能查出的财务报表中的错报或舞弊事项没有责任，关键要看未能查出这些事项的原因是否源于注册会计师的错误行为。

（一）违约

当违约给他人造成损失时，注册会计师应负违约责任。例如，注册会计师未能在约定的期限内完成审计任务，或违反了与被审计单位订立的保密协议等。

（二）过失

在一定条件下，注册会计师缺乏应有的合理谨慎，给他人造成了损失，应当承担过失责任。过失按其程度不同可分为普通过失和重大过失。

1. 普通过失

普通过失又称一般过失，是指注册会计师没有完全遵循审计执业准则的要求执行审计业务。例如，注册会计师未对特殊存货取得必要和充分的审计证据可视为一般过失。

2. 重大过失

重大过失是指注册会计师根本没有遵循审计执业准则或没有按审计执业准则的主要要求执业。例如，注册会计师根本未对存货实施监盘直接形成审计结论可视为重大过失。

（三）欺诈

欺诈，又称舞弊，是以欺骗或坑害他人为目的的一种故意的错误行为。具有不良动机是欺诈的重要特征，也是欺诈与过失的主要区别之一。注册会计师欺诈行为主要指：注册会计师明知被审计单位财务报表存在重大错报，却加以虚假的陈述，而出具无保留意见审计报告。或明知委托单位有严重损害国家或其他经济单位的不法行为，而违反社会注册会计师的职业道德，接受委托单位的示意或谋取私利，对事实加以掩饰、缩小或完全加以篡改，致使国家或其他经济单位、个人遭受严重的损失。

注册会计师普通过失、重大过失和欺诈的界定如图1-3所示。

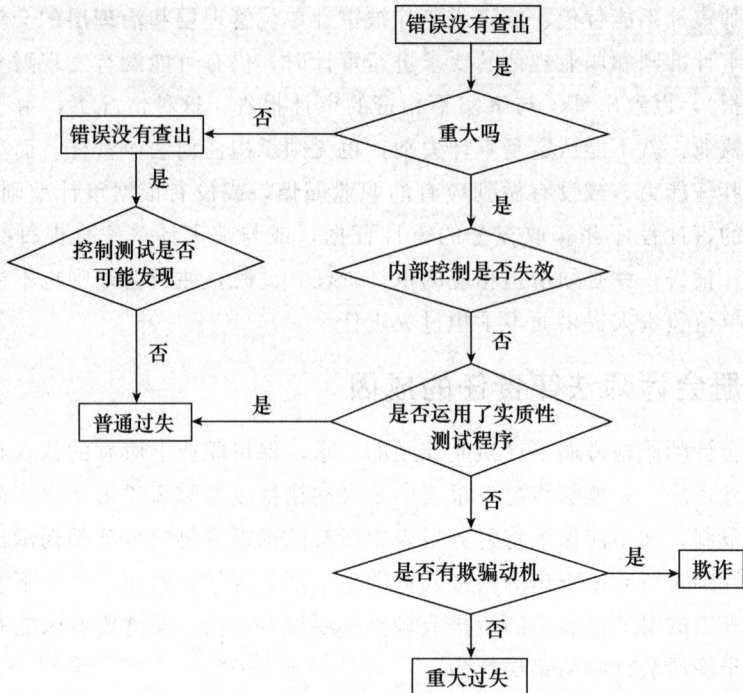

图 1 - 3　审计责任界定图

三、注册会计师法律责任的类型

注册会计师因违约、过失或欺诈，给被审计单位或其他利害关系人造成损失的，可能被判承担行政责任、民事责任或刑事责任。这三种责任可以单处，也可以并处。

（一）行政责任

行政责任表现为行政处罚，对注册会计师个人来讲，包括警告、暂停执业、吊销注册会计师证书；对会计师事务所而言，包括警告、没收违法所得、罚款、暂停执业、撤销等。

（二）民事责任

民事责任主要是赔偿受害人损失，包括赔偿经济损失、支付违约金等。民事责任又可分为对委托人的责任和对第三者的责任。

（三）刑事责任

刑事责任主要包括管制、拘役、判刑、剥夺政治权利和罚金、没收财产等。一般情况下，因违约和普通过失可能使注册会计师负行政责任和民事责任；因重大过失和欺诈可能使注册会计师负民事责任和刑事责任。

四、注册会计师规避法律责任的措施

注册会计师要避免法律诉讼，防范法律责任风险，就必须在执行审计业务时尽量减少发生过失行为，更不能违规出具不实审计报告。要防止发生执业过错行为，注册会计师就必须做到一是增强执业独立性，二是保持应有的职业谨慎，三是强化执业质量控制。具体措施如下：

1. 严格遵守审计职业道德守则和审计准则。注册会计师保持良好的职业道德行为，遵守审计准则，严格按照执业准则的要求执行审计工作、出具报告，对于避免法律诉讼或在诉讼中保护自己具有非常重要的作用。

2. 强化会计师事务所质量控制。会计师事务所必须建立、健全一套严密科学的质量控制制度，并把这套制度落实到整个审计过程和各个审计环节，促使注册会计师按照执业准则的要求执业，保证审计业务质量。

3. 审慎签订审计业务约定书。注册会计师审计失败的一个重要原因就是未深入了解被审计单位就匆忙与之签约。会计师事务所不论承办何种审计业务，都要按照业务约定书准则的要求与被审计单位签订约定书，明确双方的权利、责任和义务，将审计风险降到最低限度。

4. 深入了解被审计单位。注册会计师审计首先要选择正直的客户，其次是深入了解被审计单位，对陷入财务困境或法律困境的客户要尤为注意。与诚信的客户打交道，财务报表舞弊的可能性低，才能降低审计风险。

5. 提取风险基金或购买责任保险。投保充分的责任保险是会计事务所一项极为重要的保护措施，尽管保险不能免除可能受到的法律诉讼，但能转移审计风险，减少诉讼失败给会计师事务所造成的巨额损失。

6. 聘请专业律师。会计师事务所尽可能聘请熟悉相关法规及注册会计师法律责任的律师。在执业过程中，如遇重大法律问题，注册会计师应同本所的律师或外聘的律师详细讨论所有潜在的危险情况并仔细考虑律师的建议；一旦发生法律诉讼，聘请有经验的律师参与诉讼，降低审计风险。

7. 妥善保管审计工作底稿。会计师事务所侵权赔偿责任的归责原则为过错推定原则，根据这一原则，会计师事务所只要能证名自己无过错，就可以不承担赔偿责任，而事务所有无过错，主要是看其执业行为是否遵循了审计准则，审计工作底稿则是证明注册会计师执业过程遵循审计准则的有力证据。

知识检测

一、单项选择题

1. 不受外来力量控制、支配，按照一定之规行事，是对（　　）原则的描述。
   A. 诚信　　　　　B. 独立性　　　　　C. 客观和公正　　　D. 专业胜任能力
2. 夸大宣传提供的服务、拥有的资质或获得的经验，违背了（　　）原则。
   A. 专业胜任能力　B. 保密　　　　　C. 客观和公正　　　D. 良好职业行为
3. 客户威胁将起诉会计师事务所是（　　）产生不利影响的情形。
   A. 自身利益　　　B. 自我评价　　　C. 密切关系　　　　D. 外在压力

4. （　　）是指注册会计师没有完全遵循审计执业准则的要求执行审计业务。

A. 违约 　　　　B. 普通过失 　　　　C. 重大过失 　　　　D. 欺诈

5. 注册会计师根本未对存货实施监盘直接形成审计结论属于（　　）。

A. 违约 　　　　B. 普通过失 　　　　C. 重大过失 　　　　D. 欺诈

6. 具有不良动机是（　　）的重要特征。

A. 违约 　　　　B. 一般过失 　　　　C. 重大过失 　　　　D. 欺诈

二、多项选择题

1. 注册会计师职业道德基本原则包括（　　）。

A. 诚信 　　　　　　　　　　　　B. 独立性

C. 客观和公正 　　　　　　　　　D. 良好职业行为

2. 可能对注册会计师职业道德基本原则产生不利影响的因素包括（　　）。

A. 自身利益 　　　　　　　　　　B. 自我评价

C. 密切关系 　　　　　　　　　　D. 外在压力

3. 自身利益导致不利影响的情形主要包括（　　）。

A. 鉴证业务项目组成员，在鉴证客户中拥有直接经济利益

B. 会计师事务所的收入过分依赖某一客户

C. 鉴证业务项目组成员与鉴证客户存在重要且密切的商业关系

D. 会计师事务所担心可能失去某一重要客户

4. 密切关系导致不利影响的情形主要包括（　　）。

A. 项目组成员的近亲属担任客户的董事或高级管理人员

B. 注册会计师接受客户的礼品和款待

C. 会计师事务所的合伙人或高级员工与鉴证客户存在长期业务关系

D. 会计师事务所受到客户解除业务关系的威胁

5. 注册会计师存在（　　）行为时，可能承担法律责任。

A. 违约 　　　　B. 欺诈 　　　　C. 普通过失 　　　　D. 重大过失

6. 注册会计师承担法律责任的类型有（　　）。

A. 行政责任 　　　B. 刑事责任 　　　C. 民事责任 　　　D. 其他责任

三、判断题

1.《注册会计师职业道德守则》是用来规范注册会计师的职业行为。 （　　）

2. 注册会计师在没有取得客户同意的情况下，不能泄露任何客户的涉密信息。 （　　）

3. 收费是否对职业道德基本原则产生不利影响，取决于收费报价水平和所提供的相应服务。 （　　）

4. 被审计单位的管理层和治理层对财务报表承担会计责任。 （　　）

5. 注册会计师未能在约定的期限内完成审计任务属于过失。 （　　）

6. 如果注册会计师存在过失，可能承担会计责任和审计责任。 （　　）

四、思考题

1. 注册会计师职业道德基本原则包括哪些内容？
2. 如何理解会计责任与审计责任的关系？
3. 注册会计师法律责任的成因有哪些？应采取何种措施来防范？

拓展实训

1. 资料：河南兴达会计师事务所首次接受委托，承办甲公司2021年度财务报表审计业务，并于2021年底与甲公司签订审计业务约定书。假定存在以下情况：

（1）河南兴达会计师事务所以明显低于前任注册会计师的审计收费承接了业务，并且通过与前任注册会计师和当地相同规模的其他会计师事务所进行比较，向甲公司保证，在审计中能够遵循审计准则，审计质量不会因降低收费而受到影响。

（2）在审计甲公司期间，河南兴达会计师事务所将了解到的甲公司的商业机密透露给了其合作伙伴乙公司，乙公司利用这个信息购买了甲公司大量的股票从中牟利。

（3）河南兴达会计师事务所聘用律师协助开展工作，要求该律师书面承诺按照中国注册会计师职业道德规范的要求提供服务。

（4）经法律法规许可，甲公司将其对外投资的股票交由河南兴达会计师事务所代为保管，河南兴达会计师事务所为了方便，将这些股票与事务所的股票放在一起。

（5）河南兴达会计师事务所委托媒体就其职业能力进行广告宣传，以招揽企业的审计业务和相关服务业务。广告费已由河南兴达会计师事务所支付。

要求：针对上述第（1）至（5）的情况，判断河南兴达会计师事务所是否违反中国注册会计师职业道德规范的要求，并简要说明理由。

2. 资料：备受各方关注的曾承担郑州宇通客车股份有限公司年报审计业务的河南华为会计师事务所起诉中国证监会一案在2003年11月20日终于有了"说法"：北京市第一中级人民法院一审判决原告河南华为会计师事务所败诉，维持中国证监会对河南华为会计师事务所做出的没收非法所得30万元的处罚决定。

原告这次没有出席宣判现场。中国证监会代理律师认为：保证审计报告的真实性、合法性是注册会计师的责任；中介责任和企业责任是两种不同性质的法律责任，二者不能相互替代。

据了解，河南华为会计师事务所于2000年负责对上市公司郑州宇通客车股份有限公司1999年度财务报表进行审计，并为其出具了无保留意见的审计报告。此后，有关部门在对上市公司进行巡查时，发现郑州宇通客车1999年度财务报表存在多处虚假内容，签字注册会计师并未发现其虚减资产、负债各1.35亿元的会计记录。

2002年10月，证监会以河南华为会计师事务所及签字注册会计师在审计中未勤勉尽责为由做出没收非法所得30万元、对签字会计师处以警告的处罚决定。

该决定做出后，河南华为会计师事务所向证监会提出行政复议，证监会于2003年3

月 17 日做出行政复议决定，维持了行政处罚决定。然而，河南华为会计师事务所不服，认为"虚假报表是券商、企业和银行串通作弊，而且是'反向作弊'，会计师事务所很难发现"，遂向法院提起了行政诉讼。2003 年 8 月，北京市第一中级人民法院对该案进行了开庭审理。

法院经过审理后认为，河南华为会计师事务所违反了有关审计准则的规定，如果严格按规定进行审计，应完全能够发现年报中虚减资产和负债的内容。而证监会对本案原告做出的处罚，具有事实及法律依据，符合法定程序。

要求：根据以上资料分析说明：

（1）会计责任与审计责任的区别。

（2）河南华为会计师事务所及签字注册会计师为什么要承担审计责任？

（3）会计师事务所和注册会计师如何避免审计责任？

项目三　认知审计独立性

学习目标

能力目标：

1. 能分析对独立性产生不利影响的情形；

2. 能制定对独立性产生不利影响的防范措施。

知识目标：

1. 了解对独立性产生不利影响的情形；

2. 掌握对独立性产生不利影响的防范措施。

项目导入

2022 年 6 月，王强取得了注册会计师证书并加入了一家会计师事务所，作为未来的签字注册会计师，他将如何遵守《中国注册会计师职业道德守则》？如何理解独立性是注册会计师的灵魂？如何做一名合格的注册会计师？

任务 3.1　审计独立性的基本要求

一、独立性的含义及概念框架

（一）独立性的含义

独立性包括实质上的独立性和形式上的独立性：

1. 实质上的独立性是一种内心状态，使得注册会计师在提出结论时不受损害职业判断的因素影响，诚信行事，遵循客观和公正原则，保持职业怀疑态度。

2. 形式上的独立性是一种外在表现，使得一个理性且掌握充分信息的第三方，在权衡所有相关事实和情况后，认为会计师事务所或审计项目组成员没有损害诚信原则、客观和公正原则或职业怀疑态度。

（二）独立性概念框架

独立性概念框架是指解决独立性问题的思路和方法，用以指导注册会计师：①识别对独立性的不利影响；②评价不利影响的严重程度；③必要时采取防范措施消除不利影响或将其降低至可接受的水平。

如果无法采取适当的防范措施消除不利影响或将其降低至可接受的水平，注册会计师应当消除产生不利影响的情形，或者拒绝接受审计业务委托或终止审计业务。在运用独立性概念框架时，注册会计师应当运用职业判断。

在确定是否接受或保持某项业务，或者某一特定人员能否作为审计项目组成员时，会计师事务所应当识别和评价各种对独立性的不利影响。

如果不利影响超出可接受的水平，在确定是否接受某项业务或某一特定人员能否作为审计项目组成员时，会计师事务所应当确定能否采取防范措施以消除不利影响或将其降低至可接受的水平。

在确定是否保持某项业务时，会计师事务所应当确定现有的防范措施是否仍然有效；如果无效，是否需要采取其他防范措施或者终止业务。在执行业务过程中，如果注意到对独立性产生不利影响的新情况，会计师事务所应当运用独立性概念框架评价不利影响的严重程度。

在评价不利影响的严重程度时，注册会计师应当从性质和数量两个方面予以考虑。由于会计师事务所规模、结构和组织形式不同，会计师事务所人员对独立性承担的责任也不同。会计师事务所应当按照要求制定政策和程序，以合理保证按照职业道德守则的要求保持独立性。项目合伙人应当就审计项目组遵守相关独立性要求的情形形成结论。

二、评价独立性应考虑的因素

(一) 公众利益实体

在评价对独立性产生不利影响的重要程度以及为消除不利影响或将其降低至可接受水平采取的必要防范措施时，注册会计师应当考虑实体涉及公众利益的程度。公众利益实体包括上市公司和下列实体：

1. 法律法规界定的公众利益实体；

2. 法律法规规定按照上市公司审计独立性的要求接受审计的实体。

如果其他实体拥有数量众多且分布广泛的利益相关者（包括其管理层、股东、顾客、供应商、债权人、利益相关者、政府、特殊利益团体和媒体等），注册会计师应当考虑将其作为公众利益实体对待。需要考虑的因素包括该实体业务的性质（如金融业务、保险业务）、实体的规模和员工的数量等。

(二) 关联实体

关联实体是指与客户存在下列任一关系的实体：

1. 能够对客户施加直接或间接控制的实体，并且客户对该实体重要；

2. 在客户内拥有直接经济利益的实体，并且该实体对客户具有重大影响，在客户内的利益对该实体重要；

3. 受到客户直接或间接控制的实体；

4. 客户（或受到客户直接或间接控制的实体）拥有其直接经济利益的实体，并且客户能够对该实体施加重大影响，在实体内的经济利益对客户（或受到客户直接或间接控制的实体）重要；

5. 与客户处于同一控制下的实体（即"姐妹实体"），并且该姐妹实体和客户对其控制方均重要。

如果认为客户存在的关系或情形涉及其他关联实体，且与评价会计师事务所独立性相关，审计项目组在识别、评价对独立性的不利影响以及采取防范措施时，应当将其他关联实体包括在内。

（三）治理层

治理层，是指对实体的战略方向以及管理层履行经营管理责任负有监督责任的人员或组织。治理层的责任，包括对财务报告过程的监督。

注册会计师应当根据职业判断，定期就可能影响独立性的关系和其他事项与治理层沟通。上述沟通使治理层能够：

1. 考虑会计师事务所在识别和评价对独立性的不利影响时做出的判断是否正确；

2. 考虑会计师事务所为消除不利影响或将其降低至可接受的水平所采取的防范措施是否适当；

3. 确定是否有必要采取适当的措施。

对于因外在压力和密切关系产生的不利影响，这种沟通尤其有效。

（四）工作记录

工作记录提供了证据，用以证明注册会计师在就遵循独立性要求方面形成结论时做出的判断。注册会计师应当遵守独立性要求的情况，包括记录形成的结论，以及为形成结论而讨论的主要内容。

如果需要采取防范措施将某种不利影响降低至可接受的水平，注册会计师应当记录该不利影响的性质，以及将其降低至可接受的水平所采取的防范措施。

如果需要对某种不利影响进行大量分析才能确定是否有必要采取防范措施，而注册会计师认为由于不利影响未超出可接受的水平不需要采取防范措施，注册会计师应当记录不利影响的性质以及得出不需采取防范措施结论的理由。

（五）业务期间

注册会计师应当在业务期间和财务报表涵盖的期间独立于审计客户。业务期间自审计项目组开始执行审计业务之日起，至出具审计报告之日止。如果审计业务具有连续性，业务期间结束日应以其中一方通知解除业务关系或出具最终审计报告两者时间孰晚为准。

如果一个实体委托会计师事务所对其财务报表发表意见，并且在该财务报表涵盖的期间或之后成为审计客户，会计师事务所应当确定下列因素是否对独立性产生不利影响：

1. 在财务报表涵盖的期间或之后，接受审计业务委托之前，与审计客户之间存在的经济利益或商业关系；

2. 以往向审计客户提供的服务。

如果在财务报表涵盖的期间或之后，在审计项目组开始执行审计业务之前，会计师事务所向审计客户提供了非鉴证服务，并且该非鉴证服务在审计期间不允许提供，会计师事务所应当评价提供的非鉴证服务对独立性产生的不利影响。如果不利影响超出可接受的水平，会计师事务所只有在采取防范措施消除不利影响或将其降低至可接受的水平的情况下，才能接受审计业务。防范措施主要包括：

1. 不允许提供非鉴证服务的人员担任审计项目组成员；

2. 必要时由其他的注册会计师复核审计和非鉴证工作；

3. 由其他会计师事务所评价非鉴证业务的结果，或由其他会计师事务所重新执行非鉴证业务，并且所执行工作的范围能够使其承担责任。

任务 3.2　审计独立性的因素分析

一、经济利益

（一）经济利益的种类

经济利益是指因持有某一实体的股权、债券和其他证券以及其他债务性的工具而拥有的利益，包括为取得这种利益享有的权利和承担的义务。经济利益包括直接经济利益和间接经济利益。

直接经济利益是指下列经济利益：①个人或实体直接拥有并控制的经济利益（包括授权他人管理的经济利益）；②个人或实体通过投资工具拥有的经济利益，并且有能力控制这些投资工具，或影响其投资决策。一些常见的直接经济利益包括证券或其他参与权，诸如包括股票、债券、认沽权、认购权、期权、权证和卖空权等。

间接经济利益是指个人或实体通过投资工具拥有的经济利益，但没有能力控制这些投资工具，或影响其投资决策。

受益人可能通过投资工具拥有经济利益。确定经济利益是直接的还是间接的，取决于受益人能否控制投资工具或具有影响投资决策的能力。如果受益人能够控制投资工具或具有影响投资决策的能力，这种经济利益为直接经济利益。如果受益人不能控制投资工具或不具有影响投资决策的能力，这种经济利益为间接经济利益。

（二）对独立性产生不利影响的情形和防范措施

1. 在审计客户中不被允许拥有的经济利益。

（1）会计师事务所、审计项目组成员或其主要近亲属不得在审计客户中拥有直接经济利益或重大间接利益。

（2）当一个实体在审计客户中拥有控制性的权益，并且审计客户对该实体重要时，会计师事务所、审计项目组成员或其主要近亲属不得在该实体中拥有直接经济利益或重大间接经济利益。

（3）当其他合伙人与执行审计业务的项目合伙人同处一个分部时，其他合伙人或其主要近亲属不得在审计客户中拥有直接经济利益或重大间接经济利益。

（4）为审计客户提供非审计服务的其他合伙人、管理人员或其主要近亲属不得在审计客户中拥有直接经济利益或重大间接经济利益。

2. 对审计项目组成员其他近亲属的要求。

如果审计项目组某一成员的其他近亲属在审计客户中拥有直接经济利益或重大间接经济利益，将因自身利益产生非常严重的不利影响。主要近亲属是指配偶、父母、子女；其他近亲属是指兄弟姐妹、祖父母、外祖父母、孙子女、外孙子女。

会计师事务所应当评价不利影响的严重程度，并在必要时采取防范措施消除不利影响或将其降低至可接受的水平。防范措施主要包括：

（1）其他近亲属尽快处置全部经济利益，或处置全部直接经济利益并处置足够数量的间接经济利益，以使剩余经济利益不再重大；

（2）由审计项目组以外的注册会计师复核该成员已执行的工作；

（3）将该成员调离审计项目组。

3. 会计师事务所的退休金计划。

如果审计项目组成员通过会计师事务所的退休金计划，在审计客户中拥有直接经济利益或重大间接经济利益，将因自身利益产生不利影响。注册会计师应当评价不利影响的严重程度，并在必要时采取防范措施消除不利影响或将其降低至可接受的水平。

4. 主要近亲属因受雇于审计客户而产生的经济利益。

执行审计业务的项目合伙人、所处分部的其他合伙人，或者向审计客户提供非审计服务的合伙人或管理人员，如果其主要近亲属在审计客户中拥有经济利益，只要其主要近亲属作为审计客户的员工有权（例如通过退休金或股票期权计划）取得该经济利益，并且在必要时能够采取防范措施消除不利影响或将其降低至可接受的水平，则不被视为损害独立性。但是，如果其主要近亲属拥有或取得处置该经济利益的权利，例如按照股票期权方案有权行使期权，则应当尽快处置或放弃该经济利益。

5. 在非审计客户中拥有经济利益。

除了在审计客户中拥有经济利益外，会计师事务所、审计项目组成员和其主要近亲属在其他实体中拥有的经济利益也可能影响其独立性。

6. 受托管理人拥有经济利益。

如果会计师事务所、审计项目组成员或其主要近亲属作为受托管理人在审计客户中拥有直接经济利益或重大间接经济利益，将因自身利益产生不利影响。

7. 其他相关人员拥有经济利益。

审计项目组成员应当确定下列人员在审计客户中拥有已知的经济利益是否因自身利益产生不利影响：

（1）除前述提及的人员外，会计师事务所合伙人、专业人员或其主要近亲属；

（2）与审计项目组成员存在密切私人关系的人员。

8. 通过继承、馈赠或因合并而获得经济利益。

对会计师事务所、合伙人或其主要近亲属、员工或其主要近亲属的经济利益限制，也适用于通过继承、馈赠或因合并而获得的经济利益。如果会计师事务所、合伙人或其主要近亲属、员工或其主要近亲属，通过继承、馈赠或合并从审计客户获得直接经济利益或重大间接经济利益，则应当采取下列措施：

（1）如果会计师事务所获得经济利益，应当立即处置全部经济利益，或处置全部直接经济利益并处置足够数量的间接经济利益，以使剩余经济利益不再重大；

（2）如果审计项目组成员或其主要近亲属获得经济利益，应当立即处置全部经济利益，或处置全部直接经济利益并处置足够数量的间接经济利益，以使剩余经济利益不再重大；

（3）如果审计项目组以外的人员或其主要近亲属获得经济利益，应当在合理期限内尽快处置全部经济利益，或处置全部直接经济利益并处置足够数量的间接经济利益，以使剩余经济利益不再重大。在完成处置该经济利益前，会计师事务所应当确定是否需要采取防范措施。

二、贷款和担保以及商业关系、家庭和私人关系

（一）贷款和担保

1. 从银行或类似金融机构等审计客户取得贷款或获得贷款担保。

会计师事务所、审计项目组成员或其主要近亲属从银行或类似金融机构等审计客户取得贷款，或获得贷款担保，可能对独立性产生不利影响。

如果审计客户不按照正常的程序、条款和条件提供贷款或担保，将因自身利益产生非常严重的不利影响，导致没有防范措施能够将其降低至可接受的水平。会计师事务所、审计项目组成员或其主要近亲属不得接受此类贷款或担保。

审计项目组成员或其主要近亲属从银行或类似金融机构等审计客户取得贷款，或由审计客户提供贷款担保，如果按照正常的程序、条款和条件取得贷款或担保，则不会对独立性产生不利影响。

2. 从不属于银行或类似金融机构等审计客户取得贷款或由其提供担保。

会计师事务所、审计项目组成员或其主要近亲属从不属于银行或类似金融机构的审计客户取得贷款，或由审计客户提供贷款担保，将因自身利益产生非常严重的不利影响，导致没有防范措施能够将其降低至可接受的水平。

3. 向审计客户提供贷款或为其提供担保。

会计师事务所、审计项目组成员或其主要近亲属向审计客户提供贷款或为其提供担保，将因自身利益产生非常严重的不利影响，导致没有防范措施能够将其降低至可接受的水平。

4. 在审计客户开立存款或交易账户。

会计师事务所、审计项目组成员或其主要近亲属在银行或类似金融机构等审计客户开立存款或交易账户，如果账户按照正常的商业条件开立，则不会对独立性产生不利影响。

（二）商业关系

1. 商业关系的种类及防范措施。

会计师事务所、审计项目组成员或其主要近亲属与审计客户或其高级管理人员之间，由于商务关系或共同的经济利益而存在密切的商业关系，可能因自身利益或外在压力产生严重的不利影响。这些商业关系主要包括：

（1）在与客户或其控制股股东、董事、高级管理人员共同开办的企业中拥有经济利益；

（2）按照协议，将会计师事务所的产品或服务与客户的产品或服务结合在一起，并以

双方名义捆绑销售；

（3）按照协议，会计师事务所销售或推广客户的产品或服务，或者客户销售或推广会计师事务所的产品或服务。

会计师事务所不得介入此类商业关系；如果存在此类商业关系，应当予以终止。如果此类商业关系涉及审计项目组成员，会计师事务所应当将该成员调离审计项目组。

如果审计项目组成员的主要近亲属与审计客户或其高级管理人员存在此类商业关系，注册会计师应当评价不利影响的严重程度，并在必要时采取防范措施消除不利影响或将其降低至可接受的水平。

2. 与审计客户或利益相关者一同在某股东人数有限的实体中拥有利益。

如果会计师事务所、审计项目组成员或其主要近亲属，在某股东人数有限的实体中拥有经济利益，而审计客户或其董事、高级管理人员也在该实体拥有经济利益，在同时满足下列条件时，这种商业关系不会对独立性产生不利影响：

（1）这种商业关系对于会计师事务所、审计项目组成员或其主要近亲属以及审计客户均不重要；

（2）该经济利益对一个或几个投资者并不重大；

（3）该经济利益不能使一个或几个投资者控制该实体。

3. 从审计客户购买商品或服务。

会计师事务所、审计项目组成员或其主要近亲属从审计客户购买商品或服务，如果按照正常的商业程序公平交易，通常不会对独立性产生不利影响。

如果交易性质特殊或金额较大，可能因自身利益产生不利影响。会计师事务所应当评价不利影响的严重程度，并在必要时采取防范措施消除不利影响或将其降低至可接受的水平。防范措施主要包括：

（1）取消交易或降低交易规模；

（2）将相关审计项目组成员调离审计项目组。

（三）家庭和私人关系

如果审计项目组成员与审计客户的董事、高级管理人员，或所处职位能够对客户会计记录或被审计财务报表的编制施加重大影响的员工（以下简称"特定员工"）存在家庭和私人关系，可能因自身利益、密切关系或外在压力产生不利影响。不利影响存在与否及其严重程度取决于多种因素，包括该成员在审计项目组的角色、其家庭成员和相关人员在客户中的职位以及关系的密切程度等。

1. 审计项目组成员的主要近亲属处在重要职位。

如果审计项目组成员的主要近宗属是审计客户的董事、高级管理人员或特定员工，或者在业务期间或财务报表涵盖的期间曾担任上述职务，只有把该成员调离审计项目组，才能将对独立性的不利影响降低至可接受的水平。

2. 审计项目组成员的主要近亲属可以对客户的财务状况、经营成果和现金流量施加重大影响。

如果审计项目组成员的主要近亲属在审计客户中所处职位能够对客户的财务状况、经营成果和现金流量施加重大影响，将对独立性产生不利影响。

会计师事务所应当评价不利影响的严重程度，并在必要时采取防范措施消除不利影响或将其降低至可接受的水平。防范措施主要包括：

（1）将该成员调离审计项目组；

（2）合理安排审计项目组成员的职责，使该成员的工作不涉及其主要近亲属的职责范围。

3. 审计项目组成员的其他近亲属处在重要职位或可以对财务报表施加重大影响。

如果审计项目组成员的其他近亲属是审计客户的董事、高级管理人员或特定员工，将对独立性产生不利影响。不利影响的严重程度主要取决于下列因素：

（1）审计项目组成员与其他近亲属的关系；

（2）其他近亲属在客户中的职位；

（3）该成员在审计项目组中的角色。

会计师事务所应当评价不利影响的严重程度，并在必要时采取防范措施消除不利影响或将其降低至可接受的水平。防范措施主要包括：

（1）将该成员调离审计项目组；

（2）合理安排审计项目组成员的职责，使该成员的工作不涉及其他近亲属的职责范围。

4. 审计项目组的成员与审计客户重要职位的人员具有密切关系。

如果审计项目组成员与审计客户的员工存在密切关系，并且该员工是审计客户的董事、高级管理人员或特定员工，即使该员工不是审计项目组成员的近亲属，也将对独立性产生不利影响。拥有此类关系的审计项目组成员应当按照会计师事务所的政策和程序的要求，向会计师事务所内部或外部的相关人员咨询。

不利影响的严重程度主要取决于下列因素：

（1）该员工与审计项目组成员的关系；

（2）该员工在客户中的职位；

（3）该成员在审计项目组中的角色。

会计师事务所应当评价不利影响的严重程度，并在必要时采取防范措施消除不利影响或将其降低至可接受的水平。防范措施主要包括：

（1）将该成员调离审计项目组；

（2）合理安排该成员的职责，使其工作不涉及与之存在密切关系的员工的职责范围。

5. 非审计项目组成员的合伙人或员工与审计客户重要职位的人员存在家庭或个人关系

会计师事务所中审计项目组以外的合伙人或员工，与审计客户的董事、高级管理人员或特定员工之间存在家庭或私人关系，可能因自身利益、密切关系或外在压力产生不利影响。会计师事务所合伙人或员工在知悉此类关系后，应当按照会计师事务所的政策和程序进行咨询。不利影响存在与否及其严重程度主要取决于下列因素：

（1）该合伙人或员工与审计客户的董事、高级管理人员或特定员工之间的关系；

（2）该合伙人或员工与审计项目组之间的相互影响；

（3）该合伙人或员工在会计师事务所中的角色；

（4）董事、高级管理人员或特定员工在审计客户中的职位。

会计师事务所应当评价不利影响的严重程度，并在必要时采取防范措施消除不利影响或将其降低至可接受的水平。防范措施主要包括：

（1）合理安排该合伙人或员工的职责，以减少对审计项目组可能产生的影响；

（2）由审计项目组以外的注册会计师复核已执行的相关审计工作。

三、与审计客户发生人员交流

（一）与审计客户发生雇佣关系

如果审计客户的董事、高级管理人员或特定员工，曾经是审计项目组的成员或会计师事务所的合伙人，可能因密切关系或外在压力产生不利影响。

1.审计项目组前任成员或前任合伙人担任审计客户的重要职位且与事务所保持重要联系。

如果审计项目组前任成员或会计师事务所前任合伙人加入审计客户，担任董事、高级管理人员或特定员工，并且与会计师事务所仍保持重要交往，将产生非常严重的不利影响，导致没有防范措施能够将其降低至可接受的水平。

2.审计项目组前任成员或前任合伙人担任审计客户的重要职位，但未与事务所保持重要联系。

如果审计项目组前任成员或会计师事务所前任合伙人加入审计客户，担任董事、高级管理人员或特定员工，但前任成员或前任合伙人与会计师事务所已经没有重要交往，因密切关系或外在压力产生的不利影响。

3.前任合伙人加入的某一实体成为审计客户。

如果会计师事务所前任合伙人加入某一实体，而该实体随后成为会计师事务所的审计客户，会计师事务所应当评价对独立性不利影响的严重程度，并在必要时采取防范措施消除不利影响或将其降低至可接受的水平。

4.审计项目组某成员拟加入审计客户。

会计师事务所应当评价不利影响的严重程度，并在必要时采取防范措施消除不利影响或将其降低至可接受的水平。防范措施主要包括以下方面。

（1）修改审计计划；

（2）向审计项目组分派经验更丰富的人员；

（3）由审计项目组以外的注册会计师复核前任审计项目组成员已执行的工作。

（二）临时借调员工

如果会计师事务所向审计客户借出员工，可能因自我评价产生不利影响。会计师事务所只能短期向客户借出员工，并且借出的员工不得为审计客户提供中国注册会计师职业道德守则禁止提供的非鉴证服务，也不得承担客户的管理层职责。审计客户有责任对借调员工的活动进行指导和监督。

会计师事务所应当评价借出员工产生不利影响的严重程度，并在必要时采取防范措施消除不利影响或将其降低至可接受的水平。

防范措施主要包括：

1. 对借出员工的工作进行额外复核；

2. 合理安排审计项目组成员的职责，使借出员工不对其在借调期间执行的工作进行审计；

3. 不安排借出员工作为审计项目组成员。

（三）最近曾任审计客户的董事、高级管理人员或特定员工

如果审计项目组成员最近曾担任审计客户的董事、高级管理人员或特定员工，可能因自身利益、自我评价或密切关系产生不利影响。例如，如果审计项目组成员在审计客户工作期间曾经编制会计记录，现又对据此形成的财务报表要素进行评价，则可能产生这些不利影响。

1. 如果在被审计财务报表涵盖的期间，审计项目组成员曾担任审计客户的董事、高级管理人员或特定员工，将产生非常严重的不利影响，导致没有防范措施能够将其降低至可接受的水平。会计师事务所不得将此类人员分派到审计项目组。

2. 如果在被审计财务报表涵盖的期间之前，审计项目组成员曾担任审计客户的董事、高级管理人员或特定员工，可能因自身利益、自我评价或密切关系产生不利影响。会计师事务所应当评价不利影响的严重程度，并在必要时采取防范措施将其降低至可接受的水平。防范措施包括复核该成员已执行的工作等。

（四）兼任审计客户的董事或高级管理人员

如果会计师事务所的合伙人或员工兼任审计客户的董事或高级管理人员，将因自我评价和自身利益产生非常严重的不利影响，导致没有防范措施能够将其降低至可接收的水平。会计师事务所的合伙人或员工不得兼任审计客户的董事或高级管理人员。

如果会计师事务所的合伙人或员工担任审计客户的公司秘书，将因自我评价和过度推介产生非常严重的不利影响，导致没有防范措施能够将其降低至可接受的水平。会计师事务所的合伙人或员工不得兼任审计客户的公司秘书。

会计师事务所提供日常和行政事务性的服务以支持公司秘书职能，或提供与公司秘书行政事项有关的建议。只要所有相关决策均由审计客户管理层做出，通常不会损害独立性。

五、与审计客户长期存在业务关系

会计师事务所长期委派同一名合伙人或高级员工执行某一客户的审计业务，将因密切关系和自身利益产生不利影响，不利影响的严重程度主要取决于下列因素：

1. 该人员加入审计项目组的时间长短；

2. 该人员在审计项目组中的角色；

3. 会计师事务所的组织结构；

4. 审计业务的性质；

5. 客户的管理团队是否发生变动；

6. 客户的会计和报告问题的性质或复杂程度是否发生变化。

会计师事务所应当评价因密切关系和自身利益产生的不利影响的严重程度，并在必要

时采取防范措施消除不利影响或将其降低至可接受的水平。

防范措施主要包括：

1. 将该人员轮换出审计项目组；

2. 由审计项目组以外的注册会计师复核该人员已执行的工作；

3. 定期对该业务实施独立的质量复核。

六、为审计客户提供非鉴证服务

会计师事务向审计客户提供非鉴证服务，可能对独立性产生不利影响，包括因自我评价、自身利益和过度推介等产生的不利影响。在接受委托向审计客户提供非鉴证服务之前，会计师事务所应当确定提供该服务是否将对独立性产生不利影响。

在评价某一特定非鉴证服务产生不利影响的严重程度时，会计师事务所应当考虑审计项目组认为提供其他相关非鉴证服务将产生的不利影响。如果没有防范措施能够将不利影响降低至可接受的水平，会计师事务所不得向审计客户提供该非鉴证服务。

七、收费

（一）收费结构不合理

如果会计师事务所从某一审计客户收取的全部费用占其收费总额的比重很大，则对该客户的依赖及对可能失去该客户的担心将因自身利益或外在压力产生不利影响。不利影响的严重程度主要取决于下列因素：

1. 会计师事务所的业务类型及收入结构；

2. 会计师事务所成立时间的长短；

3. 该客户对会计师事务所是否重要。

会计师事务所应当评价不利影响的严重程度，并在必要时采取防范措施消除不利影响或将其降低至可接受的水平。

防范措施主要包括：

1. 降低对该客户的依赖程度；

2. 实施外部质量控制复核；

3. 就关键的审计判断向第三方咨询。例如，向行业监管机构或其他会计师事务所咨询。

（二）逾期收费

如果审计客户长期未支付应付的审计费用，尤其是相当部分的审计费用在出具下一年度审计报告前仍未支付，可能因自身利益产生不利影响。

会计师事务所通常要求审计客户在审计报告出具前付清上一年度的审计费用。如果在审计报告出具后审计客户仍未支付该费用，会计师事务所应当评价不利影响存在与否及其严重程度，并在必要时采取防范措施消除不利影响或将其降低至可接受的水平。

可采取的防范措施包括由未参与执行审计业务的注册会计师提供建议，或复核已执行的工作等。

会计师事务所还应当确定逾期收费是否可能被视同向客户贷款，并且根据逾期收费的重要程度确定是否继续执行审计业务。

（三）或有收费

或有收费是指收费与否或收费多少取决于交易的结果或所执行工作的结果。如果一项收费是由法院或政府有关部门规定的，则该项收费不被视为或有收费。

会计师事务所在提供审计服务时，以直接或间接形式取得或有收费，将因自身利益产生非常严重的不利影响，导致没有防范措施能够将其降低至可接受的水平。会计师事务所不得采用这种收费安排。

会计师事务所在向审计客户提供非鉴证服务时，如果非鉴证服务以直接或间接形式取得或有收费，也可能因自身利益产生不利影响。

会计师事务所应当评价不利影响的严重程度，并在必要时采取防范措施消除不利影响或将其降低至可接受的水平。防范措施主要包括：

1. 由审计项目组以外的注册会计师复核相关审计工作，或在必要时提供建议；

2. 由审计项目组以外的专业人员提供非鉴证服务。

八、影响独立性的其他事项

（一）薪酬和业绩评价政策

如果某一审计项目组成员的薪酬或业绩评价与其向审计客户推销的非鉴证服务挂钩，将因自身利益产生不利影响。不利影响的严重程度取决于下列因素：

1. 推销非鉴证服务的因素在该成员薪酬或业绩评价中的比重；

2. 该成员在审计项目组中的角色；

3. 推销非鉴证服务的业绩是否影响该成员的晋升。

会计师事务所应当评价不利影响的严重程度。如果不利影响超出可接受的水平，会计师事务所应当修改该成员的薪酬计划或业绩评价程序，或者采取其他防范措施消除不利影响或将其降低至可接受的水平。

防范措施主要包括：

1. 将该成员调离审计项目组；

2. 由审计项目组以外的注册会计师复核该成员已执行的工作。

关键审计合伙人的薪酬或业绩评价不得与其向审计客户推销的非鉴证服务直接挂钩。职业道德准则并不禁止会计师事务所合伙人之间正常的利润分享安排。

（二）礼品和款待

会计师事务所或审计项目组成员接受审计客户的礼品或款待，可能因自身利益和密切关系产生不利影响。

如果会计师事务所或审计项目组成员接受客户的礼品，将产生非常严重的不利影响，导致没有防范措施能够将其降低至可接受的水平。计师事务所或审计项目组成员不得接受礼品。

会计师事务所或审计项目组成员应当评价接受款待产生不利影响的严重程度，并在必要时采取防范措施消除不利影响或将其降低至可接受的水平。如果款待超出业务活动中的正常往来，会计师事务所或审计项目组成员应当拒绝接受。

（三）诉讼或诉讼威胁

如果会计师事务所或审计项目组成员与审计客户发生诉讼或很可能发生诉讼，将因自身利益和外在压力产生不利影响。

会计师事务所和客户管理层由于诉讼或诉讼威胁而处于对立地位，将影响管理层提供信息的意愿，从而因自身利益和外在压力产生不利影响。不利影响的严重程度主要取决于下列因素：

1. 诉讼的重要性；

2. 诉讼是否与前期审计业务相关。

会计师事务所应当评价不利影响的严重程度，并在必要时采取防范措施消除不利影响或将其降低至可接受的水平。防范措施主要包括：

1. 如果诉讼涉及某一审计项目组成员，将该成员调离审计项目组；

2. 由审计项目组以外的专业人员复核已执行的工作。

如果此类防范措施不能将不利影响降低至可接受的水平，会计师事务所应当拒绝接受审计业务委托，或解除审计业务约定。

【案例3-1】兴达会计师事务所准备承接2021年度财务报表审计业务，假如存在以下事项：

（1）审计项目组成员A的父亲是甲公司的财务总监。

（2）会计师事务所合伙人B的弟弟是乙公司的采购员。

（3）会计师事务所合伙人C在丙公司控股的子公司拥有10%的股份。

（4）审计项目组成员D为丁公司提供税务咨询。

（5）双方约定Y公司先期支付审计费用2万元，其余部分根据会计师事务所出具审计报告的情况再支付。

【要求】分析判断审计的独立性是否会受到损害，并简要说明理由。

【分析】

（1）是，国为审计项目组成员A的父亲是甲公司的财务总监，作为主要近亲属会因密切关系可能影响独立性，A应调离项目组。

（2）否，因为审计项目组成员B的弟弟是乙公司的采购员，采购员不是甲公司的特定员工，不影响独立性。

（3）是，因为审计项目组成员C在丙公司控股的子公司拥有10%的股份，会因自身利益可能影响独立性，会计师事务所不得承接甲公司的审计业务。

（4）是，因为审计项目组成员D为丁公司提供税务咨询，会因自我评价可能影响独立性，D应调离项目组。

（5）是，因为审计费用支付方式属于或有收费，会因自身利益或外在压力可能影响独立性，会计师事务所不得承接Y公司的审计业务。

● 知识检测

一、单项选择题

1. （   ）是注册会计师的一种内心状态。
   A. 实质上的独立性　　　　　　　　　B. 形式上的独立性
   C. 物质上的独立性　　　　　　　　　D. 精神上的独立性

2. （   ）是注册会计师的一种外在表现。
   A. 实质上的独立性　　　　　　　　　B. 形式上的独立性
   C. 物质上的独立性　　　　　　　　　D. 精神上的独立性

3. 下列关于直接经济利益的叙述，不正确的是（   ）。
   A. 个人或实体直接拥有并控制的经济利益
   B. 个人或实体通过投资工具拥有的经济利益，并且有能力控制这些投资工具
   C. 个人或实体通过投资工具拥有的经济利益，并且能影响其投资决策
   D. 个人或实体通过投资工具拥有的经济利益，但不能影响其投资决策没有并且能影响其投资决策

4. 主要近亲属不包括（   ）。
   A. 配偶　　　　　　B. 父母　　　　　　C. 子女　　　　　　D. 兄弟姐妹

5. 下列人员曾经是审计项目组的成员或会计师事务所的合伙人，不会因密切关系或外在压力产生不利影响。（   ）。
   A. 董事　　　　　　B. 监事　　　　　　C. 高级管理人员　　D. 特定员工

6. 如果审计项目组某一成员的其他近亲属在审计客户中拥有直接经济利益或重大间接经济利益，将因自身利益产生非常严重的不利影响。会计师事务所应当采取的防范措施不包括（   ）。
   A. 其他近亲属尽快处置全部经济利益
   B. 其他近亲属尽快处置部分经济利益
   C. 由审计项目组以外的注册会计师复核该成员已执行的工作
   D. 将该成员调离审计项目组

二、多项选择题

1. 独立性包括（   ）。
   A. 实质上的独立性　　　　　　　　　B. 形式上的独立性
   C. 物质上的独立性　　　　　　　　　D. 精神上的独立性

2. 下列关于直接经济利益的叙述，正确的是（   ）。
   A. 个人或实体直接拥有并控制的经济利益
   B. 个人或实体通过投资工具拥有的经济利益，并且有能力控制这些投资工具
   C. 个人或实体通过投资工具拥有的经济利益，并且能影响其投资决策

D. 个人或实体通过投资工具拥有的经济利益，但没有能力控制这些投资工具

3. 下列哪些关于收费的事项，可能因自身利益或外在压力对独立性产生不利影响。（　　）

　　A. 从某一审计客户收取的全部费用占其收费总额的比重很大

　　B. 对某一审计客户收取的费用报价过低

　　C. 逾期收费

　　D. 或有收费

4. 在审计客户中不被允许拥有的经济利益包括（　　）。

　　A. 会计师事务所、审计项目组成员或其主要近亲属不得在审计客户中拥有直接经济利益

　　B. 会计师事务所、审计项目组成员或其主要近亲属不得在审计客户中拥有重大间接经济利益

　　C. 为审计客户提供非审计服务的其他合伙人、管理人员或其主要近亲属不得在审计客户中拥有直接经济利益

　　D. 为审计客户提供非审计服务的其他合伙人、管理人员或其主要近亲属不得在审计客户中拥有重大间接经济利益

5. 其他近亲属包括（　　）。

　　A. 父母　　　　　　　B. 祖父母　　　　　　C. 外祖父母　　　　　　D. 兄弟姐妹

6. 会计师事务所长期委派同一名合伙人或高级员工执行某一客户的审计业务，将因密切关系和自身利益产生不利影响，不利影响的严重程度主要取决于下列因素。（　　）

　　A. 该人员加入审计项目组的时间长短　　　　B. 该人员在审计项目组中的角色

　　C. 会计师事务所的组织结构　　　　　　　　D. 审计业务的性质

三、判断题

1. 经济利益包括直接经济利益和重大间接经济利益。　　　　　　　　　　　（　　）

2. 如果审计项目组某一成员的其他近亲属在审计客户中拥有直接经济利益或重大间接经济利益，将因自身利益产生非常严重的不利影响。　　　　　　　　　（　　）

3. 审计项目组成员或其主要近亲属从银行或类似金融机构等审计客户取得贷款，可能会对独立性产生不利影响。　　　　　　　　　　　　　　　　　　　（　　）

4. 会计师事务所、审计项目组成员或其主要近亲属从审计客户购买商品或服务，如果按照正常的商业程序公平交易，通常不会对独立性产生不利影响。　　　　（　　）

5. 会计师事务向审计客户提供非鉴证服务，不会对独立性产生不利影响。（　　）

6. 会计师事务所或审计项目组成员接受审计客户的礼品或款待，可能因自身利益和密切关系产生不利影响。　　　　　　　　　　　　　　　　　　　　　（　　）

四、思考题

1. 对独立性产生不利影响的主要因素有哪些？

2. 会计师事务所应当采取哪些措施来降低或消除对独立性的不利影响？

拓展实训

1. 资料：河南兴达会计师事务所接受委托，对甲公司2021年度财务报表进行审计。A注册会计师作为项目合伙人，根据审计业务的要求，组建了甲公司审计项目组。假定存在下列情形：

（1）A注册会计师以市场价格购买甲公司开发的房产一套，并一次性全额支付房款150万元。

（2）A注册会计师的姐姐于2020年购买甲公司发行的企业债券，面值2 000元，即将到期。

（3）接受委托后，项目组成员B被甲公司聘为独立董事。为保持独立性，在审计业务开始前，河南兴达会计师事务所将其调离项目组。

（4）河南兴达会计师事务所合伙人C不属于项目组成员，其妻子继承父亲遗产，其中包括甲公司内部职工股20 000股。

（5）项目组成员D的哥哥在甲公司担任后勤部副主任。

要求：针对上述情形，分别判断是否对审计独立性产生不利影响，并简要说明理由。

2. 资料：甲银行是上市公司，系河南兴达会计师事务所的常年审计客户。在对甲银行2021年度财务报表执行审计过程中发现下列事项：

（1）自2019年年末起，截至2021年11月，甲银行长期未支付河南兴达会计师事务所的审计费用达到500万元。

（2）自2019年1月1日开始，河南兴达会计师事务所一直借调一名注册会计师老李参与甲银行的计算机财务报告信息系统评价与监控工作。

（3）A注册会计师已连续五年担任甲银行财务报表审计的关键审计合伙人。河南兴达会计师事务所决定不再由A注册会计师担任关键审计合伙人，令其仅负责为审计甲银行提供信贷规模风险控制咨询工作。

（4）甲银行由于受到经济危机的影响，在裁员降薪的同时决定支付给河南兴达会计师事务所的审计费用按照最终审定的营业收入的1%结算。

（5）河南兴达会计师事务所在承接2021年度财务报表审计业务的同时也承接了2021年内部审计服务，并另外签订了业务约定书。

（6）D注册会计师在2021年度初为甲银行的某一支行担任了法律诉讼的第一辩护人，该支行按照正常的收费标准支付了河南兴达会计师事务所的费用。

要求：针对上述第（1）至（6）项，逐项指出是否对独立性产生不利影响，并简要说明理由。

项目四　承接审计业务

学习目标

能力目标：

1. 能确定是否承接审计委托业务；
2. 能与客户谈判并签订审计业务约定书。

知识目标：

1. 了解初步业务活动的目的和范围；
2. 熟悉审计业务约定书的作用和内容。

项目导入

2022年2月1日，黄河通用机械制造股份有限公司委托兴达会计师事务所对其2021年度财务报表进行审计，兴达会计师事务所是否接受委托？如果接受委托，如何签订审计业务约定书？

任务4.1　初步业务活动

一、初步业务活动的目的和内容

（一）初步业务活动的目的

在本期审计业务开始时，注册会计师需要开展初步业务活动，以实现以下三个目的：

（1）具备执行业务所需的独立性和专业胜任能力；

（2）不存在因管理层诚信问题而影响注册会计师保持该项业务意愿的情况；

（3）与被审计单位之间不存在对业务约定条款的误解。

注册会计师开展初步业务活动的根本目的是确定是否要接受业务委托。

（二）初步业务活动的内容

注册会计师开展初步业务活动包括：

1. 针对保持客户关系和具体审计业务实施相应的质量控制程序；

2. 评价遵守审计职业道德要求的情况；

3. 就审计业务约定条款达成一致意见。

【案例 4-1】2022 年 2 月 10 日，黄河通用机械制造股份有限公司委托河南兴达会计师事务所对其 2021 年度财务报表进行审计。兴达会计师事务所派注册会计师张勇来完成对黄河通用机械制造股份有限公司的了解和评价，决定接受委托。

【要求】分析说明注册会计师张勇如何完成此项审计工作的初步业务活动。

【分析】注册会计师张勇通过编制初步业务活动程序表来完成此项审计工作的初步业务活动。如表 4-1 所示。

表 4-1 初步业务活动程序表

被审单位：＿＿＿＿＿＿＿　　编制：＿＿＿＿＿　日期：＿＿＿＿＿　　索引号：＿＿＿＿＿

截止日期/期间：＿＿＿＿＿　复核：＿＿＿＿＿　日期：＿＿＿＿＿　　页 次：＿＿＿＿＿

初步业务活动程序	索引号	执行人
1. 如果首次接受审计委托，实施下列程序 （1）与被审单位面谈，讨论下列事项 ①审计的目标 ②审计报告的用途 ③管理层对财务报表的责任 ④审计范围 ⑤执行审计工作的安排，包括出具审计报告的时间要求 ⑥审计报告格式和对审计结果的其他沟通形式 ⑦管理层提供必要的工作条件和协助 ⑧注册会计师不受限制地接触任何与审计有关的记录、文件和所需要的其他信息 ⑨审计收费 （2）初步了解被审单位及其环境，并予以记录 （3）征得被审单位书面同意后，与前任注册会计师沟通	DH	
2. 如果是连续审计，实施下列程序 （1）了解审计的目标、审计报告的用途、审计范围和时间安排 （2）查阅以前年度审计工作底稿，重点关注非标准审计报告涉及的说明事项、管理建议书的具体内容、重大事项概要等 （3）初步了解被审单位及其环境发生的重大变化并予以记录 （4）考虑是否需要修改业务约定条款，以及是否需要提醒被审单位注意现有的业务约定条款		
3. 评价是否具备执行该项审计业务所需要的独立性和专业胜任能力		
4. 完成业务承接评价表或业务保持评价表	AA	
5. 签订审计业务约定书	AC	

二、了解被审单位基本情况

（一）了解的内容

注册会计师在业务承接或保持业务时必须了解被审单位基本情况，主要包括以下几个方面：

1. 业务性质、经营规模和所属行业的基本情况；
2. 经营情况和经营风险；
3. 组织结构和内部控制情况；
4. 关联方及交易情况；
5. 以前年度接受审计的情况；
6. 其他。

注册会计师在利用所了解的被审计单位情况时，应当合理运用专业判断。注册会计师通过了解被审单位的行业、业务性质及主要业务，可以知悉行业竞争激烈程度、行业是否受到经济周期的波动、行业的法律法规及监管程度、企业业务活动范围及复杂程度。

（二）了解的方法

注册会计师可采用以下方法了解被审计单位情况：

1. 利用以往审计的资料与经验；
2. 与被审计单位高级管理人员等讨论；
3. 与被审计单位内部审计人员讨论并复核内部审计报告；
4. 与曾为被审计单位及所在行业其他单位提供服务的注册会计师、律师等讨论；
5. 与被审计单位以外的有关专家、监管机构、金融机构及客户等知情人讨论；
6. 查阅与被审计单位所在行业相关的资料；
7. 了解对被审计单位有重大影响的法规；
8. 实地察看被审计单位的生产经营场所及设施；
9. 查阅被审计单位相关的会议记录、以前年度的年度报告等文件。

三、评价客户和自我评价

会计师事务所应当制定有关客户关系和具体业务接受与保持的政策和程序，以合理保证只有在下列情况下，才能接受或保持客户关系和具体业务：

1. 已考虑客户的诚信，没有信息表明客户缺乏诚信；
2. 具有执行业务必要的素质、专业胜任能力、时间和资源；
3. 能够遵守职业道德规范。

当识别出问题而又决定接受或保持客户关系或具体业务时，会计师事务所应当记录问题如何得到解决

（一）评价客户

在接受审计业务委托时，会计师事务所应当对客户进行评价，以决定是否接受或保持

客户关系。

1. 评价的主要事项：

（1）客户主要股东、关键管理人员、关联方及治理层的身份和商业信誉；

（2）客户的经营性质；（如果行业不景气，舞弊可能性增强）

（3）客户主要股东、关键管理人员及治理层对内部控制环境和会计准则等的态度；

（4）客户是否过分考虑将会计师事务所的收费维持在尽可能低的水平；

（5）工作范围受到不适当限制的迹象；

（6）客户可能涉嫌洗钱或其他刑事犯罪行为的迹象；

（7）变更会计师事务所的原因。

2. 评价的途径：

（1）与为客户提供专业会计服务的现任或前任人员进行沟通，并与其讨论；

（2）向会计师事务所其他人员、监管机构、金融机构、法律顾问和客户的同行等第三方询问；

（3）从相关数据库中搜索客户的背景信息；

（4）调查机构对客户的经营情况、管理人员及其他有问题的人员进行背景检查，并评价获取的与客户诚信相关的信息。

（二）自我评价

会计师事务所在接受新业务前，除对客户进行评价外，还必须评价自身的执业能力。

1. 会计师事务所人员是否熟悉相关行业或业务对象；

2. 会计师事务所人员是否具有执行类似业务的经验，或是否具备有效获取必要技能和知识的能力；

3. 会计师事务所是否拥有足够的具有必要素质和专业胜任能力的人员；

4. 在需要时，是否能够得到专家的帮助；

5. 如果需要项目质量控制复核，是否具备（或者能够聘请到）符合标准和资格要求的项目质量控制复核人员；

6. 会计师事务所是否能够在提交报告的最后期限内完成业务。

如果决定接受或保持客户关系和具体业务，会计师事务所应与客户就相关问题达成一致理解，并形成书面业务约定书，将对业务的性质、范围和局限性产生误解的风险降至最低。

（三）考虑能否遵守职业道德规范

在确定是否接受新业务时，会计师事务所还应当考虑接受该业务是否会导致现实或潜在的利益冲突。如果识别出潜在的利益冲突，会计师事务所应当考虑接受该业务是否适当。

（四）考虑其他事项的影响

1. 考虑本期或以前业务执行过程中发现的重要事项的影响；

2. 考虑接受业务后获知重要信息的影响；

3. 解除业务约定或客户关系时的考虑。

四、填制审计业务承接评价表

注册会计师在完成了了解被审单位基本情况、评价业务承接条件工作之后，着手填制业务承接评价表。如表 4-2 所示：

【案例 4-2】 2022 年 2 月 14 日，注册会计师张勇完成了对黄河通用机械制造股份有限公司审计工作的初步业务活动。

【要求】 分析说明注册会计师张勇如何评价此项审计业务。

【分析】 注册会计师张勇通过编制审计业务承接评价表来完成此项审计业务评价。

表 4-2　审计业务承接评价表

1. 客户法定名称（中/英文）			
2. 客户地址			
电话		传真	
电子邮箱		网址	
联系人			
3. 客户性质（国有/外商投资/民营/其他）			
4. 客户所属行业、业务性质与主要业务			
5. 最初接触途径（详细说明） （1）本所职工引荐 （2）外部人员引荐 （3）其他（详细说明）			
6. 客户要求我们提供审计服务的目的以及出具审计报告的日期			
7. 治理层及管理层关键人员（姓名与职位）			
8. 主要财务人员（姓名与职位）			
9. 直接控股母公司、间接控股母公司、最终控股母公司的名称、地址、相互关系、主营业务及持股比例			
10. 子公司的名称、地址、相互关系、主营业务及持股比例			
11. 合营企业的名称、地址、相互关系、主营业务及持股比例			
12. 联营企业的名称、地址、相互关系、主营业务及持股比例			
13. 分公司名称、地址、相互关系、主营业务			
14. 客户主管税务机关			
15. 客户法律顾问或委托律师（机构、经办人、联系方式）			
16. 客户常年会计顾问（机构、经办人、联系方式）			
17. 前任注册会计师（机构、经办人、联系方式），变更会计师事务所的原因，以及最近三年变更会计师事务所的频率			
18. 根据对客户及其环境的了解，记录下列事项：客户的诚信、经营风险、财务状况			

19. 根据本所目前的情况，考虑下列事项 　　预计收取的费用及可回收比率 　　预计审计收费 　　预计成本（计算过程） 　　可回收比率
20. 其他方面的意见

项目负责合伙人 基于上述方面，我们＿＿＿＿（接受或不接受） 此项业务。 签名：　　　　　　　　日期：	风险管理负责人（必要时） 基于上述方面，我们＿＿＿＿（接受或不接受） 此项业务。 签名：　　　　　　　　日期：

最终结论：   　　　　　　　　　　签名：　　　　日期：

任务4.2　签订审计业务约定书

一、审计业务约定书的含义

审计业务约定书，是指会计师事务所与被审计单位签订的，用以记录和确认审计业务的委托与受托关系、审计目标和范围、双方的责任以及报告的格式等事项的书面协议。注册会计师应当在审计业务开始前，与被审计单位就审计业务约定条款达成一致意见，并签订审计业务约定书，以避免双方对审计业务的理解产生分歧。

审计业务约定书具有经济合同的性质，它的目的是为了明确约定各方的权利和义务。约定书一经约定各方签字认可，即成为法律上生效的契约，对各方均具有法定约束力。

会计师事务所承接任何审计业务，都应与被审计单位签订审计业务约定书。

二、审计业务约定书的内容

审计业务约定书的具体内容可能因被审计单位的不同而存在差异，但应当包括下列主要内容：

1. 财务报表审计的目标与范围；
2. 注册会计师的责任；
3. 管理层的责任；
4. 指出用于编制财务报表所适用的财务报告编制基础；
5. 提及注册会计师拟出具的审计报告的预期形式和内容，以及对在特定情况下出具的审计报告可能不同于预期形式和内容的说明。

【案例4-3】2022年2月15日，兴达会计师事务所的注册会计师张勇完成了对黄河通用机械制造股份有限公司的了解和评价，决定接受委托。

【要求】代兴达会计师事务所与黄河通用机械制造股份有限公司签订一份完整的审计业务约定书。

【分析】双方签订好的审计业务约定书格式如下：

审计业务约定书

甲方：黄河通用机械制造股份有限公司

乙方：兴达会计师事务所

兹由甲方委托乙方对2021年度财务报表进行审计，经双方协商，达成以下约定：

一、业务范围与审计目标

1. 乙方接受甲方委托，对甲方按照《企业会计准则》编制的2021年12月31日的资产负债表，2021年度的利润表、股东权益变动表和现金流量表以及财务报表附注（以下统称财务报表）进行审计。

2. 乙方通过执行审计工作，对财务报表的下列方面发表审计意见：（1）财务报表是否按照企业会计准则和《××会计制度》的规定编制；（2）财务报表是否在所有重大方面公允反映甲方的财务状况、经营成果和现金流量。

二、甲方的责任与义务

（一）甲方的责任

1. 根据《中华人民共和国会计法》及《企业财务会计报告条例》，甲方及甲方负责人有责任保证会计资料的真实性和完整性。因此，甲方管理层有责任妥善保存和提供会计记录（包括但不限于会计凭证、会计账簿及其他会计资料），这些记录必须真实、完整地反映甲方的财务状况、经营成果和现金流量。

2. 按照《企业会计准则》的规定编制财务报表是甲方管理层的责任，这种责任包括：（1）设计、实施和维护与财务报表编制相关的内部控制，以使财务报表不存在由于舞弊或错误而导致的重大错报；（2）选择和运用恰当的会计政策；（3）做出合理的会计估计。

（二）甲方的义务

1. 及时为乙方的审计工作提供其所要求的全部会计资料和其他有关资料，并保证所提供资料的真实性和完整性。

2. 确保乙方不受限制地接触任何与审计有关的记录、文件和所需的其他信息。

3. 甲方管理层对其做出的与审计有关的声明予以书面确认。

4. 为乙方派出的有关工作人员提供必要的工作条件和协助，主要事项将由乙方于外勤工作开始前提供清单。

5. 按本约定书的约定及时足额支付审计费用以及乙方人员在审计期间的交通、食宿和其他相关费用。

三、乙方的责任和义务

（一）乙方的责任

1. 乙方的责任是在实施审计工作的基础上对甲方财务报表发表审计意见。乙方按照中国注册会计师审计准则（以下简称审计准则）的规定进行审计。审计准则要求注册会计师遵守职业道德规范，计划和实施审计工作，以对财务报表是否不存在重大错报获取合理保证。

2. 审计工作涉及实施审计程序，以获取有关财务报表金额和披露的审计证据。选择的审计程序取决于乙方的判断，包括对由于舞弊或错误导致的财务报表重大错报风险的评估。在进行风险评估时，乙方考虑与财务报表编制相关的内部控制，以设计恰当的审计程序，但目的并非对内部控制的有效性发表意见。审计工作还包括评价管理层选用会计政策的恰当性和做出会计估计的合理性，以及评价财务报表的总体列报。

3. 乙方需要合理计划和实施审计工作，以使乙方能够获取充分、适当的审计证据，为甲方财务报表是否不存在重大错报获取合理保证。

4. 乙方有责任在审计报告中指明所发现的甲方在某重大方面没有遵循《企业会计准则》编制财务报表且未按乙方的建议进行调整的事项。

5. 由于测试的性质和审计的其他固有限制，以及内部控制的固有局限性，不可避免地存在着某些重大错报在审计后可能仍然未被乙方发现的风险。

6. 在审计过程中，乙方若发现甲方内部控制存在乙方认为的重要缺陷，应向甲方提交管理建议书。但乙方在管理建议书中提出的各种事项，并不代表已全面说明所有可能存在的缺陷或已提出所有可行的改善建议。甲方在实施乙方提出的改善建议前应全面评估其影响。未经乙方书面许可，甲方不得向任何第三方提供乙方出具的管理建议书。

7. 乙方的审计不能减轻甲方及甲方管理层的责任。

（二）乙方的义务

1. 按照约定时间完成审计工作，出具审计报告。乙方应于2022年3月5日前出具审计报告。

2. 除下列情况外，乙方应当对执行业务过程中知悉的甲方信息予以保密：（1）取得甲方的授权；（2）根据法律法规的规定，为法律诉讼准备文件或提供证据，以及向监管机构报告发现的违反法规行为；（3）接受行业协会和监管机构依法进行的质量检查；（4）监管机构对乙方进行行政处罚（包括监管机构处罚前的调查、听证）以及乙方对此提起行政复议。

四、审计收费

1. 本次审计服务的收费是以乙方各级别工作人员在本次工作中所耗费的时间为基础计算的。乙方预计本次审计服务的费用总额为人民币2万元。

2. 甲方应于本约定书签署之日起7日内支付50％的审计费用，其余款项于［审计报告草稿完成日］结清。

3. 如果由于无法预见的原因，致使乙方从事本约定书所涉及的审计服务实际时间较本约定书签订时预计的时间有明显的增加或减少时，甲乙双方应通过协商，相应调整本约定书第四条第1项下所述的审计费用。

4. 如果由于无法预见的原因，致使乙方人员抵达甲方的工作现场后，本约定书所涉及的审计服务不再进行，甲方不得要求退还预付的审计费用；如上述情况发生于乙方人员完成现场审计工作，并离开甲方的工作现场之后，甲方应另行向乙方支付人民币1万元的补偿费，该补偿费应于甲方收到乙方的收款通知之日起7日内支付。

5. 与本次审计有关的其他费用（包括交通费、食宿费等）由甲方承担。

五、审计报告和审计报告的使用

1. 乙方按照《中国注册会计师审计准则第1501号——审计报告》和《中国注册会计师审计准则第1502号——非标准审计报告》规定的格式和类型出具审计报告。

2. 乙方向甲方致送审计报告一式3份。

3. 甲方在提交或对外公布审计报告时，不得修改乙方出具的审计报告及其后附的已审计财务报表。当甲方认为有必要修改会计数据、报表附注和所作的说明时，应当事先通知乙方，乙方将考虑有关的修改对审计报告的影响，必要时，将重新出具审计报告。

六、本约定书的有效期间

本约定书自签署之日起生效，并在双方履行完毕本约定书约定的所有义务后终止。但其中第三（二）2.四、五、八、九、十项并不因本约定书终止而失效。

七、约定事项的变更

如果出现不可预见的情况，影响审计工作如期完成，或需要提前出具审计报告，甲、乙双方均可要求变更约定事项，但应及时通知对方，并由双方协商解决。

八、终止条款

1. 如果根据乙方的职业道德及其他有关专业职责、适用的法律法规或其他任何法定的要求，乙方认为已不适宜继续为甲方提供本约定书约定的审计服务时，乙方可以采取向甲方提出合理通知的方式终止履行本约定书。

2. 在终止业务约定的情况下，乙方有权就其于本约定书终止之日前对约定的审计服务项目所做的工作收取合理的审计费用。

九、违约责任

甲、乙双方按照《中华人民共和国合同法》的规定承担违约责任。

十、适用法律和争议解决

本约定书的所有方面均应适用中华人民共和国法律进行解释并受其约束。本约定书履行地为乙方出具审计报告所在地，因本约定书所引起的或与本约定书有关的任何纠纷或争议（包括关于本约定书条款的存在、效力或终止，或无效之后果），双方选择以下第1种解决方式：

1. 向有管辖权的人民法院提起诉讼；

2. 提交××仲裁委员会仲裁。

十一、双方对其他有关事项的约定

本约定书一式两份，甲、乙各执一份，具有同等法律效力。

甲方：黄河通用机械制造股份有限公司（盖章）　　乙方：河南兴达会计师事务所（盖章）

授权代表：（签名并盖章）　　　　　　　　　　　授权代表：（签名并盖章）

二〇二二年二月十五日　　　　　　　　　　　　　二〇二二年二月十五日

知识检测

一、单项选择题

1. 审计业务约定书是由会计师事务所与 （   ） 共同签订的。

    A. 注册会计师   B. 被审计单位监管部门

    C. 被审计单位   D. 财务报表使用者

2. 下列有关审计业务约定书的说法中错误的是 （   ）。

    A. 审计业务约定书是会计师事务所与被审计单位签订的

    B. 审计业务约定书的具体内容和格式不会因不同的被审计单位而不同

    C. 审计业务约定书具有经济合同的性质，一经签字认可，即成为法律上生效的契约

    D. 会计师事务所承接任何审计业务，都应与被审计单位签订审计业务约定书。

3. 以下 （   ） 不属于初步业务活动的内容。

    A. 针对保持客户关系和具体审计业务实施相应的质量控制程序

    B. 讨论审计报告目标、时间安排及所需沟通

    C. 就审计业务约定条款达成一致意见

    D. 评价遵守职业道德要求的情况

4. 在签订业务约定书之前，注册会计师应当与被审计单位商议的内容不包括 （   ）。

    A. 委托目的   B. 审计意见类型   C. 审计范围   D. 审计收费

二、多项选择题

1. 注册会计师开展初步审计业务的目的包括 （   ）。

    A. 具备执行审计业务所需要的独立性和能力

    B. 不存在因管理层诚信问题而影响注册会计师保持该项业务意愿的情况

    C. 与被审计单位不存在对业务约定条款的误解

    D. 管理层为注册会计师提供必要的工作条件和协助

2. （   ） 属于初步业务活动的内容。

    A. 针对保持客户关系和具体审计业务实施相应的质量控制程序

    B. 讨论审计报告目标、时间安排及所需沟通

    C. 就审计业务约定条款达成一致意见

    D. 评价遵守职业道德要求的情况

3. 在签署审计业务约定书之前，注册会计师应了解的被审计单位基本情况包括 （   ）。

    A. 业务性质、经营规模和组织结构   B. 经营情况和经营风险

    C. 以前年度接受审计情况   D. 关联方及交易情况控制活动

4. 下列各项中，应作为审计业务约定书内容的有 （   ）。

    A. 财务报表审计的目标与范围

    B. 管理层的责任

C. 注册会计师的责任

D. 指出用于编制财务报表所适用的财务报告编制基础

三、判断题

1. 注册会计师开展初步业务活动的根本目的是确定是否要接受业务委托。　　（　　）

2. 会计师事务所承接任何审计业务，都应与被审计单位签订审计业务约定书。　（　　）

3. 审计业务约定书具有经济合同性质，一经签署则具有法律效力。　　（　　）

4. 审计业务约定书既可采用书面形式，也可以采用口头形式。　　（　　）

拓展实训

资料：昌盛发制品有限公司自开业以来，营业额剧增。为筹措资金，公司决定向银行贷款。但银行要求其出具近三年审计后的财务报表，以做出是否给其贷款的决定。于是，昌盛公司决定聘请兴达会计师事务所进行审计。双方次日签订了审计业务约定书，昌盛公司以前从未进行过审计。

审计刚开始就不太顺利，注册会计师李进刚到昌盛公司就发现，该公司会计账册不齐，而且账也未轧平。于是李进花费了一个星期的时间帮助该公司会计整理账簿资料。但公司会计人员却向财务经理抱怨，认为注册会计师李进太苛刻，妨碍其正常工作。

第二周，当李进向会计人员索要客户有关资料以便对应收账款进行询证时，会计人员以这些数据系公司机密为由，加以拒绝。接着，李进又要求公司在年末这一天，停止生产，以便对存货进行盘点。但昌盛公司又以生产任务忙为由，加以拒绝。

李进无奈之下，只得向事务所的合伙人汇报。合伙人赵军立即与昌盛公司总经理进行接洽。告知如果无法进行询证或盘点，将迫使注册会计师无法对财务报表表示意见。总经理闻言之后，非常生气。他说，我情愿向朋友借钱，也不要你们的审计报告。不但命令注册会计师马上离开昌盛公司，而且拒绝支付注册会计师前两周的审计费用。合伙人赵军也很生气，他严肃地告诉总经理，除非付清审计费用，否则，前期由李进代编的会计账册将不予归还。

要求：分析兴达会计师事务和昌盛公司的做法是否妥当，如果不妥当？你有什么建议？

项目五　确定审计目标

学习目标

能力目标：

1. 能根据认定确定审计目标；
2. 能根据审计目标实施审计程序。

知识目标：

1. 了解财务报表审计的总体目标；
2. 熟悉认定的类型及内容；
3. 掌握认定、审计目标和审计程序之间的关系。

项目导入

兴达会计师事务所和黄河通用机械制造股份有限公司于 2022 年 2 月 15 日签订了审计业务约定书，2 月 16 日注册会计师张勇作为项目负责人进驻黄河通用机械制造股份有限公司开始审计。注册会计师张勇如何确定审计目标？

任务 5.1　确定审计总体目标

审计目标是指财务报表使用者期望注册会计师通过审计实践活动对财务报表的合法性、公允性发表意见。财务报表审计属于鉴证业务，由于审计存在固有限制，注册会计师据以得出结论和形成审计意见大多数审计证据是说服性而非结论性的，因此，审计只能提供合理保证，不能提供绝对保证。

财务报表审计目标包括审计总体目标和具体审计目标两个层次。审计总体目标对注册会计师的审计工作发挥着导向作用，它界定了注册会计师的责任范围，直接影响注册会计师计划和实施审计程序的性质、时间安排和范围，决定了注册会计师如何发表审计意见。因此在开展审计工作设计具体的审计程序之前，有必要明确审计工作的总体目标，并以此为指导来确定各项具体审计目标。

一、审计总体目标的含义

根据《中国注册会计师审计准则第 1101 号——注册会计师的总体目标和和审计工作基本要求》，财务报表审计的总体目标是注册会计师针对财务报表是否在所有重大方面按照财务报告编制基础编制并实现公允反映发表审计意见，具体表现为以下两点：

（1）对财务报表整体是否不存在由于舞弊或错误导致的重大错报获取合理保证，使得注册会计师能够对财务报表是否在所有重大方面按照适用的财务报告编制基础编制发表审计意见；

（2）按照审计准则的规定，根据审计结果对财务报表出具审计报告，并与管理层和治理层沟通。

二、审计总体目标的要求

要发表审计意见，实现审计的总体目标，注册会计师主要是对财务报表的合法性和公允性做出判定。在判定财务报表的合法性和公允性的时候，注册会计师需要注意以下问题：

1. 判定财务报表的合法性。

在判定财务报表是否按照适用的财务报告编制基础编制时，注册会计师应当考虑下列内容：

（1）选择和运用的会计政策是否符合适用的财务报告编制基础，并适合于被审计单位的具体情况；

（2）管理层做出的会计估计是否合理；

（3）财务报表反映的信息是否具有相关性、可靠性、可比性和可理解性；

（4）财务报表是否做出充分披露，使财务报表使用者能够理解重大交易和事项对被审计单位财务状况、经营成果和现金流量的影响。

2. 评价财务报表的公允性。

在评价财务报表是否做出公允反映时，注册会计师应当考虑下列内容：

（1）经管理层调整后的财务报表是否与注册会计师对被审计单位及其环境的了解一致；

（2）财务报表的列报、结构和内容是否合理；

（3）财务报表是否真实地反映了交易和事项的经济实质。

任务 5.2 确定具体审计目标

一、被审计单位管理层认定

认定是指被审计单位管理层在财务报表中做出的明确或隐含的表达，注册会计师将其用于考虑可能发生的不同类型的潜在错报。认定与具体审计目标密切相关，注册会计师的基本职责就是确定被审计单位管理层对其财务报表的认定是否恰当。注册会计师了解了认定，就很容易确定每个项目的具体审计目标。

被审计单位管理层在财务报表中的认定有些是明确表达，有些则是隐含表达。例如，管理层在资产负债表中列示的存货及其金额，意味着做出下列明确认定：①记录的存货是存在的；②存货以恰当的金额包括在财务报表中，与之相关的计价或分摊调整已恰当记录。同时，管理层也做出下列隐含的认定：①所有应当记录的存货均已记录；②记录的存货都由被审计单位拥有。

（一）与各类交易和事项相关的认定

1. 发生：记录的交易和事项已经发生。发生认定所要解决的问题是管理层是否把那些不曾发生的项目列入财务报表，它主要与财务报表组成要素的高估有关。

2. 完整性：所有发生的交易和事项均已记录。完整性所要解决的问题是管理层是否把应包含在被审年度内的交易和事项给遗漏或省略了。

发生和完整性两者强调的是相反的关注点。发生目标针对潜在的高估，而完整性目标则针对漏记交易。

3. 准确性：记录的交易和事项是按正确金额反映的。

4. 截止：接近于资产负债表日的交易和事项均已记录于恰当的期间。

5. 分类：记录的交易和事项已进行了适当分类。

【案例 5-1】黄河通用机械制造股份有限公司 2021 年度利润表中列示的主营业务收入为 100 万元。

【要求】分析黄河通用机械制造股份有限公司管理层对主营业务收入做出的认定。

【分析】管理层在利润表中列报主营业务收入及其金额，意味着做出下列明确的认定：

（1）发生：记录的销售收入均已实际发生。

（2）完整性：所有实际发生的销售收入都进行了记录。

（3）准确性：销售收入的金额得到正确记录（如：价格和数量的运算正确）。

（4）截止：所有的销售收入都在当期发生。

（5）分类：所有的销售收入都被正确地计入了主营业务收入账户。

（二）与期末账户余额相关的认定

1. 存在：记录的资产、负债和所有者权益是存在的。

2. 权利和义务：记录的资产由被审计单位拥有或控制，记录的负债是被审计单位应当履行的偿还义务。

3. 完整性：所有应当记录的资产、负债和所有者权益均已记录。

4. 准确性、计价和分摊：资产、负债和所有者权益以恰当的金额包括在财务报表中，与之相关的计价或分摊调整已恰当记录。

5. 分类：资产、负债和所有者权益已记录于恰当的账户。

【案例 5-2】黄河通用机械制造股份有限公司 2021 年 12 月 31 日资产负债表中列示的存货为 100 万元。

【要求】分析黄河通用机械制造股份有限公司管理层对存货做出的认定。

【分析】管理层在资产负债表中列报存货及其金额，意味着做出下列明确的认定：

（1）存在：记录的存货是存在的。

（2）权利和义务：记录的存货都由被审计单位拥有。

（3）完整性：所有应当记录的存货均已记录。

（4）准确性、计价和分摊：存货以恰当的金额包括在财务报表中，与之相关的计价或分摊调整已恰当记录。

（5）分类：存货已记录于恰当的账户。

（三）与列报和披露相关的认定

1. 发生及权利和义务：披露的交易、事项和其他情况已发生，且与被审计单位有关。

2. 完整性：所有应当包括在财务报表中的披露均已包括。

3. 分类和可理解性：财务信息已被恰当地列报和描述，且披露内容表述清楚。

4. 准确性和计价：财务信息和其他信息已公允披露，且金额恰当。

二、具体审计目标

注册会计师审计就是对被审计单位管理层认定进行审查，即对管理层认定进行的再次认定。因此，注册会计师应根据管理层认定确定具体审计目标。由于管理层认定分为三大类，具体审计目标也分为三大类。

（一）与各类交易和事项相关的审计目标

1. 发生。与发生认定对应的具体审计目标是注册会计师要确认管理层认定为实际发生并已记录的交易是真实存在的。例如，如果没有发生销售交易，但在销售日记账中记录了一笔销售，则违反了该目标。针对发生的认定注册会计师所要解决的问题是确定管理层是否把那些不曾发生的项目列入财务报表，它主要与财务报表组成要素的高估有关。

2. 完整性。与完整性相对应的具体审计目标是注册会计师确认被管理层认定为完整的交易记录确实没有任何遗漏。例如，如果发生了销售交易，但没有在销售明细账和总账中记录，则违反了该目标。发生和完整性两者强调的是相反的关注点。发生目标针对潜在的高估，而完整性目标则针对漏记交易。

3. 准确性。与准确性认定相对应的具体审计目标是注册会计师确认管理层认定为正确的交易记录确实是按正确金额反映的。例如，如果在销售交易中，发出商品的数量与账单上的数量不符，或是开账单时使用了错误的销售价格，或是账单中的乘积或加总有误，或是在销售明细账中记录了错误的金额，则违反了该目标。

4. 截止。与截止认定相对应的具体审计目标是注册会计师确认接近于资产负债表日的交易记录于恰当的期间。例如，如果本期交易推到下期，或下期交易提到本期，均违反了截止目标。

5. 分类。与分类认定相对应的具体审计目标是注册会计师确认被审计单位记录的交易经过适当分类。例如，如果将现销记录为赊销，将出售经营性固定资产所得的收入记录为营业收入，则导致交易分类的错误，违反了分类的目标。

（二）与期末账户余额相关的审计目标

1. 存在。与存在认定对应的具体审计目标是注册会计师确认记录的金额确实存在。例如，如果不存在某顾客的应收账款，在应收账款明细表中却列入了对该顾客的应收账款，则违反了存在性目标。

2. 权利和义务。与权利和义务认定对应的具体审计目标是注册会计师确认资产归属于被审计单位，负债属于被审计单位的义务。例如，将他人寄售商品列入被审计单位的存货中，违反了权利目标；将不属于被审计单位的债务记入账内，违反了义务目标。

3. 完整性。与完整性认定对应的具体审计目标是注册会计师确认已存在的金额均已记录。例如，如果存在某顾客的应收账款，在应收账款明细表中却没有列入对该顾客的应收账款，则违反了完整性目标。

4. 准确性、计价和分摊。与计价或分摊认定对应的具体审计目标是注册会计师确认资产、负债和所有者权益以恰当的金额包括在财务报表中，与之相关的计价或分摊调整已恰当记录。

5. 分类。资产、负债和所有者权益已记录于恰当的账户。

【案例 5-3】黄河通用机械制造股份有限公司 2021 年 12 月 31 日资产负债表中列示的存货为 100 万元。

【要求】分析黄河通用机械制造股份有限公司管理层对存货做出的认定和存货具体审计目标之间的对应关系。

【分析】表 5-1 说明了具体审计目标与管理层认定的一一对应关系。

表 5-1 与存货期末余额相关的认定和具体审计目标

认定类型	认定	具体审计目标
账户期末余额	存在	资产负债表日，已经记录的全部存货均存在
	完整性	现有存货均已盘点并计入了存货总额
	权利和义务	公司对所有的存货拥有所有权；存货未作抵押
	准确性、计价和分摊	账面的存货与实际存货数量相符，用以估价存货的价格无重大错误，单价与数量的乘积正确，详细数据的加总正确；当存货的可变现净值减少时，已经冲减存货价值
	分类	存货已记录于恰当的账户。

（三）与列报相关的审计目标

1. 发生及权利和义务。

注册会计师针对发生及权利和义务等认定确定的审计目标是审查被审单位有无将没有发生的交易、事项，或与被审计单位无关的交易和事项包括在财务报表中。

2. 完整性。

注册会计师针对完整性认定确定的审计目标是审查被审单位有无将应当披露的事项没有包括在财务报表及其附注中。

3. 分类和可理解性。

注册会计师针对分类和可理解性认定确定的审计目标是财务信息已被恰当地列报和描述，且披露内容表述清楚。

4. 准确性和计价。

注册会计师针对准确性和计价认定确定的审计目标财务信息和其他信息已公允披露，且金额恰当。

认定与具体审计目标的对应关系可以归纳如表 5 – 2 所示。

表 5 – 2　认定和具体审计目标的对应关系

认定类型	认定	具体审计目标	目标着眼点
各类交易和事项（利润表）	发生	确认已记录的交易是真实的	管理层是否把不曾发生的项目列入了财务报表，主要与财务报表组成要素的高估有关
	完整性	确认已发生的交易确实已经记录	关注点与发生目标相反，针对漏记交易（低估）
	准确性	确认已记录的交易是按正确金额反映的	数量、适用价格、计算及记录等的错误，与发生、完整性目标有区别
	截止	确认接近资产负债表日的交易记录于恰当的期间	是否将本期交易推到下期或将下期交易提到本期（故事发生了、时间不对头）
	分类	确认被审计单位记录的交易经过适当分类	与重分类调整相关
期末账户余额（资产负债表）	存在	确认记录的金额确实存在	是否存在多记或虚记
	权利和义务	确认记录的资产归属于被审计单位，负债属于被审计单位的义务	解决的是权属问题
	完整性	确认已存在的金额均已记录	是否存在少记或漏记
	准确性、计价和分摊	确认资产、负债和所有者权益以恰当的金额包括在财务报表中，与之相关的计价或分摊调整已恰当记录	常与分析程序、重新计算等审计程序的实施有关
	分类	资产、负债和所有者权益已记录于恰当的账户	与重分类调整相关。
列报和披露（财务报表及其附注）	发生以及权利和义务	披露的内容是与被审计单位有关的真实的交易、事项和其他情况	固定资产抵押
	完整性	所有应当的披露的内容均已包括在财务报表中	关联方和关联交易
	分类和可理解性	财务信息已被恰当地列报和描述，且披露内容表述清楚	存货主要类别的披露，一年内到期的长期负债列报
	准确性、计价和分摊	财务信息和其他信息已公允披露，且金额恰当	附注中是否对存货成本核算方法做恰当说明

【案例 5 – 4】根据黄河通用机械制造股份有限公司 2021 年 12 月 31 日资产负债表列示的部分资产项目和 2021 年发生的销售业务。

【要求】分析黄河通用机械制造股份有限公司认定、具体审计目标和审计程序之间的对应关系。

【分析】表 5 – 3 说明了认定、具体审计目标和审计程序之间的对应关系：

表 5-3 认定、具体审计目标和审计程序关系表

认定	具体审计目标	审计程序
存在	资产负债表列示的存货存在	存货监盘
完整性	销售收入包括了所有已发货的交易	检查发货单和销售发票的编号以及销售明细账
准确性	应收账款反映的销售业务是否基于正确的价格和数量，计算是否准确	比较价格清单与发票的价格、发货单与销售订单的数量是否一致，重新计算发票的金额
截止	销售业务记录于恰当的期间	比较上一年度最后几天和下一年度最初几天的发货单日期与记账日期
权利和义务	资产负债表列示的固定资产确实为公司所有	查阅所有权证书、购货合同、结算单和保险单
准确性、计价和分摊	应收款项以净值记录	检查应收账款账龄分析表、评估计提的坏账准备是否充分

知识检测

一、单项选择题

1. 注册会计师已证实被审计单位将 2021 年 12 月赊销业务营业收入记入 2022 年 1 月，应当界定营业收入的（　　）认定存在重大错报。

A. 发生　　　　　　B. 准确性　　　　　　C. 截止　　　　　　D. 存在

2. 注册会计师发现被审计单位当年已经达到预定可使用状态的在建工程并未转入固定资产，应当界定违反了固定资产的（　　）认定。

A. 存在

B. 完整性

C. 权利与义务

D. 准确性、计价和分摊

3. 注册会计师向被审计单位生产和销售人员询问是否存在过时或周转缓慢的存货，最可能证实存货的（　　）认定。

A. 准确性、计价和分摊

B. 权利与义务

C. 存在

D. 完整性

4. 注册会计师复查被审计单位的账龄分析表和坏账准备计算表，最有可能证实应收账款的（　　）认定。

A. 存在

B. 准确性

C. 准确性、计价和分摊

D. 完整性

5. 对于存货项目而言，注册会计师能够根据"准确性、计价和分摊"认定推论得出的具体审计目标是（　　）。

A. 存货的入账时间是恰当的

B. 存货是存在的

C. 存货的所有权是明确的　　　　　　　D. 存货的减值准备是准确的

6. 下列各项中，为获取审计证据，所实施的审计程序与审计目标无关的是（　　　）。

A. 对应收账款进行函证以确定应收账款是否存在

B. 复核银行存款余额调节表，以确定银行存款余额正确

C. 检查外购固定资产的采购发票和采购合同以确定资产的所有权

D. 抽查应收账款明细账，并追查至有关原始凭证，以确定应收账款的完整性

二、多项选择题

1. 认定通常被分为（　　　）三种类型。

A. 与所审期间的交易和事项相关的认定　　B. 与期末账户余额相关的认定

C. 与日常管理相关的认定　　　　　　　　D. 与列报和披露相关的认定

2. 在审查上市公司财务报表的（　　　）项目时，注册会计师应侧重"存在"认定。

A. 固定资产　　　　　　　　　　　　　B. 应付账款

C. 应收账款　　　　　　　　　　　　　D. 营业收入

3. 与列报和披露相关的认定有（　　　）。

A. 发生及权利和义务　　　　　　　　　B. 完整性

C. 分类和可理解性　　　　　　　　　　D. 准确性、计价和分摊

4. 与期末账户余额相关的审计目标有（　　　）。

A. 已记录的交易是真实的　　　　　　　B. 所记录的资产归属于被审计单位

C. 已存在的金额均已记录　　　　　　　D. 已记录的金额确实存在

5. 以下有关期末存货监盘程序中，与测试存货盘点记录的完整性不相关的是（　　　）。

A. 从存货盘点记录中选取项目追查至存货实物

B. 从存货实物中选取项目追查至存货盘点记录

C. 在存货盘点过程中关注存货的移动情况

D. 在存货盘点结束前再次观察盘点现场

6. 注册会计师在审查应收账款时，需要关注（　　　）认定的重大错报风险。

A. 完整性　　　　　　　　　　　　　　B. 准确性、计价和分摊

C. 准确性　　　　　　　　　　　　　　D. 存在

三、判断题

1. 财务报表审计的目标包括总体审计目标和具体审计目标两个层次。　　　　（　　　）

2. 注册会计师根据认定确定具体审计目标。　　　　　　　　　　　　　　（　　　）

3. 注册会计师审计只能提供合理保证，不能提供绝对保证。　　　　　　　（　　　）

4. 已记录的存货金额确实存在，属于隐含的认定。　　　　　　　　　　　（　　　）

5. 财务报表如果存在重大错报，而注册会计师通过审计未能发现，则可以减轻管理层的财务报表编制责任。　　　　　　　　　　　　　　　　　　　　　　　　　（　　　）

6. 发生目标针对潜在的高估，而完整性目标则针对漏记交易。　　　　　　（　　　）

四、思考题

1. 如何理解认定的含义？
2. 认定、审计目标、审计程序和审计证据有何关系？

拓展实训

1. 资料：注册会计师李进在审查永丰纺织科技有限公司 2021 年年度财务报表时，针对该公司存货购进和付款环节的有关具体审计目标，实施了下面部分审计程序：

（1）将采购明细账中记录的交易同购货发票、验收单和其他证明文件比较。

（2）参照购货发票，比较会计科目表上的分类。

（3）从购货发票追查至采购明细账。

（4）从验收单追查至采购明细账。

（5）将验收单和购货发票上的日期与采购明细账中的日期进行比较。

（6）检查购货发票、验收单、订货单和请购单的合理性和真实性。

（7）追查存货的采购至存货永续盘存记录。

要求：分析注册会计师设计上述审计程序的主要依据是什么？执行上述审计程序分别能实现哪些审计目标？

2. 资料：注册会计师李进在审查永丰纺织科技有限公司 2021 年年度财务报表时，针对该公司财务报表的不同项目提出了若干具体审计目标和审计程序。下面摘录了其中的一部分。

要求：表 5－4 列示了相关的审计目标和审计程序及其相对应的认定，指出表中的字母分别代表何种认定。

表 5－4 管理层认定和具体审计目标、审计程序关系表

具体审计目标、审计程序	相关认定
（1）确定已记录的应收票据是否为甲公司所有	A
（2）实地检查生产设备	B
（3）确定应收账款和应收票据的金额界限是否明确	C
（4）确定固定资产的折旧计提是否正确	D
（5）确定存货跌价准备是否已适当计提	E
（6）确定当年发生的销售收入都已计入了当年的营业收入账户	F
（7）获取营业收入明细表，复核、加计正确	G

项目六 制定审计计划

能力目标：

1. 能制定总体审计策略；

2. 能制定具体审计计划。

知识目标：

1. 理解总体审计策略和具体审计计划的关系；

2. 掌握总体审计策略和具体审计计划的制定方法。

● 项目导入

兴达会计师事务所接受委托，对黄河通用机械制造股份有限公司2021年财务报表进行审计。注册会计师张勇作为项目负责人如何计划安排此次审计工作？

任务6.1 制定总体审计策略

一、审计计划的含义及作用

（一）审计计划的含义

审计计划，是指注册会计师为了完成各项审计业务，达到预期的审计目标，在具体执行审计程序之前编制的工作计划。审计计划通常可分为总体审计策略和具体审计计划两部分。

总体审计策略是对审计工作的总体计划，是注册会计师从接受审计委托到出具审计报告整个过程基本工作内容的综合计划。总体审计策略用以确定审计范围、时间安排和方向，并指导具体审计计划的制定。

审计计划通常由审计项目负责人于外勤审计工作开始之前起草，它是对审计工作的一种预先规划。审计人员在整个审计过程中，应当按照审计计划执行审计业务。

（二）审计计划的作用

1. 通过制定和实施审计计划，使审计人员能根据具体情况收集充分、适当的证据。一般情况下，审计人员在审计计划的指导下，实施审计程序，收集审计证据，编制审计工作底稿，并据以发表审计意见。审计计划越周详，审计人员越能收集充分、适当的审计证据。

2. 通过制定审计计划，可以保持合理的审计成本，提高审计工作的效率和质量。

3. 通过制定审计计划，可以避免与被审计单位之间发生误解。

因此，对任何一个审计项目，对任何一家会计师事务所而言，不论其业务的繁简，也不论其规模的大小，审计计划都是至关重要的，只不过审计计划在不同情况下其繁简、粗细程度有所不同罢了。

二、总体审计策略的内容

1. 被审计单位的基本情况；

2. 审计目的、审计范围及审计策略；

3. 重要会计问题及重点审计领域；

4. 审计工作进度及时间、费用预算；

5. 审计小组组成及人员分工；

6. 审计重要性的确定及风险的评估；

7. 对专家、内审人员及其他注册会计师工作的利用；

8. 其他有关内容。

三、总体审计策略的制定

注册会计师应当为审计工作制定总体审计策略。在制定总体审计策略时，应当考虑以下主要事项。

（一）审计范围

在确定审计范围时，需要考虑下列具体事项：

1. 编制拟审计的财务信息所依据的财务报告编制基础，包括是否需要将财务信息调整至按照其他财务报告编制基础编制；

2. 特定行业的报告要求，如某些行业监管机构要求提交的报告；

3. 预期审计工作涵盖的范围，包括应涵盖的组成部分的数量及所在地点；

4. 母公司和集团组成部分之间存在的控制关系的性质，以确定如何编制合并财务报表；

5. 注册会计师审计组成部分的范围；

6. 拟审计的经营分部的性质，包括是否需要具备专门知识；

7. 外币折算，包括外币交易的会计处理、外币财务报表的折算和相关信息的披露；

8. 除为合并目的执行的审计工作之外，对个别财务报表进行法定审计的需求；

9. 内部审计工作的可获得性及注册会计师拟依赖内部审计工作的程度；

10. 被审计单位使用服务机构的情况，及注册会计师如何取得有关服务机构内部控制设计和运行有效性的证据；

11. 对利用在以前审计工作中获取的审计证据（如获取的与风险评估程序和控制测试相关的审计证据）的预期；

12. 信息技术对审计程序的影响，包括数据的可获得性和对使用计算机辅助审计技术的预期；

13. 协调审计工作与中期财务信息审阅的预期涵盖范围和时间安排，以及中期审阅所获取的信息对审计工作的影响；

14. 与被审计单位人员的时间协调和相关数据的可获得性。

（二）报告目标、时间安排和所需沟通

在确定审计报告目标、时间安排和所需沟通时，需要考虑下列事项：

1. 被审计单位对外报告的时间表，包括中间阶段和最终阶段；

2. 与管理层和治理层举行会谈，讨论审计工作的性质、时间安排和范围；

3. 与管理层和治理层讨论注册会计师拟出具的报告的类型和时间安排，以及沟通的其他事项（口头或书面沟通），包括审计报告、管理建议书和向治理层通报的其他事项；

4. 与管理层讨论预期就整个审计业务中对审计工作的进展进行的沟通；

5. 与组成部分注册会计师沟通拟出具的报告的类型和时间安排，以及与组成部分审计相关的其他事项；

6. 项目组成员之间沟通的预期的性质和时间安排，包括项目组会议的性质和时间安排，以及复核已执行工作的时间安排；

7. 预期是否需要和第三方进行其他沟通，包括与审计相关的法定或约定的报告责任。

（三）审计方向

在确定审计方向时，注册会计师需要考虑下列事项：

1. 重要性方面。

（1）为计划目的确定重要性；

（2）为组成部分确定重要性，且与组成部分的注册会计师沟通；

（3）在审计过程中重新考虑重要性；

（4）识别重要的组成部分和账户余额。

2. 重大错报风险较高的审计领域。

3. 评估的财务报表层次的重大错报风险对指导、监督及复核的影响。

4. 项目组人员的选择（在必要时包括项目质量控制复核人员）和工作分工，包括向重大错报风险较高的审计领域分派具备适当经验的人员。

5. 项目预算，包括考虑为重大错报风险可能较高的审计领域分配适当的工作时间。

6. 如何向项目组成员强调在收集和评价审计证据过程中保持职业怀疑必要性的方式。

7. 以往审计中对内部控制运行有效性评价的结果，包括所识别的控制缺陷的性质及应对措施。

8. 管理层重视设计和实施健全的内部控制的相关证据，包括这些内部控制得以适当记录的证据。

9. 业务交易量规模，以基于审计效率的考虑确定是否依赖内部控制。

10. 对内部控制重要性的重视程度。

11. 影响被审计单位经营的重大发展变化，包括信息技术和业务流程的变化，关键管理人员变化，以及收购、兼并和分立。

12. 重大的行业发展情况，如行业法规变化和新的报告规定。

13. 会计准则及会计制度的变化。

14. 其他重大变化，如影响被审计单位的法律环境的变化。

（四）审计资源

注册会计师应当在总体审计策略中清楚地说明审计资源的规划和调配。

1. 向具体审计领域调配的资源，包括向高风险领域分派有适当经验的项目组成员，就复杂的问题利用专家工作等；

2. 向具体审计领域分配资源的多少，包括分派到重要地点进行存货监盘的项目组成员的人数，在集团审计中复核组成部分注册会计师工作的范围，向高风险领域分配的审计时间预算等；

3. 何时调配这些资源，包括是在期中审计阶段还是在关键的截止日期调配资源等；

4. 如何管理、指导、监督这些资源，包括预期何时召开项目组预备会和总结会，预期项目合伙人和经理如何进行复核，是否需要实施项目质量控制复核等。

【案例 6-1】注册会计师张勇正在对黄河通用机械制造股份有限公司 2021 年度财务报表审计工作制定总体审计策略。

【要求】分析说明注册会计师张勇如何编制时间预算表？

【分析】时间预算是就执行审计程序的每一步骤需要的人员和工作时间所作的计划。时间预算既是合理确定审计收费的依据，又是衡量审计工作进度、判断审计人员工作效率的依据。注册会计师张勇制定的时间预算如表 6-1 所示：

表 6-1　时间预算表　　　　　　　　　　　　　　　单位：小时

审计项目	去年实际耗用时间	本年预算	本年实际耗用时间					
			总时数	其中			本年实际与预算差异	差异说明
				张勇	李进	王博		
库存现金	10	8	7				-1	
应收账款	40	35	36				+1	
存货	50	45	43				-2	
固定资产	15	13	14				+1	
应付账款	20	15	17				+2	
……	……	……	……	……	……	……	……	
总计								

任务 4.2　制定具体审计计划

一、具体审计计划的含义及内容

（一）具体审计计划的含义

具体审计计划是依据总体审计策略制定的，对实施总体审计策略所需要的审计程序的性质、时间和范围所做的详细规划与说明。具体审计计划应当包括风险评估程序、计划实施的进一步审计程序和其他审计程序。

（二）具体审计计划的内容

1. 审计目标；
2. 审计程序；
3. 执行人及执行日期；
4. 审计工作底稿的索引号；
5. 其他有关内容。

二、具体审计计划的制定

注册会计师应当针对总体审计策略中所识别的不同事项，制定具体审计计划。具体审计计划的制定一般是通过编制审计程序表的方式体现的。

（一）风险评估程序

具体审计计划应当包括按照《中国注册会计师审计准则第 1211 号—通过了解被审计单位及其环境识别和评估重大错报风险》的规定，为了足够识别和评估财务报表重大错报风险，注册会计师计划实施的风险评估程序的性质、时间安排和范围。

（二）计划实施的进一步审计程序

具体审计计划应当包括按照《中国注册会计师审计准则第 1231 号—针对评估的重大错报风险采取的应对措施》的规定，针对评估的认定层次的重大错报风险，注册会计师计划实施的进一步审计程序的性质、时间安排和范围。进一步审计程序包括控制测试和实质性程序。

（三）计划其他审计程序

具体审计计划应当包括根据审计准则的规定，注册会计师针对审计业务需要实施的其他审计程序。计划的其他审计程序可以包括上述进一步程序的计划中没有涵盖的、根据其他审计准则的要求注册会计师应当执行的既定程序。

三、审计过程中对计划的更改

计划审计工作并非审计业务的一个孤立阶段，而是一个持续的、不断修正的过程，贯穿于整个审计业务的始终。由于未预期事项、条件的变化或在实施审计程序中获取的审计证据等原因，在审计过程中，注册会计师应当在必要时对总体审计策略和具体审计计划做出更新和修改。

【案例 6 - 2】注册会计师张勇正在对黄河通用机械制造股份有限公司 2021 年度财务报表审计工作制定具体审计计划。

【要求】分析说明注册会计师张勇如何编制审计程序表？

【分析】以存货为例，注册会计师张勇编制的审计程序表如表 6 - 2 所示。

表 6-2　审计程序表

客户：黄河通用机械制造股份有限公司		签名	日期		
项目：存货具体审计计划	编制人	李达	2022.2.14	索引号	C8-1
截止日：2022.2.28	复核人	张勇	2022.2.15	页次	1

审计目标：

1. 确定存货的总体合理性；
2. 确定存货是否存在；
3. 确定存货是否归被审计单位所有；
4. 确定存货增减变动记录是否完整；
5. 确定存货的品质状况，存货跌价准备的计提是否合理；
6. 确定存货的计价方法是否恰当；
7. 确定存货的年末余额是否正确；
8. 确定存货在会计报表中的分类和披露是否恰当。

步骤	审计程序	执行人	日期	执行情况说明	工作底稿索引
1	将当年存货余额与上年存货余额比较；将当年的存货周转率与上年存货周转率进行比较；将当年存货周转率与当年本行业平均周转率进行比较	王博	2022.2.16	整体合理	C8-2
2	核对各存货项目明细账合计数与总账余额是否相符	李达	2022.2.16	相符	C8-3
3	在外勤工作时对存货监盘并抽查	张勇	2022.2.21	已获取	C8-4
4	在监盘或抽查被审计单位存货时，要检查有无代他人保管和来料加工的存货，有无未做账务处理而置或寄存他处的存货，这些存货是否正确列示于存货盘点表中	李达	2022.2.21	列示正确	C8-5
5	在监盘或抽查被审计单位存货时，要注意观察存货的品质状况，要征询技术人员、财务人员、仓库管理人员的意见，了解或确定属于残次、毁损、滞销积压的存货及其对当年损益的影响	李达	2022.2.21	已了解	C8-6
6	获取存货盘点盈亏调整和损失处理记录，检查重大存货盘亏和损失的原因有无充分的解释，重大存货盘亏和损失的会计处理是否经授权审批	张勇	2022.2.21	无重大盘亏、盘盈	C8-6
7	检查被审计单位存货跌价损失准备计提和结转的依据、方法和会计处理是否正确，是否已授权审批，前后期是否一致	张勇	2022.2.22	不适用	
8	查阅资产负债表日前后若干天的存货增减变动的有关账簿记录和原始凭证，检查有无存货跨期现象	王博	2022.2.22	无跨期现象	
9	抽查年末结存量较大的存货计价是否正确	张勇	2022.2.23	计价正确	C8-10

步骤	审计程序	执行人	日期	执行情况说明	工作底稿索引
10	抽查存货发出的原始凭证是否齐全,内容是否完整,计价是否正确	张勇	2022.2.23	计价正确	C8—7
11	抽查大额的采购业务,核实采购成本是否正确	张勇	2022.2.23	正确	C8—11
12	抽查委托加工材料发出和收回的合同、凭证,核对其计费、计价是否正确,有无长期未收回的委托加工材料,必要时对委托加工材料的实际存在进行函证	李达	2022.2.23	不适用	
13	抽查大额分期收款发出商品的原始凭证及相关协议、合同,确定到期是否按约定时间收回货款,如有逾期或其他异常事项,由被审计单位做出合理解释,必要时进行函证	张勇	2022.2.24	不适用	
14	低值易耗品与固定资产的划分是否合理,其摊销方法和摊销金额是否正确	张勇	2022.2.24	正确	
15	抽查产成品账,核对入库品种、数量和实际成本与生产成本的结转是否相符	张勇	2022.2.24	相符	C8—9
16	了解存货的保险情况和存货防护措施的完善程度	李达	2022.2.25	完善	C8—8
17	验明存货是否已在资产负债表中恰当披露	张勇	2022.2.25	已披露	C8—3

知识检测

一、单项选择题

1. 关于审计计划的陈述不恰当的是（　　　）。

   A. 由会计师事务所的主任会计师制定

   B. 指导注册会计师的审计业务

   C. 执行过程中可以修订

   D. 包括总体审计策略和具体审计计划两部分

2. 关于总体审计策略的陈述不恰当的是（　　　）。

   A. 确定审计范围　　　　　　　　B. 确定审计责任

   C. 确定审计方向　　　　　　　　D. 指导具体审计计划

3. 总体审计策略的内容不包括（　　　）。

   A. 审计目的　　　　　　　　　　B. 审计收费

   C. 重点审计领域　　　　　　　　D. 审计小组成员

4. 具体审计计划的内容不包括（　　　）。

   A. 审计目标　　　　　　　　　　B. 审计程序

   C. 审计执行日期　　　　　　　　D. 审计工作底稿的保管期限

二、多项选择题

1. 审计计划通常可分为（　　）两部分。

    A. 总体审计策略　　　　　　　　　　B. 具体审计计划

    C. 审计目标　　　　　　　　　　　　D. 审计业务约定书

2. 总体审计策略的内容包括（　　）。

    A. 被审计单位的基本情况　　　　　　B. 审计目的、审计范围及审计策略

    C. 重要会计问题及重点审计领域　　　D. 审计重要性的确定及风险的评估

3. 在确定审计范围时，需要考虑的具体事项包括（　　）。

    A. 特定行业的报告要求

    B. 预期审计工作涵盖的范围

    C. 内部审计工作的可获得性及注册会计师拟依赖内部审计工作的程度

    D. 对利用在以前审计工作中获取的审计证据的预期

4. 在制定总体审计策略时，注册会计师应当考虑的主要事项包括（　　）。

    A. 审计范围　　　　　　　　　　　　B. 审计方向

    C. 时间安排　　　　　　　　　　　　D. 审计资源

三、判断题

1. 审计计划是指注册会计师为了完成各项审计业务，达到预期的审计目标，在具体执行审计程序之后编制的工作计划。　　　　　　　　　　　　　　　　　（　　）

2. 具体审计计划的制定一般是通过编制审计程序表的方式体现的。　（　　）

3. 计划审计工作并非审计业务的一个孤立阶段，而是一个持续的、不断修正的过程，贯穿于整个审计业务的始终。　　　　　　　　　　　　　　　　　　（　　）

4. 具体审计计划是对实施总体审计策略所需要的审计程序的性质、时间和范围所做的详细规划与说明。　　　　　　　　　　　　　　　　　　　　　　　（　　）

四、简答题

1. 简述审计计划的重要性。

2. 总体审计策略和具体审计计划有何关系？

拓展实训

资料：注册会计师李进负责对常年审计客户永丰纺织科技有限公司 2021 年度财务报表进行审计，撰写了总体审计策略和具体审计计划，部分内容摘录如下：

（1）永丰公司属于老客户，决定不再了解和评价该公司的内部控制，予以信赖。

（2）因对永丰公司内部审计人员的客观性和专业胜任能力存有疑虑，拟不利用内部审计的工作。

（3）如对计划的重要性水平做出修正，应及时修改计划实施的实质性程序的性质、时间和范围。

（4）由于永丰公司过去在收入确认方面存在舞弊风险，拟将其销售交易的重大错报风险评估为高水平。

（5）因审计工作时间安排紧张，拟不函证应收账款，直接实施替代审计程序。

要求：针对上述事项（1）至（5），分析说明注册会计师李进拟定的审计计划是否存在不当之处。如有不当之处，简要说明理由。

项目七　了解被审计单位

能力目标:

1. 能了解和评价被审计单位及其环境;
2. 能了解和评价被审计单位内部控制。

知识目标:

1. 熟悉内部控制的内容;
2. 掌握内部控制的了解和评价方法。

项目导入

兴达会计师事务所接受委托,对黄河通用机械制造股份有限公司 2021 年财务报表进行审计。注册会计师张勇作为项目负责人,如何对黄河通用机械制造股份有限公司的内部控制进行了解和评价?

任务 7.1　了解被审计单位及其环境

一、了解被审计单位及其环境的总体要求

(一) 风险评估程序

注册会计师应当了解被审计单位及其环境,以充分识别和评估财务报表重大错报风险,设计和实施进一步审计程序。为了解被审计单位及其环境而实施的程序称为风险评估程序。注册会计师应当实施下列风险评估程序,以了解被审计单位及其环境。

1. 询问管理层和被审计单位内部其他人员。

询问管理层和被审计单位内部其他人员是注册会计师了解被审计单位及其环境的一个重要信息来源。注册会计师可以考虑向管理层和财务负责人询问下列事项。

(1) 管理层所关注的主要问题。如新的竞争对手、主要客户和供应商的流失、新的税收法规的实施以及经营目标或战略的变化等。

(2) 被审计单位最近的财务状况、经营成果和现金流量。

(3) 可能影响财务报告的交易和事项,或者目前发生的重大会计处理问题。如重大的购并事宜等。

(4) 被审计单位发生的其他重要变化。如所有权结构、组织结构的变化,以及内部控制的变化等。

2. 实施分析程序。

分析程序是指注册会计师通过研究不同财务数据之间以及财务数据与非财务数据之间的内在关系,对财务信息做出评价。注册会计师实施分析程序有助于识别异常的交易或事项,以及对财务报表和审计产生影响的金额、比率和趋势。

3. 观察和检查。

观察和检查程序可以支持对管理层和其他相关人员的询问结果,并可以提供有关被审计单位环境的信息,注册会计师应当实施下列观察和检查程序:

(1) 观察被审计单位的经营活动;

(2) 检查文件、记录和内部控制手册;

(3) 阅读由管理层和治理层编制的报告;

(4) 实地察看被审计单位的生产经营场所和厂房设备。

4. 追踪交易在财务报告信息系统中的处理过程(穿行测试)。这是注册会计师了解被审计单位业务流程及其相关控制时经常使用的审计程序。

(二) 被审计单位及其环境构成

注册会计师应当从下列方面了解被审计单位及其环境:①相关行业状况、法律环境和监管环境及其他外部因素;②被审计单位的性质;③被审计单位对会计政策的选择和运用;④被审计单位的目标、战略以及可能导致重大错报风险的相关经营风险;⑤对被审计单位财务业绩的衡量和评价;⑥被审计单位的内部控制。

上述第①项是被审计单位的外部环境,第②③④项以及第⑥项是被审计单位的内部因素,第⑤项则既有外部因素也有内部因素。值得注意的是,被审计单位及其环境的各个方面可能会互相影响。例如,被审计单位的行业状况、法律环境与监管环境以及其他外部因素可能影响到被审计单位的目标、战略以及相关经营风险,而被审计单位的性质、目标、战略以及相关经营风险可能影响到被审计单位对会计政策的选择和运用,以及内部控制的设计和执行。因此,注册会计师在对被审计单位及其环境的各个方面进行了解和评估时,应当考虑各因素之间的相互关系。

二、行业状况、法律环境和监管环境及其他外部因素

(一) 行业状况

了解行业状况有助于注册会计师识别与被审计单位所处行业有关的重大错报风险。注册会计师应当了解被审计单位的行业状况,主要包括:

1. 被审计单位所处行业的总体发展趋势是什么;

2. 处于哪一发展阶段,如起步、快速成长、成熟或衰退阶段;

3. 所处市场的需求、市场容量和价格竞争如何;

4. 该行业是否受经济周期波动的影响,以及采取了什么行动使波动产生的影响最小化;

5. 该行业受技术发展影响的程度如何;

6. 是否开发了新的技术；

7. 能源消耗在成本中所占比重，能源价格的变化对成本的影响；

8. 谁是被审计单位最重要的竞争者，它们各自所占的市场份额是多少；

9. 被审计单位与其竞争者相比主要的竞争优势是什么；

10. 被审计单位业务的增长率和财务业绩与行业的平均水平及主要竞争者相比如何；存在重大差异的原因是什么；

11. 竞争者是否采取了某些行动，如购并活动、降低销售价格、开发新技术等，从而对激审计单位的经营活动产生影响。

（二）法律环境与监管环境

注册会计师应当了解被审计单位所处的法律环境与监管环境，主要包括：

1. 国家对某一行业的企业是否有特殊的监管要求（如对银行、保险等行业的特殊监管要求）；

2. 是否存在新出台的法律法规（如新出台的有关产品责任、劳动安全或环境保护的法律法规等），对被审计单位有何影响；

3. 国家货币、财政、税收和贸易等方面政策的变化是否会对被审计单位的经营活动产生影响；

4. 与被审计单位相关的税务法规是否发生变化。

（三）其他外部因素

注册会计师应当了解影响被审计单位经营的其他外部因素，主要包括总体经济情况、利率、融资的可获得性、通货膨胀水平或币值变动等。

三、被审计单位的性质

（一）所有权结构

对被审计单位所有权结构的了解有助于注册会计师识别关联方关系并了解被审计单位的决策过程。注册会计师应当了解所有权结构以及所有者与其他人员或实体之间的关系，考虑关联方关系是否已经得到识别，以及关联方交易是否得到恰当核算。

（二）治理结构

良好的治理结构可以对被审计单位的经营和财务运作实施有效的监督，从而降低财务报表发生重大错报的风险。注册会计师应当了解被审计单位的治理结构。例如，董事会的构成情况、董事会内部是否有独立董事；治理结构中是否设有审计委员会或监事会及其运作情况。注册会计师应当考虑治理层是否能够在独立于管理层的情况下对被审计单位事务（包括财务报告）做出客观判断。

（三）组织结构

复杂的组织结构可能导致某些特定的重大错报风险。注册会计师应当了解被审计单位的组织结构，考虑复杂组织结构可能导致的重大错报风险，包括财务报表合并、商誉减值以及长期股权投资核算等问题。

(四) 经营活动

了解被审计单位经营活动有助于注册会计师识别预期在财务报表中反映的主要交易类别、重要账户余额和列报。注册会计师应当了解被审计单位的经营活动。主要包括：

1. 主营业务的性质。例如，主营业务是制造业还是商品批发与零售；是银行、保险还是其他金融服务；是公用事业、交通运输还是提供技术产品和服务等。

2. 与生产产品或提供劳务相关的市场信息。例如，主要客户和合同、付款条件、利润率、市场份额、竞争者、出口、定价政策、产品声誉、质量保证、营销策略和目标等。

3. 业务的开展情况。例如，业务分部的设立情况、产品和服务的交付、衰退或扩展的经营活动的详情等。

4. 联盟、合营与外包情况。

5. 从事电子商务的情况。例如，是否通过互联网销售产品和提供服务以及从事营销活动。

6. 地区分布与行业细分。例如，是否涉及跨地区经营和多种经营，各个地区和各行业分布的相对规模以及相互之间是否存在依赖关系。

7. 生产设施、仓库和办公室的地理位置，存货存放地点和数量。

8. 关键客户。例如，销售对象是少量的大客户还是众多的小客户；是否有被审计单位高度依赖的特定客户（如超过销售总额 10％ 的顾客）；是否有造成高回收性风险的若干客户或客户类别（如正处在一个衰退市场中的客户）；是否与某些客户订立了不寻常的销售条款或条件。

9. 货物和服务的重要供应商。例如，是否签订长期供应合同、原材料供应的可靠性和稳定性、付款条件，以及原材料是否有重大价格变动的影响。

10. 劳动用工安排。例如，分地区用工情况、劳动力供应情况、工薪水平、退休金和其他福利、股权激励或其他奖金安排，以及与劳动用工事项相关的政府法规。

11. 研究与开发活动及其支出。

12. 关联方交易。例如，有些客户或供应商是否为关联方；对关联方和非关联方是否采用不同的销售和采购条款。此外，还存在哪些关联方交易，对这些交易采用怎样的定价政策。

(五) 投资活动

了解被审计单位投资活动有助于注册会计师关注被审计单位在经营策略和方向上的重大变化。注册会计师应当了解被审计单位的投资活动。主要包括：

1. 近期拟实施或已实施的并购活动与资产处置情况，包括业务重组或某些业务的终止。

2. 证券投资、委托贷款的发生与处置。

3. 资本性投资活动，包括固定资产和无形资产投资，近期或计划发生的变动，以及重大的资本承诺等。

4. 不纳入合并范围的投资。例如，联营、合营或其他投资，包括近期计划的投资项目。

(六) 筹资活动

了解被审计单位筹资活动有助于注册会计师评估被审计单位在融资方面的压力，并进一步考虑被审计单位在可预见未来的持续经营能力。注册会计师应当了解被审计单位的筹资活动，主要包括：

1. 债务结构和相关条款，包括资产负债表外融资和租赁安排。

2. 主要子公司和联营企业（无论是否处于合并范围内）的重要融资安排。

3. 实际受益方及关联方。例如，实际受益方是国内的还是国外的，其商业可能对被审计单位产生的影响。

4. 衍生金融工具的使用。例如，衍生金融工具是用于交易目的还是套现目的，以及运用的种类、范围和交易对手等。

（七）财务报告

了解影响财务报告的重要政策、交易或事项，例如：

1. 会计政策和行业特定惯例，包括特定行业的重要活动（如银行业的贷款和投资、医药行业的研究与开发活动）；

2. 收入确认惯例；

3. 公允价值会计核算；

4. 外币资产、负债与交易；

5. 异常或复杂交易（包括在有争议的或新兴领域的交易）的会计处理（如对股份支付的会计处理）。

四、被审计单位对会计政策的选择和运用

（一）重大和异常交易的会计处理方法

例如，本期发生的企业合并的会计处理方法。某些被审计单位可能存在与其所处行业相关的重大交易，例如，银行向客户发放贷款、证券公司对外投资、医药企业的研究与开发活动等。注册会计师应当考虑对重大的和不经常发生的交易的会计处理方法是否适当。

（二）在缺乏权威性标准或共识、有争议的或新兴领域采用重要会计政策产生的影响

在缺乏权威性标准或共识的领域，注册会计师应当关注被审计单位选用了哪些会计政策、为什么选用这些会计政策以及选用这些会计政策产生的影响。

（三）会计政策的变更

如果被审计单位变更了重要的会计政策，注册会计师应当考虑变更的原因及其适当性，即考虑：

1. 会计政策变更是否是法律、行政法规或者适用的会计准则和相关会计制度要求的变更；

2. 会计政策变更是否能够提供更可靠、更相关的会计信息。除此之外，注册会计师还应当关注会计政策的变更是否得到恰当处理和充分披露。

（四）新颁布的财务报告准则、法律法规，以及被审计单位何时采用、如何采用这些规定

例如，当新的企业会计准则颁布施行时，注册会计师应考虑被审计的单位是否应采用新颁布的会计准则，如果采用，是否已按照新会计准则的要求做好衔接调整工作，并收集

执行新会计准则需要的信息资料。

五、被审计单位的目标、战略以及相关经营风险

(一)目标、战略与经营风险

注册会计师应当了解被审计单位是否存在与下列方面有关的目标和战略,并考虑相应的经营风险:

1. 行业发展(例如,潜在的相关经营风险可能是被审计单位不具备足以应对行业变化的人力资源和业务专长);

2. 开发新产品或提供新服务(例如,潜在的相关经营风险可能是被审计单位产品责任增加);

3. 业务扩张(例如,潜在的相关经营风险可能是被审计单位对市场需求的估计不准确);

4. 新的会计要求(例如,潜在的相关经营风险可能是被审计单位不当执行相关会计要求,或会计处理成本增加);

5. 监管要求(例如,潜在的相关经营风险可能是被审计单位法律责任增加);

6. 本期及未来的融资条件(例如,潜在的相关经营风险可能是被审计单位由于无法满足融资条件而失去融资机会);

7. 信息技术的运用(例如,潜在的相关经营风险可能是被审计单位信息系统与业务流程难以融合);

8. 实施战略的影响,特别是由此产生的需要运用新的会计要求的影响。

(二)经营风险对重大错报风险的影响

多数经营风险最终都会产生财务后果,从而影响财务报表。但并非所有的经营风险都会导致重大错报风险。经营风险可能对某类交易、账户余额和披露的认定层次重大错报风险或财务报表层次重大错报风险产生直接影响。例如,贷款客户的企业合并导致银行客户群减少,使银行信贷风险集中,由此产生的经营风险可能增加与贷款计价认定有关的重大错报风险。

(三)被审计单位的风险评估过程

管理层通常制定识别和应对经营风险的策略,注册会计师应当了解被审计单位的风险评估过程。此类风险评估过程是被审计单位内部控制的组成部分。

(四)对小型被审计单位的考虑

小型被审计单位通常没有正式的计划和程序来确定其目标、战略并管理经营风险。注册会计师应当询问管理层或观察小型被审计单位如何应对这些事项,以获取了解,并评估重大错报风险。

六、被审计单位财务业绩的衡量和评价

(一)了解的主要方面

在了解被审计单位财务业绩衡量和评价情况时,注册会计师应当关注下列信息:

1. 关键业绩指标（财务的或非财务的）、关键比率、趋势和经营统计数据；
2. 同期财务业绩比较分析；
3. 预算、预测、差异分析，分部信息与分部、部门或其他不同层次的业绩报告；
4. 员工业绩考核与激励性报酬政策；
5. 被审计单位与竞争对手的业绩比较。

（二）关注内部财务业绩衡量的结果

内部财务业绩衡量可能显示未预期到的结果或趋势。在这种情况下，管理层通常会进行调查并采取纠正措施。与内部财务业绩衡量相关的信息可能显示财务报表存在错报风险，例如，内部财务业绩衡量可能显示被审计单位与同行业其他单位相比具有异常快的增长率或盈利水平，此类信息如果与业绩奖金或激励性报酬等因素结合起来考虑，可能显示管理层在编制财务报表时存在某种倾向的错报风险。因此，注册会计师应当关注被审计单位内部财务业绩衡量所显示的未预期到的结果或趋势、管理层的调查结果和纠正措施，以及相关信息是否显示财务报表可能存在重大错报。

（三）考虑财务业绩衡量指标的可靠性

如果拟利用被审计单位内部信息系统生成的财务业绩衡量指标，注册会计师应当考虑相关信息是否可靠，以及利用这些信息是否足以实现审计目标。许多财务业绩衡量中使用的信息可能由被审计单位的信息系统生成。如果被审计单位管理层在没有合理基础的情况下，认为内部生成的衡量财务业绩的信息是准确的，而实际上信息有误，那么根据有误的信息得出的结论也可能是错误的。如果注册会计师计划在审计中（如在实施分析程序时）利用财务业绩指标，应当考虑相关信息是否可靠，以及在实施审计程序时利用这些信息是否足以发现重大错报。

（四）对小型被审计单位的考虑

小型被审计单位通常没有正式的财务业绩衡量和评价程序，管理层往往依据某些关键指标，作为评价财务业绩和采取适当行动的基础，注册会计师应当了解管理层使用的关键指标。

任务7.2 了解被审计单位内部控制

一、内部控制的含义及目标

（一）内部控制的含义

内部控制是指被审计单位为了合理保证财务报告的可靠性、经营的效率和效果以及对法律法规的遵守，由治理层、管理层和其他人员设计与执行的政策与程序。

（二）内部控制的目标

1. 合理保证财务报告的可靠性；
2. 合理保证经营的效率和效果；
3. 遵守适用的法律法规的要求。

二、内部控制的内容

（一）控制环境

控制环境包括治理职能和管理职能，以及治理层和管理层对内部控制及其重要性的态度、认识和措施。控制环境包括以下内容：

1. 治理层的参与程度。控制环境很大程度上受治理层的影响。治理层（董事会）对内部控制政策和程序设计是否合理，执行是否有效负责。治理层（董事会）通过自身活动，并在审计委员会或类似机构的支持下，监督被审计单位财务报告政策和程序。

2. 管理层的理念和经营风格。管理层负责企业的运作以及经营策略和程序的制定、执行与监督。在有效的控制环境中，管理层的理念和经营风格可以创造一个积极的氛围，促进业务流程和内部控制的有效运行，同时创造一个减少错报发生可能性的环境。

3. 组织结构及权责分配。被审计单位的组织结构为计划、运作、控制及监督经营活动提供了一个整体框架。通过集权或分权决策，可在不同部门间进行适当的职责划分，建立适当层次的报告体系。组织结构将影响权利、责任和工作任务在组织成员中的分配。被审计单位的组织结构在一定程度上取决于被审计单位的规模和经营活动的性质。

4. 对诚信和道德价值观念的沟通与落实。诚信和道德价值观念是控制环境的道要组成部分，影响到重要业务流程的设计和运行。内部控制的有效性直接依赖于负责创建、管理和监控内部控制的人员的诚信和道德价值观念。

5. 对胜任能力的重视。胜任能力是指具备完成某一职位的工作所应有的知识和能力。管理层对胜任能力的重视包括对于特定工作所需胜任能力水平的设定，以及对达到该水平所需的知识和能力要求。

6. 人力资源政策和实务。政策与程序的有效性，通常取决于执行人。因此，被审计单位员工的能力与诚信是控制环境中不可缺少的因素，人力资源政策涉及招聘、培训、考核、咨询、晋升和薪酬等方面。

良好的控制环境是实施有效内部控制的基础。注册会计师在评估重大错报风险时，存在令人满意的控制环境是一个积极的因素。虽然令人满意的控制环境并不能绝对防止舞弊，但却有助于降低发生舞弊的风险。

注册会计师应当对控制环境的构成要素进行足够了解，并考虑内部控制的实质及综合效果，以了解管理层与治理层对内部控制及其重要性的态度、认识及采取的措施。

在小型被审计单位，可能无法获取以文件形式存在的有关控制环境要素的证据。因此，管理层或业主兼经理的态度、认识和措施对注册会计师了解小型被审计单位的控制环境非常重要。

（二）风险评估过程

任何经济组织在经营活动中都会面临各种各样的风险，风险对其生存和竞争能力产生影响。很多风险并不为经济组织所控制，但管理层应当确定可以承受的风险水平，识别这些风险并采取一定的应对措施。可能产生风险的事项和情形包括：

1. 监管及经营环境的变化：监管和经营环境的变化会导致竞争压力的变化以及重大的相关风险。

2. 新员工的加入：新员工可能对内部控制有不同的认识和关注点。

3. 新信息系统的使用或对原系统进行升级：信息系统的重大变化会改变与内部控制相关的风险。

4. 业务快速发展：快速的业务扩张可能会使内部控制难以应对，从而增加内部控制失效的可能性。

5. 新技术：将新技术运用于生产过程和信息系统可能改变与内部控制相关的风险。

6. 新生产型号、产品和业务活动：进入新的业务领域和发生新的交易可能带来新的与内部控制相关的风险。

7. 企业重组：重组可能带来裁员以及管理职责的重新划分，将影响与内部控制相关的风险。

8. 发展海外经营：海外扩张或收购会带来新的并且往往是特别的风险，进而可能影响内部控制，如外币交易的风险。

9. 新的会计准则：采用新的或变化了的会计准则可能会增大财务报告发生重大错报的风险。

注册会计师应当确定管理层如何识别与财务报告相关的风险，如何评估该风险的重要性，如何评估风险发生的可能性，以及如何采取措施管理这些风险。

在小型被审计单位，可能没有正式的风险评估过程。注册会计师应询问识别出这些风险以及管理层应对风险的措施。

（三）信息系统与沟通

与财务报告相关的信息系统，包括可以生成、记录、处理和报告交易、事项和情况，对相关资产、负债和所有者权益履行经营管理责任的程序和记录。与财务报告相关的沟通包括使员工了解各自在与财务报告有关的内部控制方面的角色和职责，员工之间的工作联系，以及向适当级别的管理层报告例外事项的方式。

注册会计师应当了解被审计单位内部如何对财务报告的岗位职责以及与财务报告有关的重大事项进行沟通。注册会计师应当了解管理层与治理层之间的沟通，以及被审计单位与外部的沟通。

在小型被审计单位，可能比大型被审计单位更容易实现有效的沟通。

（四）控制活动

控制活动是指有助于确保管理层的指令得以执行的政策和程序。包括与授权、业绩评价、信息处理、实物控制和职责分离等相关的活动：

1. 职责分离：交易授权、交易记录以及资产保管等职责应该分配给不同员工，以防范同一员工在履行多项职责时可能发生的舞弊或错误。

2. 授权：与授权有关的控制活动，包括一般授权和特别授权。授权的目的在于保证交易在管理层授权范围内进行。一般授权是指管理层制定的要求组织内部遵守的普遍适用于某类交易或活动的政策。特别授权是指管理层针对特定类别的交易或活动逐一设置的授权，如重大资本支出和股票发行等。特别授权也可能用于超过一般授权限制的常规交易。

3. 业绩评价：与业绩评价相关的控制活动，主要包括分析评价实际业绩与预算（或预测、前期业绩）的差异，综合分析财务数据与经营数据的内在关系，将内部数据与外部信息来源相比较，评价职能部门、分支机构或项目活动的业绩（如银行客户信贷经理复核各分行、地区和各种贷款类型的审批和收回），以及对发现的异常差异或关系采取必要的调查与纠正措施。

4. 信息处理：与信息处理有关的控制活动，包括信息技术的一般控制和应用控制。信息处理控制可以是人工的、自动化的，或是基于自动流程的人工控制。

5. 实物控制：注册会计师应当了解实物控制，主要包括了解对资产和记录采取适当的安全保护措施、对访问计算机程序和数据文件设置授权以及定期盘点并将盘点记录与会计记录相核对。财产保护控制的效果影响资产的安全，从而对财务报表的可靠性及审计产生影响。

注册会计师应当重点考虑一项控制活动是否能够以及如何防止或发现并纠正各类交易、账户余额和披露存在的重大错报。

在小型被审计单位，可通常难以实施适当的职责分离。注册会计师应考虑小型被审计单位采取的控制活动能否实现控制目标。

（五）对控制的监督

管理层的重要职责之一就是建立和维护控制并保证其持续有效运行，对控制的监督可以实现这一目标。监督是由适当的人员，在适当、及时的基础上，评估控制的设计和运行情况的过程。对控制的监督是指被审计单位评价内部控制在一段时间内运行有效性的过程。

注册会计师应当了解被审计单位整体层面对控制的监督。

在小型被审计单位，可能没有正式持续的监督活动。注册会计师应考虑业主对经营活动的密切参与能否有效实现对控制的监督目标。

三、了解内部控制的风险评估程序

（一）了解内部控制的审计程序

注册会计师应当实施下列风险评估程序，以了解被审计单位内部控制，获取有关控制涉及和执行的审计证据：

1. 询问被审计单位内部人员；

2. 观察特定控制的运用；

3. 检查文件和报告；

4. 追踪交易在财务报告信息系统中的处理过程（穿行测试）。

（二）内部控制的描述方法

在了解和掌握了被审计单位内部控制的详情以后，审计人员需要用适当的方法将内部控制描述出来，供制定和修改审计计划和程序之用，或供日后查考之用。内部控制描述的方法通常有三种：文字表述法、调查表法和流程图法。

1. 文字表述法。

文字表述法是指审计人员对被审计单位内部控制健全程度和执行情况的文字叙述。这种文字叙述，一般是按不同的循环环节，分别写明各个职务上所办理的业务、办理业务时所经历的各种手续等，还应阐明各项工作的负责人、经办人员以及由他们编写和记录的文件凭证等。

文字表述法的优点是比较灵活，可对被审计单位内部控制的各个环节做出比较深入和具体的描述。但由于有时很难用简明易懂的语言来详细说明内部控制的各个细节。文字表述法几乎适用于任何类型、任何规模的单位，特别适用于内部控制不很健全的小企业。

【案例7-1】注册会计师张勇正在对黄河通用机械制造股份有限公司的内部控制进行了解评价。

【要求】分析注册会计师张勇如何描述黄河通用机械制造股份有限公司的内部控制？

【分析】以材料采购为例，注册会计师张勇编制的内部控制评价表如表7-1所示。

表7-1 黄河通用机械制造股份有限公司材料采购的内部控制

黄河通用机械制造股份有限公司每月由使用部门提出下月的用料需求，材料采购部门根据库存情况编制当月采购计划，报主管生产的副总经理审批后执行。凡大宗材料采购均与供货方签订采购合同，材料到货后由验收部门检查质量，然后交仓库验收数量。发生质量不符或数量短少时及时反馈至采购部门，采购部派专人查找原因并办理索赔或退货等相关事宜。材料入库后由采购部门将已到货的采购单据交财务部门据以入账。对于已付款而长期不到货的材料由专人负责催办，并视情况将供应商列入"黑名单"。仓库不存在存货积压状况。
评价：黄河通用机械制造股份有限公司建立了材料采购的内部控制，但存在如下缺陷：(1) 小批材料的采购管理不严，不与供货商签订合同，可能存在弊端；(2) 采购部在材料到货后将采购单据交财务人员入账，财务人员不知道货物的质量情况，缺少一个监督环节，同时也说明凭证的传递不合理。
<div align="right">注册会计师：张勇 2022年2月19日</div>

2. 调查表法。

调查表法是将那些与保证会计记录的正确性和可靠性以及与保证财产物资的完整性有密切关系的事项列作调查对象，由审计人员设计成标准化的调查表，通过询问来了解内部控制的强弱程度。

调查表法的最大优点：一是简便易行；二是能对所调查的对象提供一个概括的说明，有利于审计人员作进一步分析评价；三是编制调查表省时省力；四是调查表"否"栏集中反映内部控制存在的问题，能引起审计人员的高度重视。但是，调查表法也有一定的缺陷：对被审计单位某一环节的内部控制只能按所提问题分别考查，往往难以提供一个完整的、系统的、全面的分析评价。

【**案例 7－2**】同上例，黄河通用机械制造股份有限公司的材料采购内部控制，也可用调查表的方式进行了解和记录。

表 7－2　内部控制调查表

被审计单位名称：　　　　　　　　　　　索引号　　　　页次
审计时间：　　　　　　　　　　　　　　编制人　　　　日期
调查项目：　　　　　　　　　　　　　　复核人　　　　日期

调查问题	回答			取得方式	备注
	是	否	不适用		
1. 大额的材料采购是否签订购货合同，有无审批制度。					
2. 材料的入库是否严格履行验收手续，对名称、规格、型号、数量、质量和价格等是否逐项核对，并及时入账。					
3. 材料的发出手续是否按规定办理，是否及时登记仓库账并与会计记录核对。					
4. 材料的采购、验收、保管、运输、付款等职责是否严格分离。					
5. 材料的分拣、堆放、仓储条件是否良好。					
6. 是否建立定期盘点制度，发生的盘盈、盘亏、毁损、报废是否及时按规定审批处理。					
7. 材料的计价方法是否符合会计准则的规定。					
8. 如果采用计划成本核算，材料成本差异的分配和会计处理是否正确。					

3. 流程图法。

流程图法是指用特定的符号和图形，将内部控制中各种业务处理手续，以及各种文件或凭证的传递流程，用图解的形式直观地表现出来。

流程图法形象直观，能够清晰地表示各项经济业务的处理程序和内部控制情况，并显示各步骤之间的关系，便于进行评价。在定期审计的情况下，只要将被审计单位的流程图按照业务的变化情况对有关线条或符号稍加修改，就可以得到新的流程图。其缺点在于绘制流程图需要掌握一定的技术，如果绘图技术不过关，给出的流程图不能清楚准确地反映被审计单位的内部控制制度，就会影响审计工作的质量。

【**案例 7－3**】同上例，黄河通用机械制造股份有限公司的材料采购内部控制，也可用调查表的方式进行了解和记录。

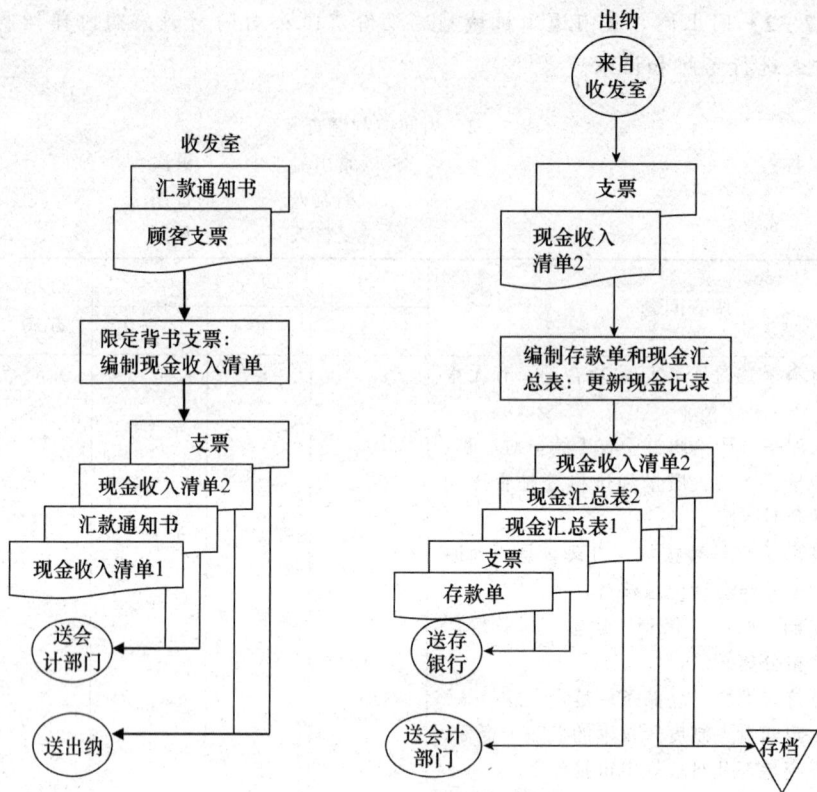

图 7 – 1 赊销收入现金流程

知识检测

一、单项选择题

1. 管理层应当确定可以承受的风险水平，识别这些风险并采取一定的应对措施，是对（　　）的描述。

   A. 控制环境　　　　　　　　　　　　B. 风险评估过程

   C. 控制活动　　　　　　　　　　　　D. 对控制的监督

2. 确保管理层的指令得以执行的政策和程序，是对（　　）的描述。

   A. 控制环境　　　　　　　　　　　　B. 风险评估过程

   C. 控制活动　　　　　　　　　　　　D. 对控制的监督

3. 注册会计师在了解被审计单位控制环境时，可不必考虑的因素是（　　）。

   A. 经营管理理念　　　　　　　　　　B. 授权与审批

   C. 治理结构　　　　　　　　　　　　D. 人力资源政策

4. 下列职务，应当进行职责分离的是（　　）。

   A. 统计与会计　　　　　　　　　　　B. 现金出纳与银行出纳

C. 仓库保管与发料　　　　　　　D. 记录现金日记账与记录总账

5. 在一个设计适当的货币资金内部控制系统中，同一名职员可以负责（　　）。

　　A. 保管现金，并登记现金日记账

　　B. 保管支票，并批准注销客户的应收账款

　　C. 保管空白支票和银行预留印鉴

　　D. 批准付款与签发支票

6. 注册会计师了解被审计单位内部控制的方法不包括（　　）。

　　A. 询问　　　　　　　　　　　　B. 观察和检查

　　C. 分析程序　　　　　　　　　　D. 穿行测试

二、多项选择题

1. 注册会计师应当从以下（　　）方面了解被审计单位内部控制。

　　A. 控制环境　　　　　　　　　　B. 风险评估过程

　　C. 控制活动　　　　　　　　　　D. 信息系统与沟通

2. 控制活动的内容包括（　　）。

　　A. 授权　　　　　　　　　　　　B. 实物控制

　　C. 信息系统与沟通　　　　　　　D. 职责分离

3. 注册会计师了解被审计单位及其环境的方法包括（　　）。

　　A. 询问　　　　　　　　　　　　B. 分析程序

　　C. 观察和检查　　　　　　　　　D. 穿行测试

4. 注册会计师了解被审计单位及其环境时，应当实施下列（　　）观察和检查程序。

　　A. 观察被审计单位的经营活动分析程序

　　B. 实地察看被审计单位的生产经营场所和设备

　　C. 阅读由管理层和治理层编制的报告

　　D. 检查文件、记录和内部控制手册

5. 下列关于内部控制目标的叙述，正确的是（　　）。

　　A. 合理保证财务报告的可靠性　　B. 合理保证持续经营能力

　　C. 合理保证经营的效率和效果　　D. 遵守适用的法律法规的要求

6. 注册会计师应当从以下（　　）方面了解被审计单位的性质。

　　A. 所有权结构　　　　　　　　　B. 治理结构

　　C. 组织结构　　　　　　　　　　D. 经营活动

三、判断题

　　1. 注册会计师应当了解被审计单位及其环境，以充分识别和评估财务报表重大错报风险。　　　　　　　　　　　　　　　　　　　　　　　　　　　　　　　（　　）

　　2. 管理层的经营理念和经营风格对企业的内部控制没有影响。　　　　　（　　）

　　3. 职责分离属于对控制的监督。　　　　　　　　　　　　　　　　　　（　　）

4. 控制活动是指有助于确保管理层的指令得以执行的政策和程序。　　　（　　）

5. 出纳与会计应当进行职责分离。　　　（　　）

6. 相关行业状况、法律环境和监管环境属于被审计单位的外部环境。　　　（　　）

四、简答题

1. 简述内部控制的内容。

2. 注册会计师如何了解被审计单位的内部控制？

拓展实训

1. 资料：为了审计永丰纺织科技有限公司 2021 年度财务报表，注册会计师李进于 2022 年 2 月 15 日～18 日，对永丰纺织科技有限公司进行了全面了解。

分析说明：

（1）注册会计师应当从哪些方面了解永丰纺织科技有限公司？

（2）注册会计师应实施哪些审计程序来了解永丰纺织科技有限公司？

（3）注册会计师了解永丰纺织科技有限公司的目的是什么？

（4）注册会计师应向永丰纺织科技有限公司的管理层和财务负责人询问哪些主要情况或事项？

（5）除了询问该公司管理层和财务负责人外，注册会计师还应当考虑询问该公司的哪些人员以获取相关信息？

2. 资料：为了审计永丰纺织科技有限公司 2021 年度财务报表，注册会计师李进于 2022 年 2 月 15 日至 18 日，对永丰纺织科技有限公司内部控制进行了全面了解。

注册会计师李进注意到，永丰纺织科技有限公司将客户验货签收作为销售收入确认的时点。部分与销售相关的控制内容摘录如下：

（1）每笔销售业务均需与客户签订销售合同。

（2）赊销业务需由专人进行信用审批。

（3）仓库只有在收到经批准的发货通知单时才能供货。

（4）负责开具发票的人员无权修改开票系统中已设置好的商品价目表。

（5）财务人员根据核对一致的销售合同、客户签收单和销售发票编制记账凭证并确认销售收入。

（6）每月末，由独立人员对应收账款明细账和总账进行调节。

要求：

（1）针对上述（1）至（6）项所列控制，逐项指出是否与销售收入的发生认定直接相关。

（2）从所筛选的与销售收入的发生认定直接相关的控制中，选出一项最应当重点测试的控制，并简要说明理由。

项目八　评估审计风险

学习目标

能力目标：

1. 能评估重要性水平；
2. 能评估重大错报风险。

知识目标：

1. 理解重要性的含义；
2. 理解审计风险的含义及风险模型；
3. 熟悉重要性水平和审计风险的关系；
4. 掌握重大错报风险的评估方法。

项目导入

兴达会计师事务所接受委托，对黄河通用机械制造股份有限公司 2021 年财务报表进行审计。注册会计师张勇作为项目负责人，如何评估重要性和审计风险？

任务 8.1　评估重要性水平

一、重要性的含义

重要性取决于在具体环境下对错报金额和性质的判断。如果一项错报单独或连同其他错报可能影响财务报表使用者依据财务报表做出经济决策，则该项错报是重大的。

为了更清楚地理解重要性的概念，需要注意以下几点：

1. 重要性概念中的错报包含漏报；
2. 重要性包括对数量和性质两个方面的考虑；
3. 重要性概念是针对财务报表使用者决策的信息需求而言的；
4. 重要性的确定离不开具体环境；
5. 对重要性的评估需要运用职业判断。

二、重要性的确定

（一）影响重要性水平的因素

1. 对被审计单位及其环境的了解。被审计单位的行业状况、法律环境与监管环境等其他外部因素，以及被审计单位的业务性质，对会计政策的选择和应用，被审计单位的目标、战略及相关的经营风险，被审计单位的内部控制等因素，都将影响注册会计师对重要性的判断。

2. 审计目标。审计的目标，包括特定报告要求。信息使用者的要求等因素影响注册会计师对重要性的确定，例如，对特定财务报表项目进行审计的业务，其重要性可能需要以该项目金额，而不是以财务报表的一些汇总性财务数据为基础加以确定。

3. 财务报表各项目的性质及其相互关系。财务报表使用者对不同的报表项目的关心程度不一样。一般而言，如果认为流动性较高的项目出现较小金额的错报就会影响报表使用者的决策，注册会计师应当对此从严确定重要性。由于财务报表各项目之间是相互联系的，注册会计师在确定重要性时，需要考虑这种相互联系。

4. 财务报表项目的金额及其波动幅度。财务报表项目的金额及其波动幅度可能促使财务报表使用者做出不同的反应。因此，注册会计师在确定重要性时，应当深入研究这些项目的金额及其波动幅度。

总之，只要影响预期财务报表使用者决策的因素，都可能对重要性产生影响。注册会计师应当在计划阶段充分考虑这些因素，并采用合理的方法确定重要性。

（二）确定重要性水平

注册会计师应当从数量和性质两个方面考虑重要性水平。重要性水平是针对错报的金额大小而言。重要性水平是一个经验值，注册会计师只能通过职业判断确定重要性水平。在审计过程中，注册会计师应当考虑财务报表整体的重要性水平和特定类别交易、账户余额、列报认定的重要性水平。

1. 财务报表整体的重要性水平。

注册会计师在制定总体审计策略时，应当确定财务报表整体的重要性水平。

$$财务报表整体的重要性水平＝基准×百分比$$

注册会计师通常先选择一个恰当的基准，再选用适当的百分比，最后用基准乘以适当的百分比，从而得出财务报表整体的重要性水平。

在实务中，有许多汇总性财务数据可以用作确定财务报表整体重要性水平的基准，如总资产、净资产、营业收入、成本费用总额、税前利润等。以营利为目的的企业，通常选取经常性业务的税前利润作为基准。而微利或微亏企业，则选取总资产、营业收入作为基准。详见表8-1。

表8-1　常用的基准

被审计单位的情况	可能选择的基准
1. 企业的盈利水平保持稳定	经常性业务的税前利润
2. 企业近几年经营状况大幅波动，盈利和亏损交替发生，或由正常盈利变为微利或微亏	过去3～5年经常性业务的平均税前利润或亏损
3. 企业为新设企业，处于开办期	总资产
4. 企业为新兴行业，正处于扩大知名度和影响力时期	营业收入
5. 开放式基金	净资产
6. 国际企业集团设立的研发中心	成本与营业费用总额
7. 公益性基金会	捐赠收入或捐赠支出总额

在确定恰当的基准后，注册会计师通常运用职业判断以合理选择百分比，据以确定重要性水平。以下是一些基准参考数值的举例：

（1）对以营利为目的的企业，以来自经常性业务的税前利润的5%，或总收入的1%作为基准；

（2）对非营利组织，以费用总额或总收入的1%作为基准；

（3）对共同基金公司，以净资产的1%作为基准。

2.特定类别交易、账户余额或披露的重要性水平。

在确定特定类别交易、账户余额或披露的重要性水平时，注册会计师应当考虑以下主要因素：

（1）特定类别交易、账户余额或披露的性质及错报的可能性；

（2）被审计单位治理层和管理层的看法和财务报表使用者的预期。

3.实际执行的重要性水平。

实际执行的重要性水平，是指注册会计师确定的低于财务报表整体重要性水平的一个或多个金额，旨在将未更正和未发现错报的汇总数超过财务报表整体重要性水平的可能性降到适当的低水平。

通常情况下，实际执行的重要性水平为财务报表整体重要性水平的50%～75%。

下列情况下，注册会计师将选择较低的百分比来确定实际执行的重要性水平：

（1）首次接受委托的项目；

（2）连续审计项目，以前年度审计调整较多；

（3）项目总体风险较高；

（4）存在或预期存在值得关注的内部控制缺陷。

下列情况下，注册会计师将选择较高的百分比来确定实际执行的重要性水平：

（1）连续审计项目，以前年度审计调整较少；

（3）项目总体风险为低到中等；

（4）以前期间审计经验表明内部控制运行有效。

（三）从性质方面考虑重要性

金额不重要的错报从性质上看有可能是重要的。注册会计师在判断错报的性质是否重要时应该考虑的具体情况包括：

1.错报对遵守法律法规要求的影响程度。

2.错报对遵守债务契约或其他合同要求的影响程度。

3.错报掩盖收益或其他趋势变化的程度（尤其在联系宏观经济背景和行业状况进行考虑时）。

4.错报对用于评价被审计单位财务状况、经营成果或现金流量的有关比率的影响程度。

5.错报对财务报表中列报的分部信息的影响程度。例如，错报事项对分部或被审计单位其他经营部分的重要程度，而这些分部或经营部分对被审计单位的经营或盈利有重大影响。

6. 错报对增加管理层报酬的影响程度。例如，管理层通过错报来达到有关奖金或其他激励政策规定的要求，从而增加其报酬。

7. 错报对某些账户余额之间错误分类的影响程度；这些错误分类影响到财务报表中应单独披露的项目。例如，经营收益和非经营收益之间的错误分类，非营利单位的受到限制资源和非限制资源的错误分类。

8. 相对于注册会计师所了解的以前向报表使用者传达的信息（例如，盈利预测）而言，错报的重大程度。

9. 错报是否涉及特定方的项目相关。例如，与被审计单位发生交易的外部单位是否与被审计单位管理层的成员有关联。

10. 错报对信息漏报的影响程度。在有些情况下，适用的会计准则和相关会计制度并未对该信息做出具体要求，但是注册会计师运用职业判断，认为该信息对财务报表使用者了解被审计单位的财务状况、经营成果或现金流量很重要。

11. 错报对与已审计财务报表一同披露的其他信息的影响程度，该影响程度能被合理预期将对财务报表使用者做出经济决策产生影响。

需要指出的是，这些因素只是举例，不可能包括所有情况，也并非所有审计都会出现上述全部因素。注册会计师不能以存在这些因素为由而必然认为错报是重大的。这些因素仅供注册会计师参考。

三、审计过程中修改重要性

由于存在下列原因，注册会计师可能需要修改财务报表整体的重要性和特定类别交易、账户余额或披露的重要性水平（如适用）：

1. 审计过程中情况发生重大变化；

2. 获取新信息；

3. 通过实施进一步审计程序，注册会计师对被审计单位及其经营所了解的情况发生变化。

四、审计过程中运用实际执行的重要性

1. 注册会计师在计划审计工作时，根据实际执行的重要性确定哪些类别的交易、账户余额或披露需要实施进一步审计程序。

2. 注册会计师运用实际执行的重要性确定需要实施的进一步审计程序的性质、时间安排和范围。

五、重要性的评价

（一）错报

错报，是指某一财务报表项目的金额、分类、列报或披露，与按照适用的财务报告编制基础应当列示的金额、分类、列报或披露至今存在的差异。错报可能是由于错误或舞弊导致的。

（二）累计识别出的错报

注册会计师可能将低于某一金额的错报界定为明显微小错报，对这类错报不需要累积，因为，注册会计师认为这些错报的汇总数明显不会对财务报表产生重大影响。

注册会计师在制订审计计划时，应确定一个明显微小错报的临界值，低于临界值的错报视为明显微小错报，可以不累积。

注册会计师可能将明显微小错报的临界值界定为财务报表整体的重要性的3%～5%水平，也可能低一些或高一些，但通常不超过财务报表整体的重要性的10%。

注册会计师通常将累计识别出的错报划分为下列三类：

1. 事实错报。这类错报产生于被审计单位收集和处理数据的错误，对事实的忽略或误解，或故意舞弊行为。

2. 判断错报。这类错报产生于两种情况：一是管理层和注册会计师对会计估计值的判断差异；二是管理层和注册会计师对选择和运用会计政策的判断差异。由于注册会计师认为管理层选用会计政策造成错报，管理层却认为选用会计政策适当，导致出现判断差异。

3. 推断错报。这类错报是注册会计师通过测试样本估计出的总体的错报减去在测试中发现的已经识别的具体错报。

（三）评价尚未更正错报的汇总数的影响

注册会计师应当评估在审计过程中已识别但尚未更正错报的汇总数是否重大。

注册会计师在评估未更正错报是否重大时，不仅需要考虑每项错报对财务报表的单独影响，而且需要考虑所有错报对财务报表的累积影响及其形成原因，尤其是一些金额较小的错报，虽然单个看起来并不重大，但是其累计数却可能对财务报表产生重大的影响。

为全面地评价错报的影响，注册会计师应将审计过程中已识别的具体错报和推断误差进行汇总。

尚未更正错报与财务报表整体重要性相比，可能出现以下两种情况：

1. 尚未更正错报的汇总数低于重要性。如果尚未更正错报汇总数低于重要性，对财务报表的影响不重大，注册会计师可以发表无保留意见的审计报告。

2. 尚未更正错报的汇总数超过或接近重要性。如果尚未更正错报汇总数超过了重要性，对财务报表的影响可能是重大的，注册会计师应当考虑通过扩大审计程序的范围或要求管理层调整财务报表降低审计风险。

如果管理层拒绝调整财务报表，并且扩大审计程序范围的结果不能使注册会计师认为尚未更正错报的汇总数不重大，注册会计师应当考虑出具非无保留意见的审计报告。

如果已识别但尚未更正错报的汇总数接近重要性，注册会计师应当考虑该汇总数连同尚未发现的错报是否可能超过重要性，并考虑通过实施追加的审计程序，或要求管理层调整财务报表降低审计风险。

注册会计师张勇编制的重要性评价表，如表8-2所示。

表 8 - 2　重要性评价表

情形	尚未更正错报的汇总数	重要性水平	影响
低于重要性	160 万元	300 万元	对财务报表的影响不重大，可以发表无保留意见的审计报告
超过重要性	350 万元	300 万元	（1）对财务报表的影响可能是重大的，注册会计师应当考虑通过扩大审计程序的范围或要求管理层调整财务报表降低审计风险 （2）在任何情况下，注册会计师都应当要求管理层就已识别的错报调整财务报表 （3）如果管理层拒绝调整财务报表，并且扩大审计程序范围的结果不能使注册会计师认为尚未更正错报的汇总数不重大，注册会计师应当考虑出具非无保留意见的审计报告
接近重要性	290 万元	300 万元	（1）注册会计师应当考虑该汇总数连同尚未发现的错报是否可能超过重要性 （2）注册会计师考虑通过实施追加的审计程序 （3）注册会计师要求管理层调整财务报表降低审计风险

任务8.2　评估重大错报风险

一、审计风险的含义

审计风险是指财务报表存在重大错报而注册会计师发表不恰当审计意见的可能性。审计风险取决于重大错报风险和检查风险。

审计风险、重大错报风险和检查风险之间的关系用模型表示为：

$$审计风险＝重大错报风险×检查风险$$

（一）重大错报风险

重大错报风险，是指财务报表在审计前存在重大错报的可能性。重大错报风险包括财务报表层次的重大错报风险和各类交易、账户余额、列报认定层次的重大错报风险。

财务报表层次重大错报风险与财务报表整体存在广泛联系，它可能影响多项认定。此类风险通常与控制环境有关，如管理层缺乏诚信、治理层形同虚设而不能对管理层进行有效监督等；但也可能与其他因素有关，如经济萧条、企业所处行业处于衰退期。

认定层次重大错报风险与某类交易、账户余额、列报的具体认定相关。

（二）检查风险

检查风险是指某一认定存在错报，该错报单独或连同其他错报是重大的，但注册会计师未能发现这种错报的可能性。

检查风险取决于审计程序设计的合理性和执行的有效性。由于注册会计师通常并不对所有的交易、账户余额和列报进行检查，以及选择了不恰当的审计程序、审计过程执行不当或者错误解读了审计结论等其他原因的存在，检查风险不可能降为零。

三、审计风险的评估

（一）重大错报风险的评估

注册会计师应当评估认定层次的重大错报风险，并根据既定的审计风险水平和评估的认定层次重大错报风险确定可接受的检查风险水平。某些类别的交易、账户余额、列报及其认定重大错报风险较高，例如，技术进步可能导致某项产品陈旧，进而导致存货易于发生高估错报（计价认定）；对高价值的、易转移的存货缺乏实物安全控制，可能导致存货的存在性认定出错；会计计量过程受重大计量不确定性影响，可能导致相关项目的准确性认定出错。注册会计师应当考虑各类交易、账户余额、列报认定层次的重大错报风险，以便于针对认定层次计划和实施进一步审计程序。

1. 影响重大错报风险的因素。

（1）影响财务报表层次重大错报风险的因素。

①管理人员的品行和能力。管理人员诚信度越高，重大错报风险越小，反之，重大错报风险越大。

②管理人员，特别是财务人员的变动情况。管理人员，特别是财务人员的变动越频繁，重大错报风险越大；反之，重大错报风险越小。

③管理人员遭受的异常压力。管理人员遭受的异常压力（如被审计单位负债率太高，银行威胁收回贷款；上市公司已连续 2 年遭受严重亏损，面临着被摘牌的危险）越大，重大错报风险越大；反之，重大错报风险就越小。

④业务性质。业务性质（如从事衍生金融工具的买卖业务）越复杂；重大错报风险越大；反之，重大错报风险越小。

⑤影响被审计单位所在行业的环境因素。例如，宏观调控、银根紧缩、竞争加剧、需求改变等不利环境因素，可以导致被审计单位的重大错报风险增大。

（2）影响认定层次的重大错报风险的因素。

①容易产生错报的财务报表项目。例如，长期待摊费用、营业成本、其他应收款、其他应付款等财务报表项目较易产生错报，与之相关的重大错报风险通常也较大。

②需要利用专家工作结果予以佐证的重要交易或事项的复杂程度。例如，需要精算师予以估价的退休金计划、需要地质工程师估算储油量的油田开采、需要鉴赏家鉴定的宝石及油画买卖等具有很高不确定性的交易或事项，其重大错报风险通常较大。

③确定账户金额时，需要运用估计和判断的程度。例如，固定资产折旧、无形资产和长期待摊费用摊销、存货跌价准备、坏账准备、材料成本差异、或有负债等账户金额的确定，需要会计人员大量运用估计和判断，出错的概率较大，重大错报风险也相应较大。

④容易遭受损失或被挪用的资产。例如，现金、有价证券、存货等资产具有普遍的吸引力，若缺乏有效的内部控制，容易遭受损失或被挪用，因而重大错报风险相对较大。

⑤会计期间，尤其是临近会计期末发生的异常及复杂交易。例如，会计年度即将结束时确认异常多的销售收入、发生大量的关联方交易，可能意味着被审计单位有"粉饰"经营业绩和财务状况之嫌，相应地讲，重大错报风险较大。

⑥在正常的会计处理程序中容易被漏记的交易和事项。例如，销售退回及折让、购货退回及折让、应收及应付利息的计提、长期投资及其投资损益等，在正常的会计处理程序中被漏记的可能性较大，重大错报风险也较大。

2.重大错报风险的评估。

重大错报风险是客观存在的，审计人员无法改变其实际水平，但可以通过实施风险评估程序来识别和评估。在识别和评估重大错报风险时，审计人员应当实施下列审计程序：

(1) 在了解被审计单位及环境的整个过程中识别风险。

审计人员应当在了解被审计单位及其环境的整个过程中识别风险，并将识别的风险与各类交易、账户余额和列报相联系。例如，被审计单位因相关环境法规的实施需要更新设备，将导致对原有设备提取减值准备；宏观经济的低迷可能预示应收账款的回收存在问题；竞争者开发的新产品上市，可能导致被审计单位的主要产品在短期内过时，预示将出现存货跌价和长期资产（如固定资产等）的减值。

(2) 将识别的风险与认定层次可能发生错报的领域相联系。

审计人员应当将识别的风险与认定层次可能发生错报的领域相联系。例如，销售困难和产品的市场价格下降，可能导致年末存货减值而需要计提存货跌价准备，这显示存货的计价认定可能发生错报。

(3) 考虑识别的风险是否重大。

风险是否重大是指风险造成后果的严重程度。

(4) 考虑识别的风险导致财务报表发生重大错报的可能性。

审计人员还需要考虑上述识别的风险是否会导致财务报表发生重大错报。例如，考虑存货的账面余额是否重大，是否已适当计提存货跌价准备等。

（二）检查风险的评估

在计划阶段，审计人员一般运用审计风险模型来确定可接受的检查风险水平。

可接受的检查风险＝可接受的审计风险÷重大错报风险

可以看出，在既定的审计风险水平下，可接受的检查风险水平与重大错报风险的评估结果呈反向关系。

(1) 评估的重大错报风险越高，可接受的检查风险越低，为此必须扩大审计程序的范围，获取更多的审计证据，从而降低检查风险实际水平，以将实际审计风险控制在可接受的水平，确保审计效果。

(2) 评估的重大错报风险越低，可接受的检查风险就越高，则可适当缩小审计程序的范围，获取较少的审计证据，以提高审计效率。

可见，重大错报风险水平的评估水平不能偏离其实际水平，估计水平偏高或偏低都是不利的。偏高会导致审计成本的加大，偏低则会导致审计风险加大。审计人员应该保持应有的职业怀疑态度，合理地估计重大错报风险水平，从而合理地设计审计程序的性质、时间和范围并有效执行，将检查风险降到可接受的水平。

【案例8-3】注册会计师张勇可接受的审计风险为5％，根据以往审计经验以及本年度审计对内部控制的研究和评价，张勇将被审计单位的重大错报风险评估为20％。

【要求】计算注册会计师张勇可接受的检查风险。

【分析】注册会计师张勇可接受的检查风险计算如下：

可接受的检查风险＝审计风险÷重大错报风险＝5％÷20％＝25％

在审计实务中，将审计风险精确地量化是很难的，所以通常采用定性认识，使审计风险模型以风险矩阵的形式出现，如表8-3所示：

表8-3 审计风险矩阵

重大错报风险	可接受检查风险	审计证据需要的数量
高	低	多
中	中	中
低	高	少

四、重要性与审计风险的关系

重要性与审计风险之间存在反向关系，重要性越高，审计风险越低；重要性越低，审计风险越高。重要性与审计风险的关系如图8-1所示。

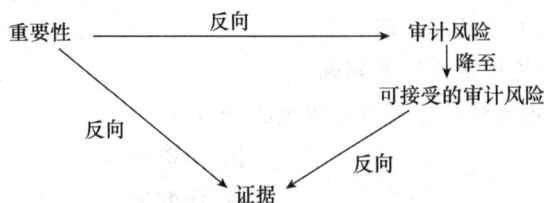

图8-1 重要性与审计风险关系

重要性与审计证据之间呈反向关系。也就是说，重要性越低，应获取的审计证据越多。

值得注意的是，注册会计师不能通过不合理地人为调高重要性，降低审计风险。

● 知识检测

一、单项选择题

1. （ ）取决于注册会计师在具体环境下对重大错报金额和性质的判断。

　　A. 审计范围　　　　　　　　　　B. 审计目标

　　C. 审计风险　　　　　　　　　　D. 重要性

2. 重要性水平与审计风险之间存在（　　）。

    A. 正比例关系　　　　　　　　　　B. 反比例关系

    C. 不成比例关系　　　　　　　　　D. 无关系

3. 实际执行的重要性通常为财务报表整体重要性的（　　）。

    A. 30%～50%　　　　　　　　　　B. 50%～75%

    C. 50%～95%　　　　　　　　　　D. 75%～95%

4. 存货的实际金额为100万余元，但账面记录金额为150万元，属于（　　）。

    A. 事实错报　　　　　　　　　　　B. 判断错报

    C. 推断错报　　　　　　　　　　　D. 明显微小错报

5. （　　）与注册会计师的工作量成正比例关系。

    A. 重大错报风险　　　　　　　　　B. 检查风险

    C. 财务风险　　　　　　　　　　　D. 经营风险

6. （　　）是注册会计师可以控制的风险。

    A. 重大错报风险　　　　　　　　　B. 检查风险

    C. 固有风险　　　　　　　　　　　D. 控制风险

二、多项选择题

1. 下列对重要性概念的理解，正确的有（　　）。

    A. 重要性概念中的错报包含漏报

    B. 重要性概念是针对财务报表编制者的信息需求而言的

    C. 重要性的确定离不开具体环境

    D. 对重要性的评估需要运用职业判断

2. 可以用作确定财务报表整体重要性基准的指标有（　　）。

    A. 总资产　　　　　　　　　　　　B. 净资产

    C. 销售收入　　　　　　　　　　　D. 净利润

3. （　　）注册会计师实施进一步审计程序的范围越广。

    A. 确定的重要性水平越高

    B. 确定的重要性水平越低

    C. 评估的重大错报风险越高

    D. 评估的重大错报风险越低

4. 注册会计师识别出的错报区分为（　　）。

    A. 事实错报　　　　　　　　　　　B. 判断错报

    C. 推断错报　　　　　　　　　　　D. 明显微小错报

5. 影响重大错报风险的因素包括（　　）。

    A. 管理人员的品行和能力

    B. 管理人员遭受的异常压力

    C. 管理人员的变动

D. 业务性质

6. 下列对审计风险的表述，正确的有（　　　）。

A. 注册会计师应当评估重大错报风险

B. 审计风险＝重大错报风险×检查风险

C. 重要性水平与审计风险之间存在正比例关系

D. 检查风险与审计证据之间存在正比例关系

三、判断题

1. 重要性是针对财务报表编制者的信息需求而言的。　　　　　　　　（　　）

2. 重要性分为财务报表整体重要性和特定类别交易、账户余额或披露的重要性两个层次。　　　　　　　　　　　　　　　　　　　　　　　　　　　　　（　　）

3. 重要性水平越高，审计风险越高；重要性水平越低，审计风险越低。（　　）

4. 在审计开始时，注册会计师必须对重大错报的规模和性质做出一个判断。（　　）

5. 注册会计师不可能将审计风险降低为零。　　　　　　　　　　　　（　　）

6. 检查风险取决于审计程序设计的合理性和执行的有效性。　　　　　（　　）

四、简答题

1. 如何理解重要性的含义？

2. 如何理解重要性与审计风险的关系？

3. 如何评估重大错报风险？

拓展实训

1. 资料：兴达会计师事务所首次接受委托，审计甲公司 2021 年度财务报表，甲公司处于新兴行业，面临较大竞争压力，目前侧重于抢占市场份额，审计工作底稿中与重要性和错报评价相关的部分内容摘录如下：

（1）考虑到甲公司所处市场环境，财务报表使用者最为关注指收入指标，审计项目组将营业收入作为确定财务报表整体重要性的基准。

（2）经与前任注册会计师沟通，审计项目组了解到甲公司以前年度内部控制运行良好、审计调整较少，因此，将实际执行的重要性确定为财务报表整体重要性的 75%。

（3）审计项目组将明显微小错报的临界值确定为财务报表整体重要性的 3%，该临界值也适用于重分类错报。

（4）审计项目组认为无需对金额低于实际执行的重要性的财务报表项目实行进一步审计程序。

（5）在运用审计抽样实施细则测试时，考虑到评估的重大错报风险水平为低，审计项目组将可容忍错报的金额设定为实际执行的重要性的 120%。

（6）甲公司某项应付账款被误计入其他应付款，其金额高于财务报表整体的重要性，因此项错报不影响甲公司的经营业绩和关键财务指标，审计项目组同意管理层不做调整。

要求：

针对上述（1）至（6）项，逐项指出审计项目组的做法是否恰当。如不恰当，简要说明理由。

2. 资料：注册会计师李进首次接受委托对甲公司 2021 年度财务报表进行审计，甲公司目前盈利水平稳定。其未经审计的有关报表项目如表 8-4 所示：

表 8-4　有关财务报表项目资料 单位：元

部分报表项目名称	金额
总资产	3 600 000
净资产	1 760 000
营业收入	4 800 000
利润总额	580 000

要求：分析说明：

（1）甲公司应选择哪个基准来计算 2021 年度财务报表整体重要性。

（2）如果注册会计师对总资产、净资产、营业收入、利润总额选用的判断比率分别为 0.5%、1%、1%、5%，请代注册会计师确定该公司 2021 年度财务报表整体重要性。

（3）针对甲公司，注册会计师如何确定实际执行的财务报表整体重要性？

（4）重要性与审计风险、审计证据之间存在何种关系？

项目九　实施审计抽样

学习目标

能力目标：

1. 能分析判断审计抽样风险；
2. 能运用审计抽样推断总体错报金额。

知识目标：

1. 了解审计抽样的种类；
2. 理解抽样风险与非抽样风险；
3. 掌握审计抽样的方法。

项目导入

注册会计师张勇正在对黄河通用机械制造股份有限公司 2021 年度财务报表进行审计，张勇如何实施审计抽样方法？如何推断总体错报金额？

任务 9.1　关注审计抽样风险

一、审计抽样的含义

审计抽样（即抽样），是指注册会计师在实施审计程序时，从审计对象总体中选取一定数量的样本进行测试，并根据测试结果推断总体特征的一种方法。

审计抽样应具备的基本特征：①对某类交易或账户余额中低于百分之百的项目实施审计程序；②所有抽样单元都有被选取的机会；③审计测试的目的是为了评价账户余额或某类交易的特征。

审计抽样旨在帮助注册会计师确定实施审计程序的范围，以获取充分、适当的审计证据，得出审计结论，作为形成审计意见的基础。审计抽样的应用，极大地提高了注册会计师审计工作的效率，降低了审计费用。

二、审计抽样的种类

（一）按照审计抽样决策的依据不同划分为统计抽样和非统计抽样

1. 统计抽样。

统计抽样是指注册会计师运用数理统计方法确定样本及样本量，进而随机选择样本，并根据样本的审查结果来推断总体特征的一种审计抽样方法。统计抽样能够科学地确定抽

样规模，并且审计对象总体中各项目被抽取的概率相等，可以减少主观偏见，保证审计结论的正确性

2. 非统计抽样。

非统计抽样是指注册会计师运用专业经验和主观判断来确定样本规模和选取样本的一种审计抽样方法。非统计抽样的优势在于两个方面：一是简单易行；二是能充分利用注册会计师的实践经验和判断能力。缺点是注册会计师全凭主观标准和个人经验来确定样本规模，往往导致要么样本量过大，浪费了人力和时间；要么样本量过小，易得出错误的审计结论。

究竟应选用哪种抽样技术，主要取决于注册会计师对成本方面的考虑。非统计抽样可能比统计抽样花费的成本要小，但是统计抽样的效果则可能比非统计抽样要好得多。

值得注意的是，非统计抽样和统计抽样的选用，主要涉及审计程序实施的范围，并不影响运用于样本的审计程序的选择，也不影响获取单个样本项目证据的适当性，以及注册会计师对发现的样本错误所做的适当反应。

（二）按照审计抽样目的不同，将统计抽样划分为属性抽样和变量抽样

1. 属性抽样。属性抽样是指在精确度界限和可靠程度一定的条件下，为了确定总体特征的发生频率而采用的一种方法。根据控制测试的目的和特点所采用的审计抽样通常称之为属性抽样。属性抽样主要应用于控制测试。

2. 变量抽样。变量抽样是指用来估计总体金额而采用的一种方法。变量抽样主要应用于实质性程序。注册会计师在进行实质性程序中的细节测试时，变量抽样包括均值估计抽样、差额估计抽样、比率估计抽样。

三、抽样风险与非抽样风险

（一）抽样风险

抽样风险，是指注册会计师依据样本得出的结论与审计对象总体特征不相符的可能性。抽样风险是由抽样引起的，与样本规模和抽样方法相关。

1. 控制测试中的抽样风险。

注册会计师在进行控制测试时，应关注以下抽样风险：

（1）信赖不足风险。信赖不足风险是指抽样结果使注册会计师没有充分信赖实际上应予信赖的内部控制的可能性。

（2）信赖过度风险。信赖过度风险是指抽样结果使注册会计师对内部控制的信赖超过了其实际上应予信赖的可能性。

2. 细节测试中的抽样风险。

注册会计师在进行细节测试时，应关注以下抽样风险：

（1）误拒风险。误拒风险是指抽样结果表明账户余额存在重大错报，而实际上不存在重大错报的可能性。

（2）误受风险。误受风险是指抽样结果表明账户余额不存在重大错报，而实际上存在重大错报的可能性。

上述风险，都将严重影响审计的效率和效果。信赖过度风险和误受风险属于影响审计效果的风险，对注册会计师来说是最危险的风险，因为它使审计工作无法达到预期的效果；信赖不足风险和误拒风险属于影响审计效率的风险，属于保守型风险，一般会导致注册会计师执行额外的审计程序，降低审计效率。

只要实施了抽样，抽样风险总会存在。抽样风险与样本规模成反比，样本规模越小，抽样风险越大；样本规模越大，抽样风险越小。无论是控制测试还是细节测试，注册会计师都可以通过扩大样本规模来降低抽样风险。

（二）非抽样风险

非抽样风险，是指注册会计师由于任何与抽样风险无关的原因而得出错误结论的风险。这种风险并非抽样所致，而是因其他因素引起的。导致非抽样风险的原因主要有：

（1）注册会计师运用了不符合审计目标的审计程序。例如，注册会计师依赖应收账款函证来证明未入账的应收账款。

（2）注册会计师选用的总体不符合审计目标。例如，注册会计师在测试销售收入完整性时，将主营业务收入日记账界定为总体。

（3）注册会计师未能适当地定义误差，导致注册会计师未能发现样本中存在的偏差或错报。例如，注册会计师在测试现金支付授权控制的有效性时，未将签字人得到适当授权的情况界定为控制偏差。

（4）注册会计师未能适当地评价审计发现的情况。例如，注册会计师错误解读审计证据可能导致没有发现误差。

非抽样风险对审计效率和效果都有一定的影响。非抽样风险无法量化，但注册会计师可通过对审计工作适当的指导、监督和复核，坚持质量控制标准，以有效降低非抽样风险。

任务9.2　评价审计抽样结果

一、样本设计

（一）确定测试目标

注册会计师在设计样本时，首先应当考虑审计测试将要达到的具体目标；其次才考虑将要取得的审计证据的性质、可能存在误差的条件，以及该项审计证据的其他特征，以正确界定总体、抽样单元和误差，来确定采用何种审计程序。

注册会计师实施控制测试的目标是获取控制运行有效性的审计证据，以支持重大错报风险的评估水平；而细节测试的目的是识别财务报表中各类交易、账户余额和披露中存在的重大错报。

（二）定义总体

总体，是指注册会计师从中选取样本并期望据此得出审计结论的全部数据集合。

注册会计师在确定审计对象总体时，应当确保其适当性和完整性。

1. 适当性是指抽样总体应适合于特定的审计目标。例如，在控制测试时，要测试现金支付授权控制是否有效运行，如果从已得到授权的项目中抽取样本，注册会计师不能发现控制偏差，因为该总体不包含那些已支付但未得到授权的项目。在细节测试时，注册会计师如果对已记录的项目进行抽样，就无法发现由于某些项目被隐瞒而导致的金额低估。为发现这类低估错报，注册会计师应当从包含被隐瞒项目的来源选取样本。例如，注册会计师可能对期后的现金支付进行抽样，以测试由隐瞒采购导致的应付账款低估，或者对装运单据进行抽样，以发现已装运但未确认为销售的交易所导致的销售收入低估问题。

2. 完整性是指抽样总体应当包括总体的全部项目。例如，注册会计师将总体定义为特定时期的所有现金支付，代表总体的项目就是特定时期的所有现金支付凭证。

（三）定义抽样单元

注册会计师定义的抽样单元应与审计测试目标以及所实施审计程序的性质相适应。在控制测试中，抽样单元可能是一份文件、一个记录；在细节测试中，抽样单元可能是一个账户余额、一个交易或交易中的一个记录，甚至是每个货币单元。例如，如果测试目标是确认应收账款是否存在，抽样单元应该是应收账款明细账余额、发票或发票上的单个项目。

（四）界定错报

在细节测试中，注册会计师应根据审计目标界定错报。例如，对应收账款函证中，客户在函证日之前支付、被审计单位在函证日之后不久收到的款项不构成错报。

二、选取样本

（一）确定抽样方法

1. 随机选样。

随机选样，是指注册会计师从审计对象总体中按随机规则选取样本，每个抽样单元被选中的概率相等。注册会计师通常使用随机数表或计算机辅助审计技术进行选样。表 9 - 1 列示了部分随机数表。

表 9 - 1　随机数表（部分列示）

	1	2	3	4	5	6
1	69 358	26 533	94 923	56 241	38 942	57 255
2	85 385	39 380	15 570	39 289	74 903	81 072
3	43 510	69 105	07 145	94 724	45 873	73 829
4	63 378	21 991	05 588	26 649	10 368	47 458
5	22 571	98 025	14 588	72 537	33 875	88 622
6	83 199	52 608	51 696	98 143	17 524	99 434
7	17 178	85 263	63 285	21 300	82 412	33 452
8	65 199	34 810	24 622	50 472	06 464	82 499
9	17 282	69 064	84 088	49 739	04 197	87 668
10	57 885	72 453	18 185	38 640	09 336	63 992

注册会计师运用此法时，首先应确定随机数表中的数字与审计对象总体中项目的一一对应关系。如果总体中的项目已连续编号，则这种一一对应关系就很容易建立，但有时需要重新编号才能建立这种一一对应关系。注册会计师使用随机数表时，应选择一个起点和一个选号路线，起点和选号路线可任意选择，但一经选定，就不得改变，必须从起点开始，按照选号路线依此选取。

2. 系统选样。

系统选样也称等距选样，是指首先计算选样间隔，确定随机起点，然后按照间隔，顺序选取样本的方法。选样间隔计算公式为：

$$选样间隔＝总体规模/样本规模$$

系统选样方法使用方便，并可用于无限总体。但使用系统选样方法要求总体必须是随机排列的，如果测试的特征在总体内分布具有某种规律性，则选取的样本的代表性就可能较差。例如，应收账款明细表每页的记录均以账龄的长短按先后次序排列，则选中的200个样本可能多数是账龄相同的记录。克服系统选样方法的这一缺点，可采用两种方法，一是增加随机起点的个数，二是在确定选样方法之前对总体特征的分布进行观察，如发现总体特征的分布呈随机分布，则采用系统选样方法；否则，考虑使用其他选样方法。

3. 整群选样。

整群选样，是指注册会计师从总体中选取一群连续的项目。例如，总体为2021年的所有付款单据，从中2月5日、5月17日、7月19日这三天的所有付款单据作为样本。整群选样通常不在审计中应用

4. 随意选样。

随意选样是指注册会计师不带任何偏见地选取样本，即不考虑样本项目的性质、金额大小、位置、外观或其他特征而选取样本的方法。随意选样的缺点在于很难完全无偏见地选取样本项目，即这种方法难以彻底排除注册会计师的个人偏好对样本的影响，因而其结果有时缺乏合理性与可靠性。因此，在运用随意选样方法时，注册会计师要避免由于项目的性质、金额大小、位置、外观等的不同所引起的偏见，尽量使所选用的样本具有代表性。

【案例9-1】注册会计师张勇正在对黄河通用机械制造股份有限公司2021年连续编号为1 000～5 000的现金支票进行随机选样，拟选取一组样本量为200的样本。

【要求】分析说明注册会计师张勇如何选样？

【分析】1. 采用随机选样法。

注册会计师首先确定用随机数表所列数字的前四位数来与现金支票号码一一对应，从左到右，从上到下，选出的前20个号码分别为：2653、3894、3938、1557、3928、4351、0714、4587、2199、0558、2664、1036、4745、2257、1458、3387、1752、1717、2130、3345。然后选取样本，找出与所选号码对应的200张支票作为选定样本进行审查。

2. 采用系统选样法。

注册会计师首先计算选样间隔为20（4000/200＝20）。然后确定随机起点，假定注册会计师把第1101号发票作为随机起点。接着选取样本，每隔20张凭证选取一个样本。则

所选取的样本号码依此为：1101、1121、1141、1161、1181……依此类推，直至第1481号。

（二）确定样本规模

样本规模是指从总体中选取样本项目的数量。如果样本规模过小，会影响审计结论的可靠性；相反，如果样本规模过大，会增加审计工作量，降低审计工作效率。在确定样本规模时，注册会计师应当考虑能否将抽样风险降至可接受的低水平。影响样本规模的因素包括：

1. 可接受的抽样风险。样本规模受注册会计师可接受的抽样风险水平的影响。可接受的抽样风险与样本规模成反比。注册会计师愿意接受的抽样风险越低，样本规模就越大。注册会计师愿意接受的抽样风险越高，样本规模就越小。

2. 可容忍错报（或可容忍偏差率）。在控制测试中，可容忍偏差率是指注册会计师能够接受的最大偏差数量。如果偏差超过这一数量，则减少或取消对内部控制的信赖。在细节测试中，可容忍错报是指注册会计师能够接受的最大金额的错报。可容忍错报（或可容忍偏差率）与样本规模反向变动，即注册会计师确定的可容忍错报（或可容忍偏差率）降低，所需的样本规模就增加。

3. 预计总体错报（或预计总体偏差率）。预计总体错报是指注册会计师预期在审计过程中发现的误差。预计总体错报（或预计总体偏差率）不应超过可容忍错报（或可容忍偏差率）。预计总体错报（或预计总体偏差率）与样本规模成正比。即在既定的可容忍错报（或可容忍偏差率）下，当预计总体错报金额和频率增加时，所需的样本规模也越大。

4. 总体变异性。总体变异性是指总体的某一特征（如金额）在各项目之间的差异程度。在控制测试中，注册会计师在确定样本规模时一般不考虑总体变异性；在细节测试中，注册会计师确定适当的样本规模时要考虑特征的变异性。总体项目的变异性越低，通常样本规模越小。注册会计师可以通过分层，将总体分为相对同质的组，以尽可能降低每一组中变异的影响，从而减少样本规模。

5. 总体规模。对大规模总体而言，总体规模对样本规模几乎没有影响。对小规模总体而言，审计抽样比其他选择测试项目的方法的效率低。注册会计师通常将抽样单元超过5 000个的总体视为大规模总体。

表9-2、表9-3分别列示了控制测试、细节测试中影响样本规模的因素

表9-2 控制测试中影响样本规模的因素

影响因素	与样本规模的关系
可接受的抽样风险（信赖过度风险）	反向变动
可容忍偏差率	反向变动
预计总体偏差率	同向变动
总体规模	影响很小

表 9-3　细节测试中影响样本规模的因素

影响因素	与样本规模的关系
可接受的抽样风险（误受风险）	反向变动
可容忍错报	反向变动
预计总体错报	同向变动
总体规模	影响很小
总体变异性	同向变动

三、对选取的样本实施审计程序

注册会计师对选取的每一个样本实施适合于具体审计目标的审计程序。无法对选取的样本实施检查时，注册会计师应当考虑这些未检查项目对样本评价结果的影响。

（一）分析样本错报

注册会计师在分析样本错报时，一般应从以下几方面入手：

1. 根据预先确定的构成错报的条件，确定某一有问题的项目是否为一项错报。

2. 注册会计师按照既定的审计程序，无法对样本取得审计证据时，应当实施替代审计程序以获取相应的审计证据。如果没有或无法实施替代审计程序，应将有关样本视为错报。

3. 如果某些样本错报项目具有共同的特征，如相同的经济业务类型、场所、时间，则应将这些具有共同特征的项目作为一个整体，实施相应的审计程序，并根据审计结果，进行单独评价。

4. 在分析抽样中所发现的错报时，还应考虑错报的性质、原因及其他相关审计工作的影响，以进一步考虑某个错报是否构成一项舞弊。

（二）推断总体错报

在实施控制测试中，注册会计师将样本中发现的偏差数量除以样本规模，就计算出样本偏差率。无论使用统计抽样或非统计抽样方法，样本偏差率都是注册会计师对总体偏差率的最佳估计，但注册会计师必须考虑抽样风险。

当实施细节测试时，注册会计师应当根据样本中发现的错报金额推断总体错报金额，并考虑推断错报对特定审计目标及审计的其他方面的影响。

1. 均值估计法。

使用这种方法时，注册会计师应先计算样本审定金额的平均值，然后用这个样本平均值乘以总体规模，得出总体金额的估计值；总体估计金额和总体账面金额之间的差额就是推断的总体错报。均值估计法的计算公式如下：

样本平均值＝样本审定金额÷样本规模

估计的总体金额＝样本审定金额的平均值×总体规模

推断的总体错报＝总体账面金额－估计的总体实际金额

2. 差额估计法。

使用这种方法时，注册会计师应先计算样本审定金额与样本账面金额之间的平均差额，然后再以这个平均差额乘以总体规模，从而求出总体的审定金额与账面金额的差额（即总体错报）。差额估计法的计算公式如下：

样本平均错报＝（样本账面金额－样本审定金额）÷样本规模

推断的总体错报＝样本平均错报×总体规模

估计的总体金额＝总体账面金额－推断的总体错报

3. 比率估计法。

使用这种方法时，注册会计师应先计算样本审定金额与样本账面金额之间的比率，然后再以此比率乘以总体的账面金额，从而求出估计的总体实际金额。比率估计法的计算公式如下：

比率＝样本审定金额÷样本账面金额×100%

估计的总体金额＝总体账面金额×比率

推断的总体错报＝总体账面金额－估计的总体金额

比率估计抽样法主要用于对审查项目正确值与账面值随项目变化并大致成比例变化的总体审查。

如果未对总体进行分层，注册会计师通常不使用均值估计法，因为此时所需的样本规模可能太大，不符合成本效益原则。

【案例 9－2】注册会计师张勇从黄河通用机械制造股份有限公司 2021 年总体规模为 1 000 个的存货项目中选择了 200 个项目作为样本检查，总体的账面金额总额为 1 040 000 元，200 个样本项目的审定金额为 196 000 元，账面金额为 208 000 元。

【要求】分析说明注册会计师张勇如何运用审计抽样推断存货项目的总体错报？

【分析】1. 均值估计法

样本平均值＝196 000÷200＝980（元）

估计的总体金额＝980×1 000＝980 000（元）

推断的总体错报＝1 040 000－980 000＝60 000（元）

因此，注册会计师张勇运用均值估计法推断存货项目的总体错报为 60 000 元。

2. 差额估计法

样本平均错报＝（208 000－196 000）÷200＝60（元）

推断的总体错报＝60×1 000＝60 000（元）

估计的总体金额＝1 040 000－60 000＝980 000（元）

因此，注册会计师张勇运用差额估计法推断存货项目的总体错报为 60 000 元。

3. 比率估计法

比率＝196 000÷208 000×100%＝94%

估计的总体金额＝1 040 000×94%＝977 600（元）

推断的总体错报＝1 040 000－977 600＝62 400（元）

因此，注册会计师张勇运用比率估计法推断存货项目的总体错报为 62 400 元。

（三）评价样本结果

注册会计师应当评价样本结果，以确定对总体相关特征的评估是否得到证实或需要修正。

1. 控制测试中的样本结果评价。

在控制测试中，注册会计师应当将总体偏差率与可容忍误差比较，但必须考虑抽样风险。

（1）如果估计的总体偏差率大大低于可容忍偏差率，则总体可以接受。注册会计师可以认为样本结果支持计划评估的控制有效性，从而支持计划的重大错报风险评估水平。

（2）如果估计的总体偏差率大于可容忍偏差率，则总体不可以接受。注册会计师可以认为样本结果不支持计划评估的控制有效性，从而不支持计划的重大错报风险评估水平。这时，注册会计师应当修正重大错报风险评估水平，并扩大实质性程序的范围。

（2）如果估计的总体偏差率低于但接近可容忍偏差率，注册会计师可以认为实际的总体偏差率高于可容忍偏差率的抽样风险很高，则总体不可以接受。

2. 细节测试中的样本结果评价。

在细节测试中，注册会计师首先应根据样本中发现的错报，要求被审计单位调整账面记录金额，并将调整后的推断总体错报与该类交易或账户余额的可容忍错报相比较，但必须考虑抽样风险。

（1）如果计算的总体错报上限低于可容忍错报，则总体可以接受。这时，注册会计师可以得出结论，样本结果支持总体的账户金额。不过注册会计师还应推断错报与其他事实错报和推断错报汇总，以评价财务报表整体是否可能存在重大错报。

（2）如果计算的总体错报上限大于或等于可容忍错报，则总体不可以接受。这时，注册会计师可以得出结论，所测试的交易、事项或账户余额存在重大错报。通常，注册会计师会建议被审计单位对错报进行调整。

知识检测

一、单项选择题

1. 信赖不足风险和误拒风险属于影响（　　）的风险。

　　A. 审计效率　　　　　　　　　　B. 审计效果

　　C. 审计程序　　　　　　　　　　D. 审计证据

2. 信赖过度风险和误受风险属于影响（　　）的风险。

　　A. 审计效率　　　　　　　　　　B. 审计效果

　　C. 审计程序　　　　　　　　　　D. 审计证据

3. 抽样风险与样本规模（　　）。

　　A. 成正比　　　　　　　　　　　B. 成反比

　　C. 不成比例　　　　　　　　　　D. 没有关系

4. （　　）是先计算选样间隔，再确定随机起点，然后按照间隔顺序选取样本的选样方法。

　　A. 随机选样　　　　　　　　　　　B. 整群选样

　　C. 系统选样　　　　　　　　　　　D. 随意选样

5. （　　）是先确定样本的平均值，再根据样本平均值估计的总体金额并推断总体错报的一种方法。

　　A. 均值估计　　　　　　　　　　　B. 差额估计

　　C. 比率估计　　　　　　　　　　　D. 比例估计

6. 如果未对总体分层，注册会计师通常不使用（　　），因为所需的样本规模太大，不符合成本效益原则。

　　A. 均值估计　　　　　　　　　　　B. 差额估计

　　C. 比率估计　　　　　　　　　　　D. 比例估计

二、多项选择题

1. 按照抽样目的的不同，把抽样划分为（　　）。

　　A. 统计抽样　　　　　　　　　　　B. 非统计抽样

　　C. 属性抽样　　　　　　　　　　　D. 变量抽样

2. 控制测试中的抽样风险包括（　　）。

　　A. 信赖不足风险　　　　　　　　　B. 信赖过度风险

　　C. 误拒风险　　　　　　　　　　　D. 误受风险

3. 细节测试中的抽样风险包括（　　）。

　　A. 信赖不足风险　　　　　　　　　B. 信赖过度风险

　　C. 误拒风险　　　　　　　　　　　D. 误受风险

4. （　　）对注册会计师来说是最危险的风险，因为它使审计工作无法达到预期的效果。

　　A. 信赖不足风险　　　　　　　　　B. 信赖过度风险

　　C. 误拒风险　　　　　　　　　　　D. 误受风险

5. （　　）属于保守型风险，一般会导致注册会计师执行额外的审计程序，降低审计效率。

　　A. 信赖不足风险　　　　　　　　　B. 信赖过度风险

　　C. 误拒风险　　　　　　　　　　　D. 误受风险

6. 注册会计师可采用（　　）方法推断总体错报金额。

　　A. 均值估计　　　　　　　　　　　B. 差额估计

　　C. 比率估计　　　　　　　　　　　D. 比例估计

三、判断题

1. 非统计抽样比统计抽样的成本小，而统计抽样的效果则比非统计抽样要好。（　　）

2. 只要实施了抽样，抽样风险总会存在。（　　）

3. 注册会计师都可以通过扩大样本规模来降低抽样风险。　　　　　　（　　）

4. 非抽样风险对审计效率和效果都有一定的影响。　　　　　　　　　（　　）

5. 注册会计师定义的抽样单元应与审计测试目标以及所实施审计程序的性质相适应。

　　　　　　　　　　　　　　　　　　　　　　　　　　　　　　　（　　）

6. 预期总体错报越大，所需的样本量就越多；相反，所需的样本量就越少。（　　）

四、简答题

1. 抽样风险包括哪些内容？注册会计师如何降低抽样风险？

2. 注册会计师应采取何种方法推断总体错报？

拓展实训

1. 资料：注册会计师李进审计永丰纺织科技有限公司 2021 年度主营业务收入时，从总体规模为 3 000 个的主营业务收入项目中选择了 200 个项目作为样本审查。样本的审定金额为 8 000 000 元、样本的账面金额为 12 000 000 元，该公司 2021 年度主营业务收入的账面金额为 150 000 000 元。

要求：分别用均值估计法、差额估计法和比率估计法推断永丰纺织公司 2021 年度主营业务收入的总体错报金额。

2. 资料：注册会计师李进正在对永丰纺织科技有限公司 2021 年度财务报表进行审计。在应付票据项目的审计中，为了确定应付票据余额所对应的业务是否真实，会计处理是否正确，李进注册会计师拟从永丰纺织公司应付票据备查簿中抽取若干笔应付票据业务，检查相关的合同、发票、货物验收单等资料，并检查会计处理的正确性。永丰纺织公司应付票据备查簿显示，应付票据项目 2021 年 12 月 31 日的余额为 1 500 万元，由 72 笔应付票据业务构成。根据具体审计计划的要求，李进注册会计师需从中选取 6 笔应付票据业务进行检查。

要求：

（1）假定应付票据备查簿中记载的 72 笔应付票据业务是随机排列的，李进注册会计师采用系统选样法选取 6 笔应付票据业务样本，并且确定随机起点为第 7 笔，请判断其余 5 笔应付票据业务分别是哪几笔。

（2）如果上述第 6 笔应付票据业务的账面价值为 140 万元，审计后认定的价值为 168 万元，甲公司 2021 年 12 月 31 日应付票据账面总价值为 1 500 万元，请运用比率法推断永丰纺织公司 2021 年 12 月 31 日应付票据的总体实际金额。

项目十　获取与评价审计证据

能力目标：

1. 能选择运用审计程序；
2. 能获取充分、适当的审计证据。

知识目标：

1. 理解审计证据的含义及特征；
2. 了解审计证据的种类；
3. 掌握获取审计证据的方法。

项目导入

兴达会计师事务所的注册会计师张勇正在对黄河通用机械制造股份有限公司 2021 年度财务报表进行审计，张勇应实施何种审计程序？获取什么样的审计证据以支持自己的审计结论？

任务 10.1　运用审计程序

一、审计程序的作用

注册会计师面临的主要决策之一，就是通过实施审计程序，获取充分、适当的审计证据，以满足对财务报表发表审计意见的需要。注册会计师通过审计程序获取审计证据涉及以下四个方面的决策：①选用何种审计程序；②对选定的审计程序，应当选取多大的样本规模；③应当从总体中选取哪些项目；④何时执行这些审计程序。

一、审计程序的种类

在审计过程中，注册会计师可根据需要单独或综合运用以下审计程序，以获取充分、适当的审计证据。

（一）检查

1. 检查记录或文件。

检查记录或文件是指注册会计师对被审计单位内部或外部生成的，以纸质、电子或其他介质形式存在的记录或文件进行审查。

（1）检查原始凭证。

①原始凭证上反映的经济业务是否符合规定。

②原始凭证上记载的抬头、日期、数量、单价、金额等方面的字迹是否清晰、数字是否相符，有无涂改情况。

③审阅填发原始凭证的单位名称、地址和公章，审查凭证的各项手续是否完备。如有不符合规定的情况，就可能存在问题。

（2）检查记账凭证。

①合规性检查。检查记账凭证是否附有合法的原始凭证。

②完整性检查。记账凭证的审批传递手续是否符合规定程序，有无制单、复核、记账和主管人员的签章。

③正确性检查。记账凭证上载明的所附原始凭证张数是否与原始凭证的张数一致，记账凭证证的记录是否符合会计制度的规定，会计分录编制及金额是否正确，是否正确计入总账、明细分类账，业务摘要是否与原始凭证记载经济活动内容相一致。

（3）检查账簿。

①检查账簿启用手续、使用记录和交接记录是否齐全完整，期初和期末余额的结转、承前页、转下页、月结和年结是否符合规定。

②检查账簿各项记录是否规范和完备，如业务摘要、对应科目是否齐全，有无涂改痕迹，是否按规定的方法更正记账错误。

③检查账簿记录的内容是否真实、正确。特别是注意审阅应收应付账款、材料成本差异、长期待摊费用、管理费用、制造费用等容易掩盖错弊和经常反映会计转账事项的账簿。

（4）检查财务报表。

①检查财务报表的编制是否符合《企业会计准则》及其国家有关财务会计制度规定。

②检查财务报表项目是否完整，各项目的对应关系和勾稽关系是否正确，相关数据是否一致。

③检查财务报表附注是否对应予以揭示的重大问题做了充分的披露。

（5）检查其他相关资料。

①检查计划、预算和定额。可结合上期拟订的计划、预算和定额与实际的执行结果和完成情况，审阅计划、预算和定额的制定偏高还是偏低，是否适度，有无冒进或保守的情况。

②检查合同。主要审阅合同的签订是否合法、有效，合同内容是否符合合同法的规定，合同条款是否齐全，合同签订手续是否完备，实际执行结果是否与合同一致。

③检查规章制度。主要审阅单位内部制定的规章制度是否符合企业的实际情况，内部控制制度是否健全等。

（6）核对凭证、账簿、报表和其他书面资料。

①证证核对。原始凭证上记载的数量、单价、金额及其合计数是否与相关原始凭证及记账凭证一致。

②账证核对。总分类账、日记账和明细分类账的记录是否与相应的原始凭证或记账凭证的记录一致。

③账账核对。总分类账的账户记录是否与日记账、所属明细分类账的账户记录合计数相符。

④账表核对。总分类账及其相关明细分类账各账户的发生额和余额合计是否与财务报表上相应项目的金额相等。

⑤表表核对。财务报表上各有关项目的数字计算是否正确，各报表之间的有关数字是否一致，如果涉及前期的数字，则要核对是否与前期财务报表上的有关数字相符。

某些文件通常为一项资产的存在提供直接的审计证据，但不一定能提供有关所有权或计价的审计证据。

2. 检查有形资产。

检查有形资产是指注册会计师对资产实物进行审查。检查有形资产程序主要适用于存货和现金，也适用于有价证券、应收票据和固定资产等。

检查有形资产可为其存在提供可靠的审计证据，但不一定能够为权利和义务或计价等认定提供可靠的审计证据。

对个别存货项目进行检查，可与存货监盘一同实施。一般而言，存货盘点是被审计单位管理层的责任，应由被审计单位计划、组织和实施，注册会计师应进行现场监督并适当抽查复点。注册会计师抽点部分如发现差异，除应督促被审计单位更正外，还应扩大抽查范围，如发现差错过大，则应要求被审计单位重新盘点。

（二）观察

观察是指注册会计师查看相关人员正在从事的活动或执行的程序。例如，注册会计师对客户执行的存货盘点或控制活动进行观察。观察可以提供有关过程或程序的审计证据，但观察提供有的审计证据仅限于观察的时点，而且被观察人员的行为可能因被观察而受到影响，从而使审计证据受到限制。因此，注册会计师有必要获取其他类型的佐证证据。

（三）询问

询问是指注册会计师以书面或口头方式，向被审计单位内部或外部的知情人员获取财务信息和非财务信息，并对答复进行评价的过程。作为其他审计程序的补充，询问广泛应用于整个审计过程。

采用这种方法时，注册会计师需要注意以下事项：①明确查询内容，事先拟出询问提纲。②确定查询对象，要向知情人询问。③在查询过程中，应采用恰当的查询方式，查询内容应做好记录。④如果作为重要证据使用，应当请被查询人签字。询问法获得的证据只能作为辅助证据，为进一步审计指明方向。

询问本身不足以发现认定层次存在的重大错报，也不足以测试内部控制运行的有效性，注册会计师有必要获取其他类型的佐证证据。

（四）函证

1. 函证的对象。

（1）银行存款、借款以及与金融机构往来的其他重要信息；

（2）应收账款；

（3）需要函证的其他项目，如交易性金融资产、应收票据、其他应收款、预收账款、应付账款、长期股权投资、由其他单位代为保管、加工或销售的存货、或有事项、重大或异常交易等。

2. 函证的目的。

函证通常为银行存款、应收账款等的存在、权利和义务认定提供相关、可靠的审计证据。

3. 函证的范围。

一般情况下，注册会计师应选择以下项目作为函证项目：

（1）金额较大的项目；

（2）账龄较长的项目；

（3）重大关联方项目；

（4）重大或异常的交易；

（5）交易频繁但期末余额较小甚至余额为零的项目；

（6）可能产生重大错报或舞弊的项目。

4. 函证的方式。

注册会计师可采用积极的函证方式或消极的函证方式，也可将两种方式结合使用。由于应收账款通常存在高估风险，因此，实务中通常采用积极函证方式。

（1）积极的函证方式。

采用这种函证方式，注册会计师应当要求被询证者在所有情况下必须回函，确认询证函所列示信息是否正确，或填列询证函要求的信息。具体运用时可以在询证函中列明拟函证的账户余额或其他信息，要求被询证者确认所函证的款项是否正确；也可以在询证函中不列明账户余额或其他信息，而要求被询证者填写有关信息或提供进一步信息。积极式询证函见参考格式 10-1；

（2）消极的函证方式。

所谓消极的函证方式，是指注册会计师只要求被询证者仅在不同意询证函列示信息的情况下才予以回函。消极式询证函见参考格式 10-2；

参考格式 10-1 积极式询证函

企业询证函

编号：×××

×××公司：

本公司聘请的×××会计师事务所正在对本公司×××年度财务报表进行审计，按照中国注册会计师审计准则的要求，应当询证本公司与贵公司的往来账项等事项。下列数据出自本公司账簿记录，如与贵公司记录相符，请在本函下端"信息证明无误"处签章证明；如有不符，请在"信息不符"处列明不符金额。回函请直接寄至×××会计师事务所。

回函地址：　　　　　　　　　　　　　　　　邮编：

电话：　　　　　　　传真：　　　　　　　联系人：

1. 本公司与贵公司的往来账项列示如下：

单位：万元

截止日期	贵公司欠	欠贵公司	备注

2. 其他事项。

本函仅为复核账目之用，并非催款结算。若款项在上述日期之后已经付清仍请及时函复为盼。

（公司盖章）
年　　月　　日

结论：（1）信息证明无误

（公司盖章）
年　　月　　日
经办人：

（2）信息不符，请列明不符的详细情况：

（公司盖章）
年　　月　　日
经办人：

参考格式 10－2 消极式询证函

企业询证函

编号：×××

×××公司：

本公司聘请的×××会计师事务所正在对本公司×××年度财务报表进行审计，按照中国注册会计师审计准则的要求，应当询证本公司与贵公司的往来账项等事项。下列数据出自本公司账簿记录，如与贵公司记录相符，则无须回复；如有不符，请直接通知会计师事务所，并在空白处列明贵公司认为正确的信息。回函请直接寄至×××会计师事务所。

回函地址：　　　　　　　　　　　　　　　　邮编：

电话：　　　　　　　传真：　　　　　　　联系人：

1. 本公司与贵公司的往来账项列示如下：

单位：万元

截止日期	贵公司欠	欠贵公司	备注

2. 其他事项。

本函仅为复核账目之用，并非催款结算。若款项在上述日期之后已经付清仍请及时函复为盼。

（公司盖章）

年　月　日

经办人：

×××会计师事务所：

上面的会计信息不正确，差异如下：

（公司盖章）

年　月　日

经办人：

4. 函证时间的选择。

注册会计师通常以资产负债表日为截止日，在资产负债表日后适当时间内实施函证。如果重大错报风险评估为低水平，注册会计师可选择资产负债表日前适当日期为截止日实施函证，并对所函证项目自该截止日起至资产负债表日止发生的变动实施实质性程序。

5. 函证的控制。

注册会计师应当对函证的全过程实施控制。注册会计师通常利用被审计单位提供的应收账款明细账户名称及客户地址等资料据以编制询证函，但注册会计师应当对确定需要确认或填列的信息、选择适当的被询证者、设计询证函以及发出和跟进（包括收回）询证函保持控制。

6. 对不符事项的处理。

对应收账款而言，登记入账的时间不同而产生的不符事项主要表现为：

（1）询证函发出时，债务人已经付款，而被审计单位尚未收到货款；

（2）询证函发出时，被审计单位的货物已经发出并已做销售记录，但货物仍在途中，债务人尚未收到货物；

（3）债务人由于某种原因将货物退回，而被审计单位尚未收到；

（4）债务人对收到的货物的数量、质量及价格等方面有异议而全部或部分拒付货款等。

对不符事项，注册会计师应当调查核实原因，确定其是否构成错报。如果不符事项构成错报，注册会计师应当评价该错报是否表明存在舞弊，并重新考虑所实施审计程序的性质、时间和范围。

7. 对积极式函证未收到回函时的处理。

对于未收到回函的项目，注册会计师应当实施替代审计程序。例如：

（1）检查资产负债日后收回的货款。重点查看有关收回货款的原始凭据，确认该付款确为该客户且与资产负债日的应收账款相关。

（2）抽查有关原始凭据，如销售合同、销售订购单、销售发票副本、发运凭证等，证实收入的发生，以验证与其相关的应收账款的真实性。

（3）检查被审计单位与客户之间的往来邮件，如发货、对账、催款等事宜的邮件，以验证应收账款的真实发生。

8. 对函证结果的评价。

如果被询证者只对询证函进行口头回复，不符合函证的要求，不能作为可靠的审计证据。注册会计师应要求其书面回复，如仍未收到书面回函，应当实施替代审计程序。

如果认为询证函不可靠，注册会计师应当评价其对评估的重大错报风险的影响。

9. 对不符事项的处理。

注册会计师应当调查不符事项，以确定是否表明存在错报。

（五）重新计算

重新计算是指注册会计师以人工方式或使用计算机辅助审计技术，对记录或文件中的数据计算的准确性进行核对。重新计算通常包括计算销售发票和存货的总金额、加总日记账和明细账、检查折旧费用和预付费用的计算、检查应纳税额的计算等。例如：

（1）注册会计师对凭证、账簿、报表中有关项目的小计、合计数和累计数等的重新计算。

（2）注册会计师对某些业务的计算结果进行重新计算。如固定资产折旧额、职工福利费的计提、有关税费的计算等的重新计算。

（3）注册会计师对有关成本、费用归集和分配的结果进行重新计算，以验证成本、费用的分配标准和方法是否正确。

（4）注册会计师对其他书面资料有关数据的重新计算。如财务分析资料中的流动比率、速动比率、销售利润率等指标的计算。

（六）重新执行

重新执行是指注册会计师独立执行作为被审计单位内部控制组成部分的程序或控制。

例如：①注册会计师利用被审计单位的银行存款日记账和银行对账单，重新编制银行存款余额调节表，并与被审计单位编制的银行存款余额调节表进行比较，以了解被审计单位银行存款余额的真实性；②注册会计师对被审计单位存货收发的亲自执行或全程跟踪，以了解被审计单位存货的内部控制。

（七）分析程序

分析程序是指注册会计师通过分析不同财务数据之间以及财务数据与非财务数据之间的内在关系，对财务信息做出评价。分析程序还包括对识别出的、与其他相关信息不一致或与预期数据严重偏离的波动或关系进行调查。

在整个审计过程中，注册会计师都将运用分析程序。基于不同的审计阶段和目的单独或综合使用，可用作风险评估程序、控制测试和实质性程序。

1. 注册会计师分析程序的目的。

（1）用作风险评估程序，以了解被审计单位及其环境；

（2）用作实质性程序；

（3）在审计结束或临近接受时，用作对财务报表的整体复核。

2. 用作实质性程序时，常用的分析方法。

（1）比较分析法。比较分析法是通过对被审计单位某一具体项目与相关标准进行比较，寻找差异，发现问题，以获取审计证据的一种技术方法。

（2）比率分析法。比率分析法是指通过对两个性质不同、但又相关的指标所构成的比率进行分析，从中发现疑点，进一步查明原因的一种技术方法。

【案例 10-2】注册会计师张勇审查黄河通用机械制造股份有限公司 2021 年 10 月 24 日第 15 号记账凭证及所附原始凭证时，发现有可疑之处。

表 10-2　万家乐商贸有限公司发货票　　No.006031

购货单位：黄河通用机械制造股份有限公司　　　2021 年 10 月 23 日

品名	单位	数量	单价	金额	备注
甲产品	千克	600	30.00	18 000.00	
乙产品	千克	1 700	5.00	8 500.00	
丙产品	千克	2 000	7.50	15 000.00	
合计				41 500.00	
大写（人民币）	肆万壹仟伍佰零拾元零角零分				

表 10-3　黄河通用机械制造股份有限公司入库验收单

购货单位：黄河通用机械制造股份有限公司　　　2021 年 10 月 19 日

品名	单位	数量	单价	金额	备注
甲产品	千克	600	30.00	18 000.00	
乙产品	千克	1 700	5.00	8 500.00	
丙产品	千克	2 000	7.50	15 000.00	
合计				41 500.00	

【要求】分析说明注册会计师张勇如何排除其怀疑。

【分析】注册会计师归纳出以下几个疑点：

（1）上述三种材料的购进与其年需要量相比存在异常。

（2）万家乐商贸有限公司是大型超市，不可能经营这三种材料。

（3）入库验收单上的日期与发票上的日期不相符，入库验收单上的验收日期一般应迟于发货票上的日期。

根据上述疑点，注册会计师进行了追踪查证。通过查阅原材料明细账，到仓库查对保管账，盘查实物，并到万家乐商贸有限公司查证等手段，终于查清了真相：该公司购进小型面包车一辆，价款及运杂费共计 41 500 元，为了在账上不直接反映该汽车的购进情况，决定将购车款挤入生产成本，于是该公司利用与万家乐商贸有限公司的购销关系，向其索要一张发票，由材料会计人员填写了虚假内容，并交仓库"入库"，另一会计人员对转账支票的转账联与存根联填写不同的内容，即转账联填写真实的收款单位——某汽车销售公司及其开户银行和账号，存根联则填写万家乐商贸有限公司。

查明真相后，注册会计师提出审计意见：建议该厂将购面包车款项从原材料调入固定资产，并补提当年折旧。

【案例 10-3】 注册会计师张勇对黄河通用机械制造股份有限公司 2021 年度部分报表项目的分析如下表 10-3，表 10-4，表 10-5。

表 10-3　黄河通用机械制造股份有限公司资产负债表（局部）

2021 年 12 月 31 日

单位：元

项目	本年未审数	上年已审数	增减金额	增减百分比	审计策略
流动资产：					
货币资金	713 732	64 457	649 275	1 007.3%	增幅大，重点审查
应收票据	2 153	3 222	−1 069	−33.18%	减幅大，一般审查
应收账款	70 665	76 092	−5 427	−7.13%	减幅小，一般关注
其他应收款	305 681	162 014	143 668	88.68%	增幅大，重点审查
预付款项	1 911	46 997	−45 086	−95.93%	减幅大，重点审查
存货	17 587	51 046	−33 458	−65.55%	减幅大，一般审查
流动资产合计	1 112 400	405 587	706 813	174.27%	增幅大，重点审查

表 10-4　黄河通用机械制造股份有限公司资产负债表（局部）

2021 年 12 月 31 日

单位：元

项目	本年未审数	占资产总额的百分比	审计策略
流动资产：			
货币资金	713 732	43.13%	所占比重大，重点审查
应收票据	2 153	0.13%	所占比重小，一般审查
应收账款	70 665	4.27%	所占比重大，重点审查
其他应收款	305 681	18.47%	所占比重大，重点审查
预付款项	1 911	0.12%	所占比重小，一般关注
存货	17 587	1.06%	所占比重小，重点审查
流动资产合计	1 112 400	67.22%	所占比重大，重点审查

表 10 - 5　黄河通用机械制造股份有限公司成本项目分析表　　　单位：元

成本项目	2019 年度		2020 年度		2021 年度		审计策略
	金额	比上年增长	金额	比上年增长	金额	比上年增长	
直接材料	135	−3.57%	130	−3.7%	126	−3.08%	降幅趋势合理，一般关注
直接人工	43	10.26%	56	30.23%	68	21.43%	连续增幅大，重点审计
制造费用	27	−10.00%	28	3.7%	26	−7.14%	减幅较大，重点审计
生产成本	205	1.91%	214	4.39%	220	2.8%	

任务 10.2　获取充分、适当的审计证据

一、审计证据的概念

审计证据是指注册会计师在执行审计业务过程中，为了得出审计结论、形成审计意见而使用的所有信息。审计工作的最终目标是要形成正确的审计意见，为此，除了需要依据一定的判断标准以外，还需要掌握对被审计事项起证明作用的审计证据。可以说收集审计证据是全部审计工作的关键环节，审计证据的质量，关系着审计结论的正确与否，以及审计工作的成败和审计的社会信誉。因此，注册会计师在执行审计业务时，应当取得充分、适当的审计证据，形成审计意见，出具审计报告。

审计证据包括构成财务报表基础的会计记录所含有的信息和其他信息。

（一）会计记录所含有的信息

会计记录主要包括原始凭证、记账凭证、总账和明细账、未在记账凭证中反映的对财务报表的其他调整，以及支持成本分配、计算、调节和披露的手工计算表和电子数据表。

会计记录还可能包括：

1. 销售发运单和发票、顾客对账单以及顾客汇款通知单；

2. 附有验货单的订购单、购货发票和对账单；

3. 考勤卡和其他工时记录、工薪单、个别支付记录和人事档案等；

4. 支票存根、电子转移支付记录、银行存款单和银行对账单；

5. 合同、协议记录；

6. 各类调节表。

（二）其他信息

会计记录所含有的信息不足以提供充分、适当的审计证据，注册会计师还应当获取其他信息。他信息包括：

1. 注册会计师从被审计单位外部或内部获取的会计记录以外的信息，如被审计单位会议记录、内部控制手册、询证函回函等；

2. 注册会计师通过询问、观察和检查等审计程序获取的信息，如被审计单位存货监盘表等；

3. 注册会计师自身编制或获取的可以通过推断得出合理结论的信息，如注册会计师编制的各种计算表、分析表等。

二、审计证据的作用

审计证据在整个审计过程中占有特殊地位，是影响审计报告有效性、审计结果公正性的重要因素。其作用具体表现在以下几个方面：

1. 审计证据是确认被审事项事实真相，形成审计意见的客观基础；

2. 审计证据是考核和评价审计工作质量的基本依据；

3. 审计证据是确定和解除被审计人员经济责任和法律责任的客观依据；

4. 审计证据有利于避免或免除审计人员的法律责任。

从一定意义上讲，收集、评价和综合审计证据是整个审计工作的核心，直接关系到审计工作的成败。

三、审计证据的种类

审计证据可以按照不同的标准进行分类，而不同种类的审计证据在实现审计目标方面有不同的作用。因此，注册会计师必须了解审计证据的种类，以便针对不同性质的认定来选择最适当的方法，以获取充分、适当的审计证据。

（一）审计证据按其外形特征划分，可分为实物证据、书面证据、口头证据和环境证据

1. 实物证据。

实物证据是指在审计对象作为实物形态而存在的情况下，注册会计师通过实际观察或清查盘点所获取的、用以确定某些实物资产是否确实存在的证据。例如，库存现金、各种存货和固定资产等可以通过监盘或实地观察来证明其是否确实存在。在审计实务中，最典型的实物证据就是各类监盘表，例如，库存现金监盘表、存货监盘表。

通常实物证据被认为是最可靠的证据，具有很强的证明力。但实物资产的存在并不完全能证实被审计单位对其拥有所有权。例如，年终盘点的存货可能包括其他企业寄售或委托加工的部分，或者已经销售而等待发运的商品。再者，某些实物资产的清点，虽然可以确定其实物数量，但质量好坏有时难以通过实物清点来进行判断。因此，对于取得实物证据的账面资产，还应就其所有权归属及其价值情况另行审计，收集另外的审计证据。

2. 书面证据。

书面证据是注册会计师在审计过程中所获取的各种以书面文件为存在形式的证据。它包括与审计有关的各种原始凭证、会计记录（记账凭证、会计账簿和各种明细表）、各种会议记录和文件、各种合同、通知书、报告书及函件等。在审计过程中，注册会计师往往

需要大量地获取和利用这些书面证据，书面证据是审计证据的主要组成部分，也可以称之为基本证据。

书面证据的可靠性取决于两个因素：一是证据本身是否容易被涂改或伪造。对于容易被涂改或伪造的书面证据。其可靠性差。二是书面证据的来源。通常来源于企业外部的书面证据比来自企业内部的书面证据的可靠程度高。

3. 口头证据。

口头证据是由被审计单位职员或其他人员对注册会计师的提问做口头答复所形成的审计证据。如在审计过程中，注册会计师通常会向被审计单位的有关人员询问会计记录、文件的存放地点，采用特别会计政策和方法的理由，收回逾期应收账款的可能性等。对于这些问题的口头答复，就构成了口头证据。

一般而言，口头证据本身并不足以证明事情的真相，但注册会计师往往可以通过口头证据发掘出一些重要的线索，从而有利于对某些需审核的情况做进一步的调查，以搜集到更为可靠的证据。

在审计过程中，注册会计师应把各种重要的口头证据尽快做成记录，并要求被询问者签名确认，同时应尽可能地从不同渠道取得其他相应证据的支持。相对而言，不同人员对同一问题所做的口头陈述相同时，口头证据具有较高的可靠性。

4. 环境证据。

环境证据也称状况证据，是指对被审计单位产生影响的各种环境事实。具体而言，包括以下几种：

(1) 有关企业内部控制情况。

如果被审计单位有着良好的内部控制，就可增加其会计资料的可信赖度。相应的注册会计师需要收集的其他审计证据就可以适当减少。

(2) 被审计单位管理人员的素质。

被审计单位管理人员的素质越高，则其所提供的证据发生差错的可能性就越小。

(3) 各种管理条件和管理水平。

被审计单位各种管理条件越好、管理水平越高，其所提供的证据可靠程度也越高。

必须指出，环境证据一般不属于基本证据，但它可以帮助注册会计师了解被审计单位及其经济活动所处的环境，是注册会计师进行判断时所必须掌握的资料。

（二）审计证据按其来源划分，可分为外部证据和内部证据

1. 外部证据。

外部证据是由被审计单位以外的机构或人士所编制的书面证据，一般具有较强的证明力。

外部证据包括两类：一类是由被审计单位以外的机构或人士编制并由其直接递交注册会计师的书面证据，如应收账款函证回函，保险公司、证券经纪人的证明等。此类证据因未经被审计单位有关职员之手，排除了伪造、更改凭证的可能性，因而证明力是最强的。另一类是由被审计单位以外的机构或人士所编制，但由被审计单位持有并提交给注册会计师的书面证据，如顾客订单、购货发票、银行对账单等。由于此类证据已经被审计单位职员之手，在评价其可靠性时，注册会计师应考虑其被涂改、伪造的可能性。虽然这类外部

证据的可靠性不如第一类外部证据，但相对于内部证据而言，它仍具有较高的可靠性。

此外，外部证据还包括注册会计师为证明某个事项而自己动手编制的各种计算表、分析表。如注册会计师审查成本的真实性时重新计算产品成本取得的审计证据，注册会计师亲自参加财产物资盘点而取得的审计证据。这种证据可信程度高，具有很强的证明力。

2. 内部证据。

内部证据是由被审计单位的内部机构或人员编制和提供的书面证据。包括被审计单位的会计记录、被审计单位管理层声明书和其他各种由被审计单位编制和提供的有关书面文件。

一般而言，内部证据不如外部证据可靠。注册会计师在确认内部证据的可靠性时，应考虑两方面因素的影响：①内部证据是否经过外部流转，并获得其他单位或个人的承认。如销售发票、付款支票等，其具有较高的可靠性。②被审计单位内部控制的好坏。若被审计单位内部控制健全有效，则内部证据具有较强的可靠性；反之则弱。如收料单与领料单经过了被审计单位不同部门的审核、签章，并且所有凭证预先连续编号并按序号依次做了处理，则这些内部证据具有较高的可靠性。

（三）审计证据按其证明力的大小划分，可分为基本证据和辅助证据

1. 基本证据。

基本证据是指能够用来直接证实被审事项的重要证据。它具有较强的证明力，是审计证据的主要部分。所以，也称主证。例如实物证据、书面证据，都属于基本证据。

2. 辅助证据。

辅助证据是指对基本证据起辅助证明作用的证据。它是用来从旁证明被审事项的真实性和可靠性的证据。所以，也称旁证或佐证。

三、审计证据的特征

（一）审计证据的充分性

充分性是关于审计证据的数量特征，它是指审计证据的数量能足以使注册会计师形成审计意见。主要与注册会计师确定的样本量有关。例如，对某个审计项目实施某一选定的审计程序，从 200 个样本中获取的证据要比从 100 个样本中获取的证据更充分。客观公正的审计意见必须建立在足够数量的审计证据的基础上，但这并不是说，审计证据的数量可以无限制地增多。

注册会计师判断审计证据是否充分，应当考虑下列主要因素：

（1）审计风险。错报风险越大，需要的审计证据越多。具体来说，在可接受的审计风险一定的情况下，重大错报风险越大，注册会计师就应实施越多的测试工作，将检查风险降至可接受水平，以将审计风险控制在可接受的低水平范围内。

（2）具体审计项目的重要性。审计项目越重要，注册会计师就越需要获取充分的审计证据以支持其审计结论或意见。而对于不太重要的审计项目，即使注册会计师出现判断上的偏差，也不至于引发整体判断失误，因而可减少审计证据的数量。

（3）注册会计师的经验。经验丰富的注册会计师，往往可从较少的审计证据中判断出

被审事项是否存在错误或舞弊行为，从而可减少对审计证据数量的依赖程度。

（4）审计过程中是否发现错误或舞弊。一旦审计过程中发现被审事项存在错误或舞弊行为，则被审计单位整体财务报表存在问题的可能性就增大，因此需要增加审计证据的数量，以确保能做出合理的审计结论，形成恰当的审计意见。

（5）审计证据的类型与获取途径。如果注册会计师获取的大多数是外部证据，则审计证据的质量较高，故可适当减少证据的数量；反之，数量就应相应增加。

（二）审计证据的适当性

适当性是关于审计证据的质量特征，它是指审计证据的相关性和可靠性。

1. 相关性。

审计证据的相关性是指审计证据应当与审计目标相关。如果取得的证据与审计目标没有联系，即使其说服力很强，也不能用以证明或否定被审计事项。如存货监盘结果只能证明存货是否存在，是否有毁损短缺，而不能证明存货的计价和所有权情况。

2. 可靠性。

审计证据的可靠性是指审计证据应能如实反映客观事实。审计证据的可靠性受其来源、及时性和客观性的影响。审计证据的可靠程度可参照如下标准判断：

（1）以文件、记录形式存在的审计证据比口头形式存在的审计证据更可靠。

（2）从外部来源获取的审计证据比从其他来源获取的审计证据更可靠。

（3）注册会计师直接获取的审计证据比间接获取或推论得出的审计证据更可靠。

（4）被审计单位内部控制有效时内部生成的审计证据比内部控制薄弱时内部生成的审计证据更可靠。

（5）从原件获取的审计证据比从传真件或复印件获取的审计证据更可靠。

（6）不同来源或不同性质的审计证据相互印证时，审计证据更可靠。

充分性和适当性是审计证据的两个重要特征，两者缺一不可，只有充分且适当的审计证据才是有证明力的。注册会计师需要获取的审计证据的数量也受审计证据质量的影响。审计证据质量越高，需要的审计证据数量就越少。例如，被审计单位内部控制健全时生成的审计证据更可靠，注册会计师只需要获取适量的审计证据，就可以为发表审计意见提供合理的基础。

【案例10-4】注册会计师张勇在对黄河通用机械制造股份有限公司进行审计的过程中，收集到下列五组证据：

（1）购货发票与材料入库单。

（2）审计助理人员盘点存货的记录与客户自编的盘点存货记录。

（3）注册会计师收回的应收账款函证回函与询问客户应收账款负责人的记录。

（4）被审计单位管理当局声明书与律师声明书。

（5）销货发票副本与销售明细账。

请分别说明它们属于何种审计证据？哪些审计证据更可靠。

【分析】1. 审计证据的类型：

（1）购货发票与材料入库单属于书面证据。

（2）审计助理人员盘点存货的记录与客户自编的盘点存货记录属于实物证据。

（3）注册会计师收回的应收账款函证回函属于书面证据，询问客户应收账款负责人的记录属于口头证据。

（4）被审计单位管理当局声明书与律师声明书属于书面证据。

（5）销货发票副本与销售明细账属于书面证据。

2. 更可靠的审计证据是（外部证据与内部证据更可靠）：

（1）购货发票；

（2）审计助理人员盘点存货的记录；

（3）注册会计师收回的应收账款函证回函；

（4）律师声明书；

（5）销货发票副本。

知识检测

一、单项选择题

1. 注册会计师重新编制被审计单位银行存款余额调节表属于（ ）审计程序。

  A. 检查   B. 分析程序   C. 重新计算   D. 重新执行

2. 注册会计师重新编制被审计单位折旧计算表属于（ ）。

  A. 检查   B. 分析程序   C. 重新计算   D. 重新执行

3. 注册会计师询问被审计单位相关人员所做的书面记录属于（ ）。

  A. 实物证据   B. 书面证据   C. 口头证据   D. 环境证据

4. 被审计单位的会计记录属于（ ）。

  A. 实物证据   B. 书面证据

  C. 口头证据   D. 环境证据

5. 注册会计师检查被审计单位存货，编制的存货监盘表属于（ ）。

  A. 实物证据   B. 书面证据   C. 口头证据   D. 环境证据

6. 注册会计师观察被审计单位的生产车间和仓库，拍摄的照片属于（ ）。

  A. 实物证据   B. 书面证据   C. 口头证据   D. 环境证据

7. 注册会计师收到的应收账款函证回函属于（ ）。

  A. 实物证据   B. 书面证据   C. 口头证据   D. 环境证据

8. 审计证据的相关性是指审计证据应与（ ）相关。

  A. 审计目标   B. 审计范围   C. 审计事实   D. 财务报表

二、多项选择题

1. 分析程序可用来获取（ ）。

  A. 实物证据   B. 书面证据   C. 口头证据   D. 环境证据

2.（　　）属于证实资产存在的主要审计程序。

    A. 检查　　　　　　　B. 询问　　　　　　　C. 函证　　　　　　　D. 观察

3.（　　）属于常用来获取书面证据的审计程序。

    A. 检查　　　　　　　B. 询问　　　　　　　C. 函证　　　　　　　D. 观察

4.（　　）属于基本审计证据。

    A. 实物证据　　　　　B. 书面证据　　　　　C. 口头证据　　　　　D. 环境证据

5.（　　）属于辅助审计证据。

    A. 实物证据　　　　　B. 书面证据　　　　　C. 口头证据　　　　　D. 环境证据

6.（　　）属于书面证据。

    A. 应收账款函证回函　　　　　　　　B. 存货监盘表

    C. 折旧费用重新计算表　　　　　　　D. 管理层声明书

7.（　　）属于内部书面证据。

    A. 会计记录　　　　　　　　　　　　B. 律师声明书

    C. 函证回函　　　　　　　　　　　　D. 董事会会议记录

8. 审计证据的（　　）是对审计证据特征的描述。

    A. 充分性　　　　　　B. 适当性　　　　　　C. 风险性　　　　　　D. 效益性

三、判断题

    1. 检查实物资产的主要目的是证实资产的所有权。　　　　　　　　（　　）

    2. 函证银行存款的主要目的是证实其真实性。　　　　　　　　　　（　　）

    3. 积极式函证要求被询证者在所有情况下必须回函。　　　　　　　（　　）

    4. 书面证据属于基本审计证据。　　　　　　　　　　　　　　　　（　　）

    5. 充分性是关于审计证据的数量特征。　　　　　　　　　　　　　（　　）

    6. 审计过程就是获取审计证据、得出审计结论和形成审计意见的过程。（　　）

    7. 为了保证审计证据的充分性，注册会计师应收集尽可能多的审计证据。（　　）

    8. 审计证据的适当性是指审计证据的相关性和可靠性。　　　　　　（　　）

四、简答题

    1. 注册会计师常用的获取审计证据的审计程序有哪些？

    2. 注册会计师应从哪些方面评价审计证据？

拓展实训

    1. 资料：注册会计师李进在对永丰纺织科技有限公司 2021 年度财务报表审计的过程中，实施了以下审计程序：

    （1）检查并盘点库存的有价证券；

    （2）重新计算折旧费用；

（3）与该公司的法律顾问讨论可能发生的诉讼案件；

（4）计算该公司当年的毛利率并同以前年度比较；

（5）从该公司管理当局取得以资产抵押获得贷款的文件；

（6）观察该公司库存现金的盘点；

（7）了解该公司管理人员的素质。

要求：分析说明注册会计师执行上述审计程序可以获得哪些审计证据？

2. 资料：注册会计师李进对永丰纺织公司下属子公司华丰园林园艺有限公司 2021 年的财务报表进行审计，调阅了该公司应收账款明细资料，如表 10-6 所示。

表 10-6　华丰园林园艺有限公司 2021 年应收账款明细资料　　　　单位：元

客户	摘要	发票号码	销售日期	金额
A 公司	销售	0033124	2014 年 3 月	178 000
B 公司	销售种植	0067320	2018 年 4 月	56 000
C 公司	销售	0071912	2019 年 3 月	224 380
D 公司	销售	0071913	2019 年 3 月	9 000
E 公司	销售种植	0072405	2020 年 3 月	1 200
F 林业局	销售	0072488	2021 年 5 月	7 800
G 大学	销售养护	0072490	2021 年 5 月	51 200
合　计				597 780

要求：根据上述资料说明注册会计师为什么要对应收账款进行函证？应函证哪些单位？应采用何种函证方式？并简要说明理由。

项目十一 编制与保管审计工作底稿

注册会计师张勇为完成对黄河通用机械制造股份有限公司 2021 年度财务报表审计工作，需要编制或获取哪些审计工作底稿？

任务 11.1 编制审计工作底稿

一、审计工作底稿的含义和编制目的

（一）审计工作底稿的含义

审计工作底稿，是指注册会计师对制订的审计计划、实施的审计程序、获取的相关审计证据，以及得出的审计结论所做出的记录。审计工作底稿是审计证据的载体，是注册会计师在审计过程中形成的审计工作记录和获取的资料。审计工作底稿形成于审计过程，也反映整个审计过程。

（二）审计工作底稿的编制目的

审计工作底稿在计划和执行审计工作中发挥着关键作用。它提供了审计工作实际执行情况的记录，是形成审计报告的基础。

注册会计师应当及时编制审计工作底稿，以实现以下主要目的：

1. 提供充分、适当的记录，作为出具审计报告的基础；

2. 提供证据，证明注册会计师已按规定计划和执行了审计工作。

此外，审计工作底稿也用于质量控制复核、监督会计师事务所对审计准则的遵循情况以及第三方检查等。

二、审计工作底稿的存在形式和内容

（一）审计工作底稿的存在形式

审计工作底稿可以以纸质、电子或其他介质形式（如磁带、磁盘、光盘等）存在。在实务中，为便于审计单位内部进行质量控制和外部执业质量检查或调查，以电子或其他介质形式存在的审计工作底稿，应与其他纸质形式的审计工作底稿一并归档，并应能通过打印等方式，转换成纸质形式的审计工作底稿。

无论审计工作底稿以哪种形式存在，会计师事务所都应当针对审计工作底稿设计和实施适当的控制，以实现下列目的：

1. 使审计工作底稿清晰地显示其生成、修改及复核的时间和人员；

2. 在审计业务的所有阶段，尤其是在项目组成员共享信息或通过互联网将信息传递给其他人员时，保护信息的完整性和安全性；

3. 防止未经授权改动审计工作底稿；

4. 允许项目组和其他经授权的人员为适当履行职责而接触审计工作底稿。

（二）审计工作底稿通常包括的内容

审计工作底稿通常包括总体审计策略、具体审计计划、分析表、问题备忘录、重大事项概要、询证函回函、管理层声明书、核对表、有关重大事项的往来信件（包括电子邮件），以及对被审计单位文件记录的摘要或复印件等。

此外，审计工作底稿通常还包括业务约定书、管理建议书、项目组内部或项目组与被审计单位举行的会议记录、与其他人士（如其他注册会计师、律师、专家等）的沟通文件及错报汇总表等。

（三）审计工作底稿通常不包括的内容

审计工作底稿通常不包括已被取代的审计工作底稿的草稿或财务报表的草稿、对不全面或初步思考的记录、存在印刷错误或其他错误而作废的文本，以及重复的文件记录等。由于这些草稿、错误的文本或重复的文件记录不直接构成审计结论和审计意见的支持性证据，因此，注册会计师无须保留这些记录。

三、编制审计工作底稿

（一）审计工作底稿的编制要求

注册会计师编制的审计工作底稿，应当使未曾接触该项审计工作的有经验的专业人士清楚地了解：

1. 按照审计准则的规定实施的审计程序的性质、时间和范围；

2. 实施审计程序的结果和获取的审计证据；

3. 就重大事项得出的结论。

这里所指的有经验的专业人士，是指对审计过程、相关法律法规和审计准则的规定、被审计单位所处的经营环境、与被审计单位所处行业相关的会计和审计问题有一定了解的人士。

（二）确定审计工作底稿的格式、要素和范围时考虑的主要因素

1. 实施审计程序的性质。

通常，不同的审计程序会使得审计人员获取不同性质的审计证据，由此审计人员可能会编制不同的审计工作底稿。例如，审计人员编制的有关函证程序的审计工作底稿（包括询证函及回函、有关不符事项的分析等）和存货监盘程序的审计工作底稿（包括盘点表、审计人员对存货的测试记录等）在内容、格式及范围方面是不同的。

2. 已识别的重大错报风险。

识别和评估的重大错报风险水平的不同可能导致审计人员实施的审计程序和获取的审计证据不尽相同。例如，如果审计人员识别出应收账款存在较高的重大错报风险，而其他应收款的重大错报风险较低，则审计人员可能对应收账款实施较多的审计程序并获取较多的审计证据，因而对测试应收账款的记录会比针对测试其他应收款记录的内容多且范围广。

3. 在执行审计工作和评价审计结果时需要做出判断的程度。

审计程序的选择和实施及审计结果的评价通常需要不同程度的职业判断。例如，运用非统计抽样的方法选取样本进行应收账款函证程序时，审计人员可能基于应收账款账龄、以前的审计经验及是否为关联方欠款等因素，考虑哪些应收账款存在较高的重大错报风险，并运用职业判断在总体中选取样本，并对做出职业判断时的考虑事项进行适当的记录。因此，在做出职业判断时所考虑的因素及范围可能使审计人员做出不同的内容和范围的记录。

4. 已获取审计证据的重要程度。

审计人员通过执行多项审计程序可能会获取不同的审计证据，有些审计证据的相关性和可靠性较高，有些则质量较差，审计人员可能区分不同的审计证据进行有选择性的记录，因此，审计证据的重要程度也会影响审计工作底稿的格式、内容和范围。

5. 已识别的例外事项的性质和范围。

有时审计人员在执行审计程序时会发现例外事项，由此可能导致审计工作底稿在格式、内容和范围方面的不同。例如，某个函证的回函表明存在不符事项，如果在实施恰当的追查后发现该例外事项并未构成错报，审计人员可能只在审计工作底稿中解释发生该例外事项的原因及影响；反之，如果该例外事项构成错报，审计人员可能需要执行额外的审计程序并获取更多的审计证据，由此编制的审计工作底稿在内容和范围方面可能有很大不同。

6. 当从已执行审计工作或获取审计证据的记录中不易确定结论或结论的基础时，记录结论或结论基础的必要性。

在某些情况下，特别是在涉及复杂的事项时，审计人员仅将已执行的审计工作或获取的审计证据记录下来，并不容易使其他有经验的审计人员通过合理的分析，得出审计结论或结论的基础。此时审计人员应当考虑是否需要进一步说明并记录得出结论的基础（即得出结论的过程）及该事项的结论。

7. 使用的审计方法和工具。

例如，如果使用计算机辅助审计技术对应收账款的账龄进行重新计算时，通常可以针对总体进行测试，而采用人工方式重新计算时则可能会针对样本进行测试，由此形成的审计工作底稿会在格式、内容和范围方面有所不同。

（三）审计工作底稿的要素

1. 审计工作底稿的标题。

每张底稿应当包括被审计单位的名称、审计项目的名称以及资产负债表日或底稿覆盖的会计期间（如果与交易相关）。

2. 审计过程记录。

在审计工作底稿中要求详细记录审计程序实施的全过程。它包括两方面的内容：一是被审计单位的未审情况，包括被审计单位的内部控制情况、有关会计账项的未审计发生额及期末余额。二是审计过程的记录，包括审计人员实施的审计测试性质、测试项目、抽取的样本及检查的重要凭证、审计调整及重分类事项等。

需要注意的是，审计人员在记录实施审计程序的性质、时间和范围时，应当记录测试的特定项目或事项的识别特征。识别特征是指被测试的项目或事项表现出的征象或标志。记录识别特征的目的主要是对例外事项或者不符事项进行检查，以及对测试的项目或事项进行复核。例如，在对被审计单位生成的订购单进行细节测试时，注册会计师可以订购单的日期或编号作为测试订购单的识别特征。若被审计单位按年对订购单依次编号，则识别特征是××年的××号；若被审计单位仅以序列号进行编号，则可以直接将该号码作为识别特征。再如，对于一项需要询问被审计单位中特定人员的审计程序，注册会计师可能会以询问的时间、被询问人的姓名及职位作为识别特征。而对于观察程序，注册会计师可能会以观察的对象或观察过程、观察的地点和时间作为识别特征。

此外，审计人员还应当根据具体情况判断某一事项是否属于重大事项，同时考虑编制重大事项概要。将散落在审计工作底稿中的有关重大事项的记录汇总在重大事项概要中，不仅可以帮助审计人员集中考虑重大事项对审计的影响，还便于审计工作的复核人员全面、快速地了解重大事项，从而提高复核工作的效率。所谓的重大事项通常包括：

（1）引起特别风险的事项；

（2）实施审计程序的结果，该结果表明财务信息可能存在重大错报，或需要修正以前对重大错报风险的评估和针对这些风险拟采取的应对措施；

（3）导致注册会计师难以实施必要审计程序的情形；

（4）导致出具非标准审计报告的事项。

3. 审计结论。

审计人员需要根据所实施的审计程序及获取的审计证据得出结论，并以此作为对财务报表发表审计意见的基础。在记录审计结论时需注意，在审计工作底稿中记录的审计程序和审计证据是否足以支持所得出的审计结论。

4. 审计标识及其说明。

审计标识是审计人员为便于表达审计含义而采用的符号。为了便于他人理解，审计人员应在审计工作底稿中说明各种审计标识所代表的含义，或者采用审计标识说明表的形式统一说明。审计标识应保持前后一致。以下是审计人员在审计工作底稿中列明的标识举例。

?：所核对的资料可能有问题待查

√：已经核对

＼：有待详查

×：所核对的资料有错误

!：所核对的数据有待调整

4/3：已核对至 4 月 3 日

∧：纵加核对

＜：横加核对

B：与上年结转数核对一致

T：与原始凭证核对一致

G：与总分类账核对一致

S：与明细账核对一致

T/B：与试算平衡表核对一致

C：已发询证函

C＼已收回询证函

5. 索引号及编号。

通常，审计工作底稿需要注明索引号及顺序编号，以使相关审计工作底稿之间保持清晰的勾稽关系。在实务中，审计人员可以按照所记录的审计工作的内容层次进行编号。例如，固定资产汇总表的编号为 C1，按类别列示的固定资产明细表的编号为 C1－1，房屋建筑物的编号为 C1－1－1，机器设备的编号为 C1－1－2，运输工具的编号为 C1－1－3，其他设备的编号为 C1－1－4。相互引用时，需要在审计工作底稿中交叉注明索引号。

6. 编制人员和复核人员及执行日期。

为了明确责任，在各自完成与特定工作底稿相关的任务之后，编制人员和复核人员都应在工作底稿上签名并注明编制日期和复核日期。

在需要项目质量控制复核的情况下，还需要注明项目质量控制复核人员及复核的日期。

【案例 11－1】以下是注册会计师张勇对黄河通用机械制造股份有限公司 2021 年度财务报表审计的过程中编制的固定资产汇总表工作底稿（表 11－1）。

表 11－1　固定资产汇总表（工作底稿索引号：C1）（节选）

工作底稿索引号	固定资产	2021 年 12 月 31 日	2020 年 12 月 31 日
C1－1	原值	×××G	×××
C1－1	累计折旧	×××G	×××
	净值	×××T/B∧	×××B∧

【**案例 11－2**】以下是注册会计师张勇对黄河通用机械制造股份有限公司 2021 年度财务报表审计的过程中获取的企业组织机构图（图 11－1），作为备查类工作底稿。

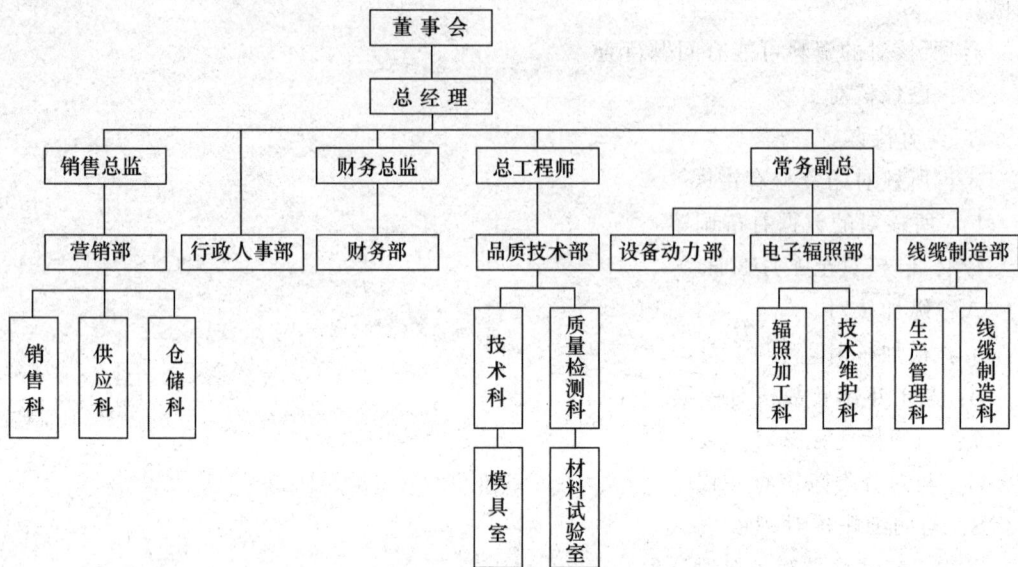

图 11－1　企业组织机构图

【**案例 11－3**】注册会计师张勇正在对黄河通用机械制造股份有限公司 2021 年度财务报表进行审计，打算对存货实施实质性程序。

【**要求**】分析注册会计师张勇如何对存货实施实质性程序？

【**分析**】注册会计师张勇编制的存货实质性程序表如表 11－2 所示。

表 11－2　存货实质性程序

索引号：C8－1　　　　　　　　　　金额单位：万元　　　　　　　　共 5 页　第 1 页

被审计单位名称	黄河通用机械制造股份有限公司
审计事项	存货
实施审计期间或者截止日期	2021 年 12 月 31 日
审计过程记录	1. 核对各存货项目明细账合计数与总账余额是否相符 2. 对存货监盘并抽查 3. 检查被审计单位存货跌价损失准备计提和结转的依据、方法和会计处理是否正确，是否已授权审批，前后期是否一致 4. 查阅资产负责日前后若干天的存货增减变动的有关账簿记录和原始凭证，检查有无存货跨期现象 5. 抽查年末结存量较大的存货计价是否正确 6. 抽查存货发出的原始凭证是否齐全，内容是否完整，计价是否正确 7. 抽查大额的采购业务，核实采购成本是否正确 8. 验明存货是否已在资产负债表中恰当披露

续表

被审计单位名称	黄河通用机械制造股份有限公司	
审计事项	存货	
实施审计期间或者截止日期	2021 年 12 月 31 日	
审计结论或者审计查出问题摘要及其依据	1. 存货项目明细账合计数与总账余额相符 2. 存货账实相符 3. 当年未计提存货跌价损失准备 4. 资产负责日前后存货无跨期现象 5. 年末结存量较大的存货计价正确 6. 存货发出的原始凭证齐全，内容完整，计价正确 7. 大额采购业务采购成本正确 8. 存货已在资产负债表中恰当披露	
审计人员：张勇	编制日期：2022 年 2 月 20 日	
复核意见		
复核人员：李进	复核日期：2022 年 2 月 25 日	

任务 11.2　审计工作底稿归档

一、审计工作底稿的结构

典型的审计档案结构如下：

1. 沟通和报告相关工作底稿。

（1）审计报告和经审计的财务报表。

（2）与管理层、治理层的沟通和报告。

（3）管理建议书。

2. 审计完成阶段工作底稿。

（1）审计工作完成情况核对表。

（2）声明书（管理层声明书、律师声明书）。

（3）财务报表和试算平衡表。

（4）会议纪要（董事会会议纪要、总结会会议纪要）。

（5）错报汇总表。

（6）重大事项概要。

3. 审计计划阶段工作底稿。

（1）总体审计策略和具体审计计划。

（2）评价表（外部专家评价表、内部审计机构评价表和服务机构评价表）。

（3）被审计单位提交资料清单。

（4）前期审计报告和经审计的财务报表。

（5）会议纪要（预备会会议纪要）。

4. 特定项目审计程序表。

（1）舞弊。

（2）持续经营。

（3）对法律法规的考虑。

（4）关联方。

5. 进一步特审计程序工作底稿。

（1）控制测试工作底稿。

（2）实质性程序工作底稿。

二、审计工作底稿的归档期限

审计工作底稿经过分类整理、汇集归档后，就形成了审计档案。审计工作底稿的归档期限为审计报告日后 60 天内；如果注册会计师未能完成审计业务，则审计工作底稿的归档期限为审计业务中止后的 60 天内。

三、审计工作底稿的保存期限

（一）审计档案的类别

审计工作底稿经过分类整理、汇集归档后，就形成了审计档案。在实务中，审计档案可以分为永久性档案和当期档案，这一分类主要是基于具体实务中对审计档案使用的时间长短而划分的。

1. 永久性档案。

永久性档案是指那些记录内容相对稳定，具有长期使用价值，并对以后审计工作具有重要影响和直接作用的审计档案。如被审计单位的组织结构、批准证书、营业执照、章程、重要资产的所有权或使用权的证明文件复印件等。如果永久性档案中的某些内容已发生变化，应及时更新。为保持资料的完整性以便满足日后查阅历史资料的需要，永久性档案中被替换下的资料一般也需保留。例如，被审计单位因增加注册资本而变更了营业执照等法律文件，被替换的旧营业执照等文件可以汇总在一起，与其他有效的资料分开，作为单独部分归整在永久性档案中。不再继续审计的被审计单位，其永久性档案的保管期限同最后一年当期档案的期限相同。

2. 当期档案。

当期档案是指那些记录内容经常变化，主要供当期和下期审计使用的审计档案。例如，总体审计策略和具体审计计划等。当期档案按审计档案的最低保管期限保管。

一般情况下，综合类和备查类底稿应视同为永久性档案进行保管；业务类底稿则视同为当期档案。目前，一些大型国际会计师事务所不再区分永久性档案和当期档案，这主要是因为电子审计工作底稿的使用。

（二）审计工作底稿的保存期限

会计师事务所应当自审计报告日起，对审计工作底稿至少保存 10 年。如果注册会计师未能完成审计业务，会计师事务所应当自审计业务中止日起，对审计工作底稿至少保存 10 年。值得注意的是，对于连续审计的情况，当期归整的永久性档案可能包括以前年度获取的资料（有可能是 10 年以前）。这些资料虽然是在以前年度获取，但由于其作为本期档案的一部分，并作为支持审计结论的基础，因此，注册会计师对于这些对当期有效的档案，应视为当期取得并保存 10 年。如果这些资料在某一个审计期间被替换，被替换资料应该从被替换的年度起至少保存 10 年。

在完成最终审计档案的归整工作后，注册会计师不得在规定的保存期限届满前删除或废弃审计工作底稿。

四、审计工作底稿归档后的变动

（一）审计工作底稿变动的情形

会导致注册会计师有必要修改现有审计工作底稿或增加新的审计工作底稿的情形主要有以下两种：

1. 注册会计师已实施了必要的审计程序，取得了充分、适当的审计证据并得出了恰当的审计结论，但审计工作底稿的记录不够充分。

2. 审计报告日后，发现例外情况要求注册会计师实施新的或追加审计程序，或导致注册会计师得出新的结论。例如，注册会计师在审计报告日后才获知法院在审计报告日前已对被审计单位的诉讼、索赔事项做出最终判决结果。

（二）审计工作底稿变动的记录要求

在完成最终审计档案的归整工作后，如果发现有必要修改现有审计工作底稿或增加新的审计工作底稿，无论修改或增加的性质如何，注册会计师均应当记录下列事项：

1. 修改或增加审计工作底稿的具体理由；

2. 修改或增加审计工作底稿的时间和人员，以及复核的时间和人员。

五、审计工作底稿的归属

从一般意义上讲，审计档案的所有权应属于执行该项业务的审计人员。但在我国，注册会计师不能独立于会计师事务所之外承揽审计业务，必须以会计师事务所的名义统一承揽业务。因此，审计工作底稿的所有权属于承接该项业务的会计师事务所。

六、审计档案的保密与调阅

会计师事务所应建立严格的审计工作底稿保密制度，并落实专人管理。除下列情况外，会计师事务所不得对外泄漏审计档案中涉及的商业秘密及有关内容：

1. 法院、检察院及其他部门因工作需要，在按规定办理了手续后，可依法查阅审计档案中的有关审计工作底稿。

2. 注册会计师协会对执业情况进行检查时，可查阅审计档案。

3. 不同会计师事务所的注册会计师，因审计工作的需要，并经委托人的同意，在下列情况下，办理了有关手续后，可要求查阅审计档案。

（1）被审计单位更换了会计师事务所，后任注册会计师可以调阅前任注册会计师的审计档案；

（2）基于合并财务报表审计业务的需要，母公司所聘的注册会计师可以调阅子公司所聘的注册会计师的审计档案；

（3）会计师事务所联合审计；

（4）会计师事务所认为合理的其他情况。

审计工作底稿中的内容被查询者引用后，因为查阅者的误用而造成的后果，与拥有审计工作底稿的会计师事务所无关。

知识检测

一、单项选择题

1. （　　）不属于审计工作底稿。

    A. 审计业务约定书   B. 审计计划

    C. 审计报告草稿   D. 存货监盘表

2. 以下关于审计工作底稿的存在形式表述正确的是（　　）。

    A. 只能以纸质形式存在

    B. 只能以电子形式存在

    C. 可以以纸质、电子或其他介质形式存在

    D. 只能以一种形式存在

3. 在我国，审计工作底稿的所有权应归属于（　　）。

    A. 被审计单位   B. 承揽该项业务的会计师事务所

    C. 负责该项业务的注册会计师   D. 审计报告的预期使用者

4. 审计工作底稿的归档期限为审计报告日后的（　　）天内。

    A. 30   B. 60   C. 90   D. 180

5. 审计报告日期为 2022 年 3 月 5 日，提交审计报告日期为 2022 年 3 月 8 日，审计工作底稿的归档日期为 2022 年 4 月 20 日，则审计工作底稿至少保存到（　　）。

    A. 2032 年 3 月 4 日   B. 2032 年 3 月 5 日

    C. 2032 年 3 月 6 日   D. 2022 年 4 月 21 日

6. 以下对审计档案的理解中不恰当的是（　　）。

    A. 审计工作底稿经分类、整理、归档后形成审计档案

    B. 审计工作底稿的所有权应归属于被审计单位

C. 审计工作底稿是审计证据的载体

D. 永久性档案需要永久保存，当期档案至少保存 10 年

二、多项选择题

1. 下列各项中属于审计工作底稿要素的有（　　）。

    A. 审计过程记录　　　　　　　　　　B. 审计结论

    C. 审计标识　　　　　　　　　　　　D. 索引号及编号

2. 注册会计师应当及时编制审计工作底稿，以实现下列目的（　　）。

    A. 提供充分、适当的记录，作为出具审计报告的基础

    B. 提供证据，证明注册会计师已按规定计划和执行了审计工作

    C. 保留对未来审计工作持续产生重大影响事项的记录

    D. 便于监督机构和注册会计师协会的执业检查

3. 通过注册会计师编制的审计工作底稿，我们可以清楚地了解的内容包括（　　）。

    A. 总体审计策略　　　　　　　　　　B. 询证函回函

    C. 审计业务约定书　　　　　　　　　D. 管理建议书

4. 审计工作底稿是注册会计师对（　　）做出的记录。

    A. 制订的审计计划　　　　　　　　　B. 实施的审计程序

    C. 获取的审计证据　　　　　　　　　D. 得出的审计结论

5. 审计工作底稿通常包括（　　）。

    A. 财务报表草稿　　　　　　　　　　B. 具体审计计划

    C. 管理层声明书　　　　　　　　　　D. 审计报告

6. 审计工作底稿的存在形式包括（　　）。

    A. 纸质形式　　　　　　　　　　　　B. 电子形式

    C. 其他介质形式　　　　　　　　　　D. 口头形式

三、判断题

1. 审计工作底稿是审计证据的载体。　　　　　　　　　　　　　　　　（　　）

2. 在审计过程中，注册会计师应当将获取的审计证据记录于审计工作底稿中。　（　　）

3. 审计计划、会议纪要、营业执照复印件、重要合同协议复印件都属于审计工作底稿。

                                                   （　　）

4. 对当期档案，会计师事务所只需在当期妥善保管。　　　　　　　　（　　）

5. 在我国，会计师事务所拥有审计工作底稿的所有权。　　　　　　　（　　）

6. 印刷错误的审计报告不属于审计工作底稿。　　　　　　　　　　　（　　）

四、简答题

1. 什么是审计工作底稿？包含哪些基本要素？

2. 如何保管审计工作底稿？

拓展实训

资料：兴达会计师事务所的注册会计师李进负责对万家乐商贸集团公司2020年度财务报表进行审计。2021年3月5日注册会计师李进签署审计报告，并于5月20日将审计工作底稿归整为最终审计档案。2021年5月26日，注册会计师李进意识到万家乐公司存在舞弊行为，私下修改了部分审计工作底稿。2021年6月1日，该公司财务舞弊案爆发，注册会计师李进擅自销毁了万家乐公司的审计工作底稿。

要求：分析说明：

（1）注册会计师李进在归整审计档案时是否存在问题，并简要说明理由。

（2）在归整审计档案后，注册会计师私下修改审计工作底稿是否存在问题，并简要说明理由。

（3）兴达会计师事务所在保存审计工作底稿方面是否存在问题，并简要说明理由。

项目十二　销售与收款循环审计

学习目标

能力目标：

1. 能完成销售与收款循环的重大错报风险评估；

2. 能完成销售与收款循环的控制测试；

3. 能完成营业收入项目审计；

4. 能完成应收账款项目审计。

知识目标：

1. 了解销售与收款循环的重大错报风险；

2. 了解销售与收款循环的主要业务活动及相应的凭证、记录；

3. 理解营业收入、应收账款的审计目标；

4. 掌握营业收入、应收账款的审计方法。

项目导入

注册会计师张勇正在对黄河通用机械制造股份有限公司 2021 年度财务报表进行审计。张勇如何执行销售与收款循环的综合业务审计？

任务 12.1　销售与收款循环的风险评估

被审计单位可能有各种各样的收入来源，处于不同的控制环境，存在复杂的合同安排，这些情况对收入交易的会计核算可能存在诸多影响，比如不同交易安排下的收入确认的时间和依据可能不尽相同。注册会计师结合对销售与收款循环中业务流程和相关控制的了解，考虑在销售与收款循环中发生错报的可能性以及存在错报的重大程度是否足以导致重大错报，从而评估销售与收款循环的相关交易和余额存在的重大错报风险，以为设计和实施进一步的审计程序提供基础。

一、销售与收款循环存在的重大错报风险

与销售与收款循环相关的财务报表项目主要为营业收入和应收账款，此外还有应收票据、预收款项、长期应收款、应交税费、税金及附加等。以一般制造业的赊销销售为例，相关交易和余额存在的重大错报通常包括：

1. 收入确认存在的舞弊风险。收入是利润的来源，直接关系到企业的财务状况和经营成果。有些企业往往为了达到粉饰财务报表的目的而采用虚增（发生认定）或隐瞒收入（完整性认定）等方式实施舞弊。在财务报表舞弊案件中，涉及收入确认的舞弊占有很大比例，收入确认已成为注册会计师审计的高风险领域。《中国注册会计师审计准则》要求注册会计师基于收入确认存在舞弊风险的假定，评价哪些类型的收入、收入交易或认定导致舞弊风险。

2. 收入的复杂性可能导致的错误。例如，被审计单位可能针对一些特定的产品或者服务提供一些特殊的交易安排（如特殊的退货约定、特殊的服务期限安排等），但管理层可能对这些不同安排下所涉及的交易风险的判断缺乏经验，收入确认上就容易发生错误。

3. 发生的收入交易未能得到准确记录。

4. 期末收入交易和收款交易可能未计入正确的期间，包括销售退回交易的截止错误。

5. 收款未及时入账或记入不正确的账户，因而导致应收账款（或应收票据/银行存款）的错报。

6. 应收账款坏账准备的计提不准确。

某些重大错报风险可能与财务报表整体广泛相关，进而影响多项认定，如舞弊风险；某些重大错报风险可能与特定的某类交易、账户余额和披露的认定相关，如会计期末的收入交易和收款交易的截止错误（截止），或应收账款坏账准备的计提（计价）。在评估重大错报风险时，注册计师应当落实到该风险所涉及的相关认定，从而更有针对性地设计进一步的审计程序。

下面重点说明对收入确认存在的舞弊风险的评估。

注册会计师在识别和评估与收入确认相关的重大错报风险时，应当基于收入确认存在舞弊风险的假定，评价哪些类型的收入、收入交易或认定导致舞弊风险。

假定收入确认存在舞弊风险，并不意味着注册会计师应当将与收入确认相关的所有认定都假定为存在舞弊风险。注册会计师需要结合对被审计单位及其环境的具体了解，考虑收入确认舞弊可能如何发生。被审计单位不同，管理层实施舞弊的动机或压力不同，其舞弊风险所涉及的具体认定也不同，注册会计师需要做出具体分析。例如，如果管理层难以实现预期利润目标，则可能有高估收入的动机或压力（如提前确认收入或记录虚假的收入），因此，收入的发生认定存在舞弊风险的可能性较大，而完整性认定则通常不存在舞弊风险；相反，如果管理层有隐瞒收入而降低税负的动机，则注册会计师需要更加关注与收入完整性认定相关的舞弊风险。再如，如果被审计单位预期难以达到下一年度的销售目标，而已经超额实现了本年度的销售目标，就可能倾向于将本期的收入推迟至下一年度确认。

如果注册会计师认为收入确认存在舞弊风险的假定不适用于业务的具体情况，从而未将收入确认作为由于舞弊导致的重大错报风险领域，注册会计师应当在审计工作底稿中记录得出该结论的理由。

（一）通过实施风险评估程序识别与收入确认相关的舞弊风险

风险评估程序，是注册会计师为了解被审计单位及其环境，以识别和评估重大错报风险而实施的审计程序。风险评估程序应当包括询问管理层以及被审计单位内部其他人员、分析程序、观察和检查程序。

实施风险评估程序，对注册会计师识别与收入确认相关的舞弊风险至关重要，例如，注册会计师通过了解被审计单位生产经营的基本情况、销售模式和业务流程、与收入相关的生产技术条件、收入的来源和构成、收入交易的特性、收入确认的具体原则、所在行业的特殊事项、重大异常交易的商业理由、被审计单位的业绩衡量等，有助于其考虑收入虚假错报可能采取的方式，从而设计恰当的审计程序以发现此类错报。

注册会计师应当评价通过实施风险评估程序和执行其他相关活动获取的信息是否表明存在舞弊风险因素。例如，如果注册会计师通过实施风险评估程序了解到，被审计单位所处行业竞争激烈并伴随着利润率的下降，而管理层过于强调提高被审计单位利润水平的目标，则注册会计师需要警惕管理层通过实施舞弊高估收入，从而高估利润的风险。

（二）常用的收入确认舞弊手段

了解被审计单位通常采用的收入确认舞弊手段，有助于注册会计师更加有针对性地实施审计程序。被审计单位通常采用的收入确认舞弊手段举例如下：

1. 为了达到粉饰财务报表的目的而虚增收入或提前确认收入。

（1）利用与未披露关联方之间的资金循环虚构交易。

（2）通过未披露的关联方进行显失公允的交易。例如，以明显高于其他客户的价格向未披露的关联方销售商品。

（3）通过出售关联方的股权，使之从形式上不再构成关联方，但仍与之进行显失公允的交易，或与未来或潜在的关联方进行显失公允的交易。

（4）通过虚开商品销售发票虚增收入，而将货款挂在应收账款中，并可能在以后期间计提坏账准备，或在期后冲销。

（5）为了虚构销售收入，将商品从某一地点移送至另一地点，以出库单和运输单据为依据记录销售收入。

（6）在与商品相关的风险和报酬尚未全部转移给客户之前确认销售收入。例如，销售合同中约定被审计单位的客户在一定时间内有权无条件退货，而被审计单位隐瞒退货条款，在发货时全额确认销售收入。

（7）通过隐瞒售后回购或售后租回协议，而将以售后回购或售后租回方式发出的商品作为销售商品确认收入。

（8）采用完工百分比法确认劳务收入且采用已经发生的成本占估计总成本的比例确定完工进度时，故意低估预计总成本或多计实际发生的成本，以通过高估完工百分比的方法实现当期多确认收入。

（9）在采用代理商的销售模式时，在代理商仅向购销双方提供帮助接洽、磋商等中介代理服务的情况下，按照相关购销交易的总额而非净额（扣除佣金和代理费等）确认收入。

（10）当存在多种可供选择的收入确认会计政策或会计估计方法时，随意变更所选择的会计政策或会计估计方法。

（11）选择与销售模式不匹配的收入确认会计政策。

2. 为了达到报告期内降低税负或转移利润等目的而少计收入或延后确认收入。

（1）被审计单位将商品发出、收到货款并满足收入确认条件后，不确认收入，而将收到的货款作为负债挂账，或转入本单位以外的其他账户。

（2）被审计单位采用以旧换新的方式销售商品时，以新旧商品的差价确认收入。

（3）在提供劳务或建造合同的结果能够可靠估计的情况下，不在资产负债表日按完工百分比法确认收入，而推迟到劳务结束或工程完工时确认收入。

（三）表明被审计单位在收入确认方面可能存在舞弊风险的迹象

舞弊风险迹象，是注册会计师在实施审计过程中发现的、需要引起对舞弊风险警觉的事实或情况。存在舞弊风险迹象并不必然表明发生了舞弊，但了解舞弊风险迹象，有助于注册会计师对审计过程中发现的异常情况产生警觉，从而更有针对性地采取应对措施。

通常表明被审计单位在收入确认方面可能存在舞弊风险的迹象举例如下：

（1）注册会计师发现被审计单位的客户是否付款取决于下列情况：

①能否从第三方取得融资；

②能否转售给第三方（如经销商）；

③被审计单位能否满足特定的重要条件。

（2）未经客户同意，在销售合同约定的发货期之前发送商品。

（3）未经客户同意，将商品运送到销售合同约定地点以外的其他地点。

（4）被审计单位的销售记录表明，已将商品发往外部仓库或货运代理人，却未指明任何客户。

（5）在实际发货之前开具销售发票，或实际未发货而开具销售发票。

（6）对于期末之后的发货，在本期确认相关收入。

（7）实际销售情况与订单不符，或者根据已取消的订单发货或重复发货。

（8）已经销售给货运代理人的商品，在期后有大量退回。

（9）销售合同或发运单上的日期被更改，或者销售合同上加盖的公章并不属于合同所指定的客户。

（10）在接近期末时发生了大量或大额的交易。

（11）交易之后长期不进行结算。

（12）在被审计单位业务或其他相关事项未发生重大变化的情况下，询证函回函相符比明显异于以前年度。

（13）发生异常大量的现金交易，或被审计单位有非正常的资金流转及往来，特别是有正常现金收付的情况。

（14）应收款项收回时，付款单位与购买方不一致，存在较多代付款的情况。

（15）交易标的对交易对手而言不具有合理用途。

（16）主要客户自身规模与其交易规模不匹配。

（四）对收入确认实施分析程序

分析程序是一种识别收入确认舞弊风险的较为有效的方法，注册会计师需要重视并充分利用分析程序，发挥其在识别收入确认舞弊中的作用。

在收入确认领域，注册会计师可以实施的分析程序的例子包括：

（1）将本期销售收入金额与以前可比期间的对应数据或预算数进行比较；

（2）分析月度或季度销售量变动趋势；

（3）将销售收入变动幅度与销售商品及提供劳务收到的现金、应收账款、存货、税金等项目的变动幅度进行比较；

（4）将销售毛利率、应收账款周转率、存货周转率等关键财务指标与可比期间数据、预算数或同行业其他企业数据进行比较；

（5）分析销售收入等财务信息与投入产出率、劳动生产率、产能、水电能耗、运输数量等非财务信息之间的关系；

（6）分析销售收入与销售费用之间的关系，包括销售人员的人均业绩指标、销售人员薪酬、差旅费用、运费，以及销售机构的设置、规模、数量、分布等。

注册会计师通过实施分析程序，可能识别出未注意到的异常关系，或难以发现的变动趋势，从而有目的、有针对性地关注可能发生重大错报风险的领域，有助于评估重大错报风险，为设计和实施应对措施提供基础。例如，如果注册会计师发现被审计单位不断地为完成销售目标而增加销售量，或者大量的销售因不能收现而导致应收账款大量增加，需要对销售收入的真实性予以额外关注；如果注册会计师发现被审计单位临近期末销售量大幅增加，需要警惕将下期收入提前确认的可能性；如果注册会计师发现单笔大额收入能够减轻被审计单位盈利方面的压力，或使被审计单位完成销售目标，需要警惕被审计单位虚构收入的可能性。

如果发现异常或偏离预期的趋势或关系，注册会计师需要认真调查其原因，评价是否表明可能存在由于舞弊导致的重大错报风险。涉及期末收入和利润的异常关系尤其值得关注，例如在报告期的最后几周内记录了不寻常的大额收入或异常交易。注册会计师可能采取的调查方法举例如下：

（1）如果注册会计师发现被审计单位的毛利率变动较大或与所在行业的平均毛利率差异较大，注册会计师可以采用定性分析与定量分析相结合的方法，从行业及市场变化趋势、产品销售价格和产品成本要素等方面对毛利率变动的合理性进行调查。

（2）如果注册会计师发现应收账款余额较大，或其增长幅度高于销售收入的增长幅度，注册会计师需要分析具体原因（如赊销政策和信用期限是否发生变化等），并在必要时采取恰当的措施，如扩大函证比例、增加截止测试和期后收款测试的比例等。

（3）如果注册会计师发现被审计单位的收入增长幅度明显高于管理层的预期，可以询问管理层的适当人员，并考虑管理层的答复是否与其他审计证据一致，例如，如果管理层表示收入增长是由于销售量增加所致，注册会计师可以调查与市场需求相关的情况。

二、根据重大错报风险评估结果设计进一步审计程序

注册会计师基于销售与收款循环的重大错报风险评估结果，制定实施进一步审计程序的总体方案（包括综合性方案和实质性方案）（表12-1），继而实施控制测试和实质性程序，以应对识别出的认定层次的重大错报风险。注册会计师通过控制测试和实质性程序获取的审计证据综合起来应足以应对识别出的认定层次的重大错报风险。

表12-1　销售与收款循环的重大错报风险和进一步审计程序总体方案

重大错报风险描述	相关财务报表项目及认定	风险程度	是否信赖控制	进一步审计程序的总体方案	拟从控制测试中获取的保证程度	拟从实质程序中获取的保证程度
销售收入可能未真实发生	收入：发生 应收账款：存在	特别	是	综合性方案	高	中
销售收入记录可能不完整	收入/应收账款：完整性	一般	否	实质性方案	无	低
期末收入交易可能未计入正确的期间	收入：截止 应收账款：存在/完整性	特别	否	实质性方案	无	高
发生的收入交易未能得到准确记录	收入：准确性 应收账款：准确性、计价和分摊	一般	是	综合性方案	部分	低
应收账款坏账准备的计提不准确	应收账款：准确性、计价和分摊	一般	否	实质性方案	无	中

注册会计师根据重大错报风险的评估结果初步确定实施进一步审计程序的具体审计计划，因为风险评估和审计计划都是贯穿审计全过程的动态的活动，而且控制测试的结果可能导致注册会计师改变对内部控制的信赖程度，因此，具体审计计划并非一成不变，可能需要在审计过程中进行调整。

然而，无论是采用综合性方案还是实质性方案，获取的审计证据都应当能够从认定层面应对所识别的重大错报风险，直至针对该风险所涉及的全部相关认定，都已获取了足够的保证程度。

任务12.2　销售与收款循环的控制测试

一、销售与收款循环的主要业务活动

（一）接受客户订购单

客户提出订货要求是整个销售与收款循环的起点，是购买某种货物或接受某种劳务的

一项申请。客户的订购单只有在符合企业管理层的授权标准时才能被接受。

（二）批准赊销信用

对于赊销业务的批准是由信用管理部门根据管理层的赊销政策在每个客户的已授权的信用额度内进行的。信用管理部门的职员在收到销售单管理部门的销售单后，应将销售单与该客户已被授权的赊销信用额度以及至今尚欠的账款余额加以比较。

（三）按销售单供货

企业管理层通常要求商品仓库只有在收到经过批准的销售单时才能供货。设立这项控制程序的目的是为了防止仓库在未经授权的情况下擅自发货。

（四）按销售单装运货物

将按经批准的销售单供货与按销售单装运货物职责相分离，有助于避免负责装运货物的职员在未经授权的情况下装运产品。装运部门职员在装运之前，还必须进行独立验证，以确定从仓库提取的商品都附有经批准的销售单，并且，所提取商品的内容与销售单一致。

（五）向客户开具发票

会计部门根据销售单、出库单、发运凭证、商品价目表及经批准的商业折扣条件开具发票。开具发票包括开具并向客户寄送预先连续编号的销售发票。

（六）记录销售

会计部门按销售发票编制转账凭证或库存现金、银行存款收款凭证，再据以登记主营业务收入明细账和应收账

（七）办理和记录现金、银行存款收入

这项业务涉及的是有关货款收回，现金、银行存款增加以及应收账款减少的活动。企业应保证全部货币资金都必须如数、及时地记入库存现金、银行存款日记账或应收账款明细账，并如数、及时地将现金存入银行。

（八）办理和记录销售退回、销售折扣与折让

客户如果对商品不满意，销售企业一般都会同意接受退货，或给予一定的销售折让；客户如果提前支付货款，销售企业则可能会给予一定的销售折扣。发生此类事项时，必须经授权批准，并应确保与办理此事有关的部门和职员各司其职，分别控制实物流和会计处理。

（九）提取坏账准备

合理估计可能发生的坏账损失，计提坏账准备。坏账准备提取的数额必须能够抵补企业以后无法收回的销货款。

（十）注销坏账

销售企业如果有确凿证据表明某项货款再也无法收回，就必须注销这笔货款，经适当审批后及时做会计调整。

二、销售与收款循环的主要会计凭证与会计记录

（一）客户订购单

客户订购单即客户提出的书面购货要求。

（二）销售单

销售单是列示客户所订商品的名称、规格、数量以及其他客户订购单有关信息的凭证，作为销售方内部处理客户订购单的凭证。

（三）发运凭证

发运凭证即在发运货物时编制的，有以反映发出商品的规格、数量和其他有关内容的凭据。发运凭证的一联寄送给客户，其余联（一联或数联）由企业保留。

（四）销售发票

销售发票是一种用来表明已销售商品的名称、规格、数量、价格、销售金额、运费和保险费、开票日期、付款条件等内容的凭证。

（五）商品价目表

商品价目表是列示已经授权批准的、可供销售的各种商品的价格清单。

（六）贷项通知单

贷项通知单是一种用来表示由于销售退回或经批准的折让而引起的应收销货款减少的凭证。

（七）应收账款账龄分析表

通常，应收账款账龄分析表按月编制，反映月末尚未收回的应收账款总额和账龄，并详细反映每个客户月末尚未偿还的应收账款数额和账龄。

（八）应收账款明细账

应收账款明细账是用来记录每个客户各项赊销、还款、销售退回及折让的明细账。各应收账款明细账的余额合计数应与应收账款总账的余额相等。

（九）主营业务收入明细账

主营业务收入明细账是一种用来记录销售交易的明细账。它通常记载和反映不同类别商品或服务的营业收入的明细发生情况和总额。

（十）折扣与折让明细账

折扣与折让明细账是一种用来核算企业销售商品时，按销售合同规定为了及早收回货款而给予客户的销售折扣和因商品品种、质量等原因而给予客户的销售折让情况的明细账。

（十一）汇款通知书

汇款通知书是一种与销售发票一起寄给客户，由客户在付款时再寄回销售单位的凭证。这种凭证注明了客户的姓名、销售发票号码、销售单位开户银行账号以及金额等

内容。

（十二）库存现金日记账和银行存款日记账

库存现金日记账和银行存款日记账是用来记录应收账款的收回或现销收入以及其他各种现金、银行存款收入和支出的日记账。

（十三）坏账审批表

坏账审批表是一种用来批准将某些应收款项注销为坏账，仅在企业内部使用的凭证。

（十四）客户月末对账单

客户月末对账单是一种按月定期寄送给客户的用于购销双方定期核对账目的凭证。客户月末对账单上应注明应收账款的月初余额、本月各项销售交易的金额、本月已收到的货款、贷项通知单的数额以及月末余额等内容。

（十五）转账凭证

转账凭证是指记录转账业务的记账凭证，它是根据有关转账业务（即不涉及现金、银行存款收付的各项业务）的原始凭证编制的。

（十六）收款凭证

收款凭证是指用来记录现金和银行存款收入业务的记账凭证。

三、销售与收款循环的内部控制

（一）销售交易的内部控制

1. 职责分离。

销售与收款不相容岗位至少应当包括：

（1）客户信用调查评估；

（2）销售合同的审批、签订与办理发货；

（3）销售货款的确认、回收与相关会计记录；

（4）销售退回货品的验收、处置与相关会计记录；

（5）销售业务经办与发票开具、管理；

（6）坏账准备的计提与审批、坏账的核销与审批。

2. 恰当的授权审批。

（1）在销售发生之前，赊销已经正确审批；

（2）非经正当审批，不得发出货物；

（3）销售价格、销售条件、运费、折扣等必须经过审批；

（4）审批人员应当根据销售与收款授权批准制度的规定，在授权范围内进行审批，不得超越审批权限。

3. 充分的凭证和记录。

每个企业交易的产生、处理和记录等制度都有其特点，因此，也许很难评价其各项控制是否足以发挥最大的作用。然而，只有具备充分的记录手续，才有可能实现其他各项控制目标。例如，企业在收到客户订购单后，就立即编制一份预先编号的一式多联的销售单，分别用于批准赊销、审批发货、记录发货数量以及向客户开具账单和销售发票等。在这种制度下，只要定期清点销售单和销售发票，漏开账单的情形几乎就不太会发生。相反的情况是，有的企业只在发货以后才开具账单，如果没有其他控制措施，这种制度下漏开账单的情况就很可能会发生。

4. 凭证的预先编号。

对凭证预先进行编号，旨在防止销售以后遗漏向客户开具账单或登记入账，也可防止重复开具账单或重复记账。当然，如果对凭证的编号不做清点，预先编号就会失去其控制意义。由收款员对每笔销售开具账单后，将发运凭证按顺序归档；而由另一位职员定期检查全部凭证的编号，并调查凭证缺号的原因，就是实施这项控制的一种方法。

5. 按月寄出对账单。

（1）由不负责现金出纳和销售及应收账款记账的人员按月向客户寄发对账单，能促使客户在发现应付账款余额不正确后及时反馈有关信息。

（2）将账户余额中出现的所有核对不符的账项，指定一位既不掌管货币资金也不记录主营业务收入和应收账款的主管人员处理，然后由独立人员按月编制对账情况汇总报告并交管理层审阅。

6. 内部核查程序。

（1）检查登记入账的销售交易所附的佐证凭证，例如发运凭证等；

（2）了解客户的信用情况，确定是否符合企业的赊销政策；

（3）检查发运凭证的连续性，并将其与主营业务收入明细账核对；

（4）将登记入账的销售交易对应的销售发票上的数量发运凭证上的记录进行比较核对；

（5）将登记入账和销售交易的原始凭证与会计科目表比较核对；

（6）检查开票员所保管的未开票发运凭证，确定是否存在未在恰当期间及时开票的发运凭证。

（二）收款交易的内部控制

1. 企业应当按照《现金管理暂行条例》《支付结算办法》等规定，及时办理销售收款业务。

2. 企业应将销售收入及时入账，不得账外设账，不得擅自坐支现金。销售人员应当避免接触销售现款。

3. 企业应当建立应收账款账龄分析制度和逾期应收账款催收制度。销售部门应当负责应收账款的催收，财会部门应当督促销售部门加紧催收。对催收无效的逾期应收账款可通过法律程序予以解决。

4. 企业应当按客户设置应收账款台账，及时登记每一客户应收账款余额增减变动情况和信用额度使用情况。对长期往来客户应当建立起完善的客户资料，并对客户资料实行动态管理，及时更新。

5. 企业对于可能成为坏账的应收账款应当报告有关决策机构，由其进行审查，确定是否确认为坏账。企业发生的各项坏账，应查明原因，明确责任，并在履行规定的审批程序后做出会计处理。

6. 企业注销的坏账应当进行备查登记，做到账销案存。已注销的坏账又收回时应当及时入账，防止形成账外资金。

7. 企业应收票据的取得和贴现必须经由保管票据以外的主管人员的书面批准。应有专人保管应收票据，对于即将到期的应收票据，应及时向付款人提示付款；已贴现票据应在备查簿中登记，以便日后追踪管理；并应制定逾期票据的冲销管理程序和逾期票据追踪监控制度。

8. 企业应当定期与往来客户通过函证等方式核对应收账款、应收票据、预收款项等往来款项。如有不符，应查明原因，及时处理。

四、销售与收款循环的控制测试

(一) 销售交易的控制测试

1. 检查客户的赊购是否经授权批准，检查销售发票是否经适当的授权批准；
2. 检查销售发票副联是否附有发运凭证（或提货单）及销售单（或客户订购单）；
3. 检查销售发票连续编号的完整性；
4. 检查发运凭证连续编号的完整性；
5. 检查会计科目表是否适当；
6. 检查有关凭证上内部复核和核查的标记；
7. 检查尚未开具收款账单的发货和尚未登记入账的销售交易；
8. 检查将应收账款明细账余额合计数与其总账余额进行比较的标记。

(二) 收款交易的控制测试

1. 观察收款交易过程；
2. 检查现金折扣是否经过恰当的审批；
3. 检查是否定期盘点，检查盘点记录；
4. 检查是否存在未入账的现金收入；
5. 检查是否向客户寄送对账单，了解是否定期进行；
6. 检查复核标记；
7. 检查银行对账单、银行存款余额调节表。

【案例 12 - 1】注册会计师张勇正在对黄河通用机械制造股份有限公司的销售与收款循环进行控制测试，做了如下测试记录：

黄河通用机械制造股份有限公司销售商品时，正常的销售程序如下：

1. 由销售部填制一式四联的销售单，然后查阅该公司的授信额度，确定是否可予以赊销，将可以赊销的金额书面通知财务部。

2. 销售部将销售单传递至仓库，由仓库据以发货。

3. 仓库根据销售单发货后，将出库单传递给销售部门及财务部门。

4. 销售部门根据仓库的出库单，由专人给客户开具销售发票，同时将附有销售发票副本及出库单的销售单传递给财务部门。

5. 财务部门根据销售单、出库单、销售发票副本进行相应的会计处理。

【要求】请你替注册会计师张勇分析黄河通用机械制造股份有限公司销售与收款循环内部控制存在的缺陷，并提出改进建议。

【分析】黄河通用机械制造股份有限公司销售与收款内部控制的缺陷有：

1. 没有设立专门控制客户信用的信用管理部门，由销售部门控制客户的信用额度；没有设立专门的发运部门，仓库兼具发运商品及清点商品出库的双重职责，不相容职务未进行分离。建议黄河通用机械制造股份有限公司设立专门的信用管理部门及发运部门，各部门各司其职。

2. 开具销售发票的人员只能依据销售单及出库单开具销售发票，缺乏对销售价格及数量进行审核及控制的环节。建议开具销售发票的人员根据销售合同及出库单审核销售价格及数量，避免出现错误。

3. 赊销客户的名单由销售部单独传递给财务部，如果出现疏忽，就可能遗漏客户信息，影响企业应收账款管理。建议设立信用管理部门以后，销售单据由信用管理部门审批后再按照规定程序传递给财务部，财务部根据信用管理部门审批后的销售单登记账簿，以便对客户信用进行有效管理。

任务 12.3　营业收入审计

一、营业收入的审计目标

1. 确定利润表中记录的营业收入是否已发生，且与被审计单位有关（发生认定）；

2. 确定所有应当记录的营业收入是否均已记录（完整性认定）；

3. 确定与营业收入有关的金额及其他数据是否已恰当记录，包括对销售退回、销售折扣与折让的处理是否适当（准确性认定）；

4. 确定营业收入是否已记录于正确的会计期间（截止认定）；

5. 确定营业收入是否已记录于恰当的账户（"分类"认定）；

6. 确定营业收入是否已按照企业会计准则的规定在财务报表中做出恰当的列报。

二、营业收入的实质性程序

1. 获取营业收入明细表，并执行以下工作。

（1）复核加计是否正确，并与总账数和明细账合计数核对是否相符；

（2）检查以非记账本位币结算的营业收入的折算汇率及折算是否正确。

2. 检查营业收入的确认方法是否符合企业会计准则的规定。

具体来说，被审计单位采取的销售方式不同，确认销售的时点也是不同的：

（1）采用交款提货销售方式，通常应于货款已收到或取得收取货款的权利，同时已将发票账单和提货单交给购货单位时确认收入的实现。对此，注册会计师应着重检查被审计单位是否收到货款或取得收取货款的权利，发票账单和提货单是否已交付购货单位。应注意有无扣压结算凭证，将当期收入转入下期入账的现象，或者虚增收入、开具假发票、虚列购货单位，将当期未实现的收入虚转为收入记账，在下期予以冲销的现象。

（2）注册会计师应重点检查被审计单位是否收到了货款，商品是否已经发出。应注意是否存在对已收货款并已将商品发出的交易不入账、转为下期收入，或开具虚假出库凭证、虚增收入等现象。

（3）采用托收承付结算方式，通常应于商品已经发出，劳务已经提供，并已将发票账单提交银行、办妥收款手续时确认收入的实现。对此，注册会计师应重点检查被审计单位是否发货，托收手续是否办妥，货物发运凭证是否真实，托收承付结算回单是否正确。

（4）销售合同或协议明确销售价款的收取采用递延方式，可能实质上具有融资性质的，应当按照应收的合同或协议价款的公允价值确定销售商品收入金额。应收的合同或协议价款与其公允价值之间的差额，通常应当在合同或协议期间内采用实际利率法进行摊销，计入当期损益。

3. 实施实质性分析程序。

（1）将本期的营业收入与上期的营业收入、销售预算或预测数等进行比较，分析营业收入及其构成的变动是否异常，并分析异常变动的原因。

（2）计算本期重要产品的毛利率，与上期或预算或预测数据比较，检查是否存在异常，各期之间是否存在重大波动，查明原因。

（3）比较本期各月各类营业收入的波动情况，分析其变动趋势是否正常，是否符合被审计单位季节性、周期性的经营规律，查明异常现象和重大波动的原因。

（4）将本期重要产品的毛利率与同行业企业进行对比分析，检查是否存在异常。

（5）根据增值税发票中报表或普通发票，估算全年收入，与实际收入金额比较。

4. 核对收入交易的原始凭证和会计记录。

（1）抽取本期一定数量的记账凭证，审查入账日期、品名、数量、单价、金额等是否与销售发票、发运凭证、销售合同等一致，以评价已入账的营业收入是否真实发生。

（2）获取产品价格目录，抽查售价是否符合价格政策，并注意销售给关联方或关系密切的重要客户的产品价格是否合理，有无以低价或高价结算的方法相互之间转移利润的现象，以确认营业收入的金额是否正确。

（3）检查原始凭证的交易日期，以确认营业收入是否计入了正确的期间。

5. 抽取本期一定数量的发运凭证，追查至销售发票存根和营业收入明细账，以确定是否存在遗漏现象。

6. 结合对应收账款实施的函证程序，选择主要客户函证本期销售额。

7. 实施销售的截止测试。

对销售实施截止测试，其目的主要在于确定被审计单位营业收入的会计记录归属期是否正确，应记入本期或下期的营业收入是否被推延至下期或提前至本期。

注册会计师在审计中应该注意把握三个与营业收入确认有着密切关系的日期：一是发

票开具日期；二是记账日期；三是发货日期（服务业则是提供劳务的日期）。

围绕上述三个重要日期，在审计实务中，注册会计师可以考虑选择两条审计路线实施营业收入的截止测试。

（1）以账簿记录为起点，检查是否多计收入

从资产负债表日前后若干天的账簿记录追查至记账凭证，检查客户签收的发运凭证，目的是证实已入账收入是否在同一期间已发货并由客户签收，有无多计收入。

（2）以发运凭证为起点，检查是否漏计收入

从资产负债表日前后若干天客户签收的发运凭证追查至账簿记录，确定营业收入是否已记入恰当的会计期间。

上述两条审计路线在实务中均被广泛采用，它们并不是孤立的，注册会计师可以考虑在同一被审计单位财务报表审计中并用这两条路线。实际上，由于被审计单位的具体情况各异，管理层意图各不相同，有的企业可能会多计收入，有的企业则可能少计收入。

因此，为提高审计效率，注册会计师应当凭借专业经验和所掌握的信息、资料做出正确判断，选择其中的一条或两条审计路线实施更有效的收入截止测试。

8. 存在销货退回的，检查相关手续是否符合规定，结合原始销售凭证检查其会计处理是否正确，结合存货项目审计关注其真实性。

9. 检查销售折扣与折让。

企业在销售交易中，往往会因产品品种不符、质量不符合要求以及结算方面的原因发生销售折扣与折让。尽管引起销售折扣与折让的原因不尽相同，其表现形式也不尽一致，但都是对收入的抵减，直接影响收入的确认和计量。因此，注册会计师应重视折扣与折让的审计。销售折扣与折让的实质性程序主要包括：

（1）获取与编制折扣与折让明细表，复核加计正确，并与明细账合计数核对相符；

（2）取得被审计单位有关折扣与折让的具体规定和其他文件资料，并抽查较大的折相与折让发生额的授权批准情况，与实际执行情况进行核对，检查其是否经授权批准，是否合法、真实；

（3）销售折扣与折让是否及时足额提交对方，有无虚设中介、转移收入、私设账外"小金库"等情况；

（4）检查折扣与折让的会计处理是否正确。

10. 检查营业收入在财务报表中的列报和披露是否符合企业会计准则的规定。

如果注册会计师认为被审计单位存在通过虚假销售虚增利润的舞弊风险，可能采取非常规的审计程序应对该风险。例如：

（1）调查被审计单位的工商资料和其他信息，了解客户是否真实存在，其业务范围是否支持其采购行为；

（2）检查与已收款交易相关的收款记录及原始凭证，检查付款方是否为销售交易对应的客户；

（3）考虑利用反舞弊专家的工作，对被审计单位和客户的关系及其交易进行检查。

【案例 12-2】注册会计师张勇正在对黄河通用机械制造股份有限公司 2021 年销售情

况进行审计，发现如下情况：

黄河通用机械制造股份有限公司 2021 年 10 月份与乙企业签订预收货款的销售合同，在该合同中规定：2021 年 11 月乙企业预付给黄河通用机械制造股份有限公司货款及增值税款共计 531 100 元的 40%，余款于发货时结清。2022 年 1 月黄河通用机械制造股份有限公司向乙企业提供机床 10 台，货款 470 000 元、增值税款 61 100 元。上述业务发生后，黄河通用机械制造股份有限公司的账务处理如下：

（1）2021 年 11 月预收款项时：

借：银行存款　　　　　　　　　　　　　　　　　　　212 440
　　贷：主营业务收入　　　　　　　　　　　　　　　　　188 000
　　　　应交税费——应交增值税（销项税额）　　　　　　24 440

（2）2022 年 1 月发出货物时：

借：银行存款　　　　　　　　　　　　　　　　　　　318 660
　　贷：主营业务收入　　　　　　　　　　　　　　　　　282 000
　　　　应交税费——应交增值税（销项税额）　　　　　　36 660

【要求】请你替注册会计师张勇分析黄河通用机械制造股份有限公司销售业务会计处理可能存在的问题。

【分析】

该企业 2021 年 11 月份虽然预收货款，但本月未发货，不符合收入确认条件。因此，预收的款项只能记入"合同负债"账户 212 440 元，不能记入"主营业务收入"账户 188 000 元和"应交税费"账户 24 440 元。注册会计师张勇应建议该公司调整，调整分录如下：

借：主营业务收入　　　　　　　　　　　　　　　　　188 000
　　应交税费——应交增值税（销项税额）　　　　　　　24 440
　　贷：合同负债　　　　　　　　　　　　　　　　　　　212 440

【案例 12-3】注册会计师张勇审查黄河通用机械制造股份有限公司 2021 年 10 月产成品发出业务时发现：发出 A 产品 200 件用于职工福利，其单位成本为 100 元、单价为 200 元（不含税）。其会计分录为：

借：应付职工薪酬　　　　　　　　　　　　　　　　　20 000
　　贷：库存商品　　　　　　　　　　　　　　　　　　　20 000

【要求】请你替注册会计师张勇分析黄河通用机械制造股份有限公司销售业务账务处理可能存在的问题。

【分析】自产产品 200 件用于职工福利，属于视同销售，应确认主营业务收入 40 000 元、结转主营业务成本 20 000 元，并计算增值税 6 800 元。注册会计师张勇应建议该公司调整，调整分录如下：

借：应付职工薪酬　　　　　　　　　　　　　　　　　26 800
　　主营业务成本　　　　　　　　　　　　　　　　　　20 000
　　贷：主营业务收入　　　　　　　　　　　　　　　　　40 000

应交税费——应交增值税（销项税额）	6 800

【案例 12-4】注册会计师张勇审查黄河通用机械制造股份有限公司销售业务时发现：该公司 2021 年 10 月 17 日销售生产未使用多余材料一批，该批材料成本为 50 000 元，售价为 60 000 元，增值税 7 800 元，款已收讫。该公司账务处理如下：

借：银行存款	67 800
贷：营业外收入	67 800

【要求】请你替注册会计师张勇分析黄河通用机械制造股份有限公司销售业务账务处理可能存在的问题。

【分析】出售多余材料不属于营业外收入，应作为其他业务收入处理。注册会计师张勇应建议该公司调整，调整分录如下：

借：营业外收入	67 800
贷：其他业务收入	60 000
应交税费——应交增值税（销项税额）	7 800
借：其他业务成本	50 000
贷：原材料	50 000

任务 12.4　应收账款审计

应收账款余额一般包括应收账款账面余额和相应的坏账准备两部分。

企业的应收账款是在销售交易或提供劳务过程中产生的。因此，应收账款审计应结合销售交易来进行。一方面，收入的发生认定直接影响应收账款的存在认定；另一方面，应收账款代表了尚未收回货款的收入，从而为收入提供审计证据。

一、应收账款的审计目标

1. 确定资产负债表中记录的应收账款是否存在（存在认定）；

2. 确定所有应当记录的应收账款是否均已记录（完整性认定）；

3. 确定记录的应收账款是否由被审计单位拥有或控制（权利和义务认定）；

4. 确定应收账款是否可收回，坏账准备的计提方法和比例是否恰当，计提是否充分（"准确性、计价和分摊"认定）；

5. 确定应收账款、坏账准备已记录于恰当的账户（"分类"认定）；

6. 确定应收账款及其坏账准备是否已按照企业会计准则的规定在财务报表中做出恰当列报。

二、应收账款的实质性程序

（一）取得应收账款明细表

1. 复核加计正确，并与总账数和明细账合计数核对是否相符；结合坏账准备科目与报表数核对是否相符。应当注意，应收账款报表数反映企业因销售商品、提供劳务等应向购买单位收取的各种款项，减去已计提的相应的坏账准备后的净额。

2. 检查非记账本位币应收账款的折算汇率及折算是否正确。

3. 分析有贷方余额的项目，查明原因，必要时，建议做重分类调整。

4. 结合其他应收款，预收款项等往来项目的明细余额，调查有无同一客户多处挂账、异常余额或与销售无关的其他款项（如代销账户、关联方账户或员工账户）。如有，应做出记录，必要时提出调整建议。

（二）分析与应收账款相关的财务指标

1. 复核应收账款借方累计发生额与主营业务收入关系是否合理，并将当期应收账款借方发生额占销售收入净额的百分比与管理层考核指标比较和被审计单位相关赊销政策比较，如存在异常应查明原因。

2. 计算应收账款周转率、应收账款周转天数等指标，并与被审计单位相关赊销政策、被审计单位以前年度指标、同行业同期相关指标对比分析，检查是否存在重大异常。

（三）检查应收账款账龄分析是否正确。

1. 获取应收账款账龄分析表。

注册会计师可以通过获取或编制应收账款账龄分析表来分析应收账款的账龄，以便了解应收账款的可收回性。应收账款账龄分析表参考格式如表 12-2 所示。

表 12-2　应收账款账龄分析表

年　　月　　日　　　　　　　　　　　　　　　　　　　　　　　　　　　付款单位：

客户名称	期末余额	账龄			
		1 年以内	1~2 年	2~3 年	3 年以上
合计					

应收账款的账龄，通常是指资产负债表中的应收账款从销售实现、产生应收账款之日起，至资产负债表日止所经历的时间。编制应收账款账龄分析表时，可以考虑选择重要的客户及其余额列示，而将不重要的或余额较小的汇总列示。应收账款账龄分析表的合计数减去已计提的相应坏账准备后的净额，应该等于资产负债表中的应收账款项目余额。

2. 测试应收账款账龄分析表计算的准确性，并将应收账款账龄分析表中的合计数与应收账款总分类账余额相比较，并调查重大调节项目。

3. 从应收账款账龄分析表中抽取一定数量的项目，追查至原始凭证，如销售发票、运输记录等，测试账龄划分的准确性。

（四）对应收账款实施函证程序

1. 函证决策。

除非有充分证据表明应收账款对被审计单位财务报表而言是不重要的，或者函证很可能是无效的，否则，注册会计师应当对应收账款进行函证。如果注册会计师不对应收账款进行函证，应当在审计工作底稿中说明理由。如果认为函证很可能是无效的，注册会计师应当实施替代审计程序，获取相关、可靠的审计证据。

2. 函证的范围和对象。

函证的范围由诸多因素决定，主要有：

（1）应收账款在全部资产中的重要程度。若应收账款在全部资产中的比重较大，则函证的范围应大些。

（2）被审计单位内部控制的有效性。若相关内部控制有效，则函证的范围可以适当小些，反之，则扩大函证的范围。

（3）以前期间的函证结果。若以前期间发现过重大差异，或欠款纠纷较多，则应扩大函证的范围。

一般情况下，注册会计师应选择以下项目作为函证对象：

（1）大额或账龄较长的项目；

（2）与债务人发生纠纷的项目；

（3）重大关联方项目；

（4）主要客户（包括关系密切的客户）项目；

（5）新增客户项目；

（6）交易频繁但期末余额较小甚至余额为零的项目；

（7）可能产生重大错报或舞弊的项目。

3. 函证的方式。

注册会计师可采用积极的函证方式或消极的函证方式，也可将两种方式结合使用。由于应收账款通常存在高估风险，因此，实务中通常采用积极函证方式。

（1）积极的函证方式。

采用这种函证方式，注册会计师应当要求被询证者在所有情况下必须回函，确认询证函所列示信息是否正确，或填列询证函要求的信息。具体运用时可以在询证函中列明拟函证的账户余额或其他信息，要求被询证者确认所函证的款项是否正确；也可以在询证函中不列明账户余额或其他信息，而要求被询证者填写有关信息或提供进一步信息。

采用积极的函证方式时，只有收到回函才有效果，如果没有收到回函，可能是由于被询证者根本不存在，或是由于被询证者没有收到询证函，也可能是由于询证者没有理会询证函，因此，无法证明所函证信息是否正确。

（2）消极的函证方式。

所谓消极的函证方式，是指注册会计师只要求被询证者仅在不同意询证函列示信息的情况下才予以回函。

在下列情况下，注册会计师可以采用消极的函证方式。

①重大错报风险评估为低水平；

②预期不存在大量的错报；

③有理由相信被询证者会认真对待函证；

④涉及大量余额较小的账户。

注册会计师张勇设计的积极式询证函参考格式 12-1 如下：

参考格式 12-1 积极式询证函

企业询证函

编号：001

鸿升商贸有限公司：

　　本公司聘请的河南兴达会计师事务所正在对本公司 2021 年度财务报表进行审计，按照中国注册会计师审计准则的要求，应当询证本公司与贵公司的往来账项等事项。下列数据出自本公司账簿记录，如与贵公司记录相符，请在本函下端"信息证明无误"处签章证明；如有不符，请在"信息不符"处列明不符金额。回函请直接寄至河南兴达会计师事务所。

回函地址：河南省郑州市翠花路 3 号　　　　　　　邮编：45005

电话：0371－67894321　　　　　传真：　　　　　联系人：张勇

1. 本公司与贵公司的往来账项列示如下：

单位：万元

截止日期	贵公司欠	欠贵公司	备注

2. 其他事项。

　　本函仅为复核账目之用，并非催款结算。若款项在上述日期之后已经付清仍请及时函复为盼。

（公司盖章）

年　　月　　日

结论：

1. 信息证明无误

（公司盖章）

年　　月　　日

经办人：

2. 信息不符，请列明不符的详细情况：

（公司盖章）

年　　月　　日

经办人：

注册会计师张勇设计的消极式询证函参考格式 12-2 如下：

参考格式 12-2 消极式询证函

企业询证函

编号：009

金星纸业有限公司：

　　本公司聘请的河南兴达会计师事务所正在对本公司 2021 年度财务报表进行审计，按照中国注册会计师审计准则的要求，应当询证本公司与贵公司的往来账项等事项。下列数据出自本公司账簿记录，如与贵公司记录相符，则无须回复；如有不符，请直接通知会计师事务所，并在空白处列明贵公司认为正确的信息。回函请直接寄至河南兴达会计师事务所。

　　回函地址：河南省郑州市翠花路 3 号　　　　　　邮编：45005

　　电话：0371-67894321　　　　　　传真：　　　　　联系人：张勇

　　1. 本公司与贵公司的往来账项列示如下：

单位：万元

截止日期	贵公司欠	欠贵公司	备注

　　2. 其他事项

　　本函仅为复核账目之用，并非催款结算。若款项在上述日期之后已经付清仍请及时函复为盼。

（公司盖章）

年　　月　　日

（公司盖章）

年　　月　　日

经办人：

河南兴达会计师事务所：

上面的会计信息不正确，差异如下：

（公司盖章）

年　　月　　日

经办人：

　　4. 函证时间的选择。

　　注册会计师通常以资产负债表日为截止日，在资产负债表日后适当时间内实施函证。

如果重大错报风险评估为低水平，注册会计师可选择资产负债表日前适当日期为截止日实施函证，并对所函证项目自该截止日起至资产负债表日止发生的变动实施实质性程序。

5. 函证的控制。

注册会计师通常利用被审计单位提供的应收账款明细账户名称及客户地址等资料据以编制询证函，但注册会计师应当对确定需要确认或填列的信息、选择适当的被询证者、设计询证函以及发出和跟进（包括收回）询证函保持控制。

注册会计师可通过函证结果汇总表的方式对询证函的收回情况加以控制。函证结果汇总表如表 12 - 3 所示。

表 12 - 3 应收账款函证结果汇总表

被审计单位名称：　　　　　　　　制表：　　　　　　日期：

结账日：　　年　月　日　　　　复核：　　　　　　日期：

询证函编号	债务人名称	债务人地址及联系方式	账面金额	函证方式	函证日期 第一次	函证日期 第二次	回函日期	替代程序	确认余额	差异金额及说明	备注
合　计											

6. 对不符事项的处理。

对应收账款而言，登记入账的时间不同而产生的不符事项主要表现为：

（1）询证函发出时，债务人已经付款，而被审计单位尚未收到货款；

（2）询证函发出时，被审计单位的货物已经发出并已做销售记录，但货物仍在途中，债务人尚未收到货物；

（3）债务人由于某种原因将货物退回，而被审计单位尚未收到；

（4）债务人对收到的货物的数量、质量及价格等方面有异议而全部或部分拒付货款等。

对不符事项，注册会计师应当调查核实原因，确定其是否构成错报。如果不符事项构成错报，注册会计师应当评价该错报是否表明存在舞弊，并重新考虑所实施审计程序的性质、时间和范围。

7. 对未回函项目实施替代审计程序。

对于未收到回函的项目，注册会计师应当实施替代审计程序。例如：

（1）检查资产负债日后收回的货款。重点查看有关收回货款的原始凭据，确认该付款确为该客户且与资产负债日的应收账款相关。

（2）抽查有关原始凭据，如销售合同、销售订购单、销售发票副本、发运凭证等，证实收入的发生，以验证与其相关的应收账款的真实性。

（3）检查被审计单位与客户之间的往来邮件，如发货、对账、催款等事宜的邮件，以验证应收账款的真实发生。

（五）对应收账款实施函证以外的细节测试

在未函证应收账款的情况下，注册会计师需要实施函证以外的其他审计程序获取有关应收账款的审计证据。这种审计程序与上述替代审计程序相似。例如，在应收账款账龄明细表中标出至审计时已收回的应收账款金额，对已收回金额较大的款项进行常规检查，如核对收款凭证、银行对账单、销货发票等，并注意凭证发生日期的合理性，分析收款时间是否与合同相关要素一致。

（六）检查坏账的确认和处理

首先，注册会计师应检查有无债务人破产或者死亡的，以及破产或以遗产清偿后仍无法收回的，或者债务人长期未履行清偿义务的应收账款；其次，应检查被审计单位坏账的处理是否经授权批准，有关会计处理是否正确。

（七）确定应收账款的列报是否恰当。

根据实际情况，检查应收账款在财务报表中的列报是否恰当。

【案例 12 - 5】注册会计师张勇正在对黄河通用机械制造股份有限公司 2021 年应收账款项目进行审计。该公司应收账款总计 250 万元，有 40 个明细账，注册会计师决定抽样函证。在检查回函情况时，发现以下现象：

（1）A 公司欠款 80 万元，对方回函声明已于 2021 年 12 月 30 日由银行汇出 80 万元；

（2）B 公司欠款 5 万元，未收到回函；

（3）C 公司欠款 50 万元，对方回函称 2021 年 11 月已预付 5 万元；

（4）D 公司欠款 15 万元，对方称所购货物并未收到。

【要求】请你替注册会计师张勇分析黄河通用机械制造股份有限公司赊销业务账务处理是否存在问题。

【分析】注册会计师张勇针对上述现象实施了以下审计程序：

（1）审阅该公司 2022 年有关凭证，证实 A 公司支付的欠款 80 万元确已于 2022 年 1 月 5 日入账；

（2）采用替代程序证实 B 公司欠款 5 万元；

（3）审阅该公司 2021 年 11 月的有关凭证，查明 C 公司预付账款 5 万元确实已收到，但截止函证日货物尚未发出，却确认了 50 万元的主营业务收入和应收账款；

（4）检查该公司 2021 年的货运凭证，发现货物确已运出，将发运凭证复印件寄送 D 公司重新查证。

综合上述情况，注册会计师张勇确认该公司多记主营业务收入和应收账款各 50 万元，应予以调整 ，调整分录如下：

借：主营业务收入		500 000
贷：应收账款		500 000
借：银行存款		50 000
贷：合同负债		50 000

三、坏账准备的实质性程序

企业会计准则规定，企业应当在期末对应收款项进行检查，并合理预计可能产生的坏账损失。应收款项包括应收票据、应收账款、预付款项、其他应收款和长期应收款等，下面以应收账款相关的坏账准备为例，阐述坏账准备审计常用的实质性程序。

1. 取得或编制坏账准备明细表，复核加计是否正确，与坏账准备总账数、明细账合计数核对是否相符。

2. 将应收账款坏账准备本期计提数与资产减值损失相应明细项目的发生额核对是否相符。

3. 检查应收账款坏账准备计提和核销的批准程序，取得书面报告等证明文件，评价计提坏账准备所依据的资料、假设及方法。

企业应根据所持应收账款的实际可收回情况，合理计提坏账准备，不得多提或少提，否则应视为滥用会计估计，按照重大会计差错更正的方法进行会计处理。

对于单项金额重大的应收账款，企业应当单独进行减值测试，如客观证据证明其实已发生减值，应当计提坏账准备。对于单项金额不重大的应收账款，可以单独进行减值测试，或包括在具有类似信用风险特征的应收账款组合中（如账龄分析）进行减值测试。此外，单独测试未发生减值的应收账款，应当包括在具有类似信用风险特征的应收账款组合中（如账龄分析）再进行减值测试。

采用账龄分析法时，收到债务单位当期偿还的部分债务后，剩余的应收账款，不应改变其账龄，仍应按原账龄加上本期应增加的账龄确定；在存在多笔应收账款且各笔应收账款账龄不同的情况下，收到债务单位当期偿还的部分债务，应当逐笔认定收到的是哪一笔应收账款；如果确实无法认定的，按照先发生先收回的原则确定，剩余应收账款的账龄按上述同一原则确定。

在确定坏账准备的计提比例时，企业应当在综合考虑以往的经验、债务单位的实际财务状况和预计未来现金流量（不包括尚未发生的未来信用损失）等因素，以及其他相关信息的基础上做出合理估计。

4. 实际发生坏账损失的，检查转销依据是否符合有关规定，会计处理是否正确。对于被审计单位在被审计期间内发生的坏账损失，注册会计师应检查其原因是否清楚，是否符合有关规定，有无授权批准，有无已做坏账处理后又重新收回的应收账款，相应的会计处理是否正确。对有确凿证据表明确实无法收回的应收账款，如债务单位已撤销、破产、资不抵债、现金流量严重不足等，企业应根据管理权限，经股东（大）会或董事会，或经理（厂长）办公会或类似机构批准作为坏账损失，冲销提取的坏账准备。

5. 已经确认并转销的坏账重新收回的，检查其会计处理是否正确。

6. 检查函证结果。对债务人回函中反映的例外事项及存在争议的余额，注册会计师应查明原因并做记录。必要时，应建议被审计单位做相应的调整。

7. 实施分析程序。通过比较前期坏账准备计提数和实际发生数，以及检查期后事项，评价应收账款坏账准备计提的合理性。

8. 确定应收账款坏账准备的披露是否恰当。企业应当在财务报表附注中清晰地说明坏账的确认标准、坏账准备的计提方法和计提比例。并且，上市公司还应在财务报表附注中分项披露如下事项：

（1）本期全额计提坏账准备，或计提坏账准备的比例较大的（计提比例一般超过40%及以上的，下同），应说明计提的比例以及理由；

（2）以前期间已全额计提坏账准备，或计提坏账准备的比例较大但在本期又全额或部分收回的，或通过重组等其他方式收回的，应说明其原因、原估计计提比例的理由以及原估计计提比例的合理性；

（3）本期实际冲销的应收款项及其理由，其中，实际冲销的关联交易产生的应收账款应单独披露。

【案例 12-6】 注册会计师张勇正在审查黄河通用机械制造股份有限公司 2021 年应收账款项目。发现如下情况：该公司对应收款项采用账龄分析法计提坏账准备。根据债务单位的财务状况、现金流量等情况，确定坏账准备计提比例分别为：账龄 1 年以内的（含 1 年，以下类推），按其余额的 5% 计提；账龄 1~2 年的，按其余额的 10% 计提；账龄 2~3 年的，按其余额的 15% 计提；账龄 3 年以上的，按其余额的 50% 计提。该公司 2021 年 12 月 31 日未经审计的应收账款账面余额为 51 929 000 元，相应的坏账准备余额 2 364 900 元。应收账款账面余额明细情况如表 12-4 所示：

表 12-4　账龄分析表　　　　　　　　　　单位：元

账龄 客户名称	1 年以内	1~2 年	2~3 年	3 年以上
应收账款—A 公司	35 150 000	500 000	932 000	
应收账款—B 公司	2 000 000	15 100 000	54 000	
应收账款—C 公司	600 000		25 000	
应收账款—D 公司	9 500 000	-12 000 000		
应收账款—E 公司				68 000
小　计	47 250 000	3 600 000	1 011 000	68 000

【要求】 请你替注册会计师张勇分析黄河通用机械制造股份有限公司坏账准备业务处理可能存在的问题。

【分析】

1. 明细账中"应收账款——D 公司"余额 -12 000 000 元应为合同账款，不应调减应收账款，而应调增合同账款。调整分录为：

借：应收账款——D 公司　　　　　　　　　　　　　　　12 000 000
　　贷：合同负债——D 公司　　　　　　　　　　　　　　　　12 000 000

2. 该公司应按账龄分析法补提应收账款坏账准备，其中 1~2 年的应收账款余额为 3 600 000+12 000 000=15 600 000（元）：

应补提坏账准备数额＝（47 250 000×5‰＋15 600 000×10％＋1 011 000×15％＋68 000×50％）－2 364 900＝4 108 150－2 364 900＝1 743 250 元

借：信用减值损失——计提的坏账准备　　　　　　　　　　　1 743 250

　　贷：坏账准备　　　　　　　　　　　　　　　　　　　　　　　1 743 250

知识检测

一、单项选择题

1. （　　）不属于销售与收款循环所涉及的主要单据。
    A. 发运凭证
    B. 销售发票
    C. 销售单
    D. 入库单

2. 为了证实已发生的销售业务是否均已登记入账，有效的做法是（　　）。
    A. 只审查销售明细账
    B. 由销售明细账追查相关原始凭证
    C. 只审查有关原始凭证
    D. 由相关原始凭证追查至销售明细账

3. 为了证实应收账款的存在，注册会计师应实施的实质性程序是（　　）。
    A. 获取或编制应收账款明细表
    B. 检查应收账款账龄分析表
    C. 核对发运凭证与相关的销售发票
    D. 函证应收账款

4. 检查应收账款账龄分析表的主要目的是（　　）。
    A. 了解坏账准备的计提是否充分
    B. 发现销售业务中发生的错误或舞弊行为
    C. 确定应收账款账户余额的正确性
    D. 了解应收账款的可收回性

5. 确定所有应当记录的应收账款是否均已记录，是为了证实应收账款的（　　）认定。
    A. 存在
    B. 完整性
    C. 权利和义务
    D. 准确性、计价和分摊

6. 在下列哪种情况下，注册会计师通常采用积极的函证方式（　　）。
    A. 重大错报风险评估为高水平
    B. 预期不存在大量的错误
    C. 有理由相信被询证者会认真对待函证
    D. 涉及大量余额较小的账户

二、多项选择题

1. 与销售与收款循环相关的重大错报通常包括（　　）。
    A. 收入确认存在的舞弊风险
    B. 期末收入交易和收款交易可能未计入正确的期间
    C. 发生的收入交易未能得到准确记录
    D. 应收账款坏账准备的计提不准确

2. 被审计单位在销售与收款循环中的主要业务活动有（　　）。
    A. 批准赊销
    B. 按销售单装运货物

   C. 办理和记录现金收入   D. 办理和记录销货退回、销货折扣与折让

3. 在审计实务中，注册会计师实施营业收入的截止测试的起点有（   ）。

   A. 以销售发票为起点   B. 以账簿记录为起点

   C. 以报表为起点   D. 以发运凭证为起点

4. 下列内容属于应收账款实质性程序的是（   ）。

   A. 取得应收账款明细表   B. 检查应收账款账龄分析表

   C. 函证应收账款   D. 实施销售截止测试

5. 一般情况下，注册会计师应选择以下项目作为函证对象（   ）。

   A. 大额或账龄较长的项目   B. 与债务人发生纠纷的项目

   C. 重大关联方项目   D. 新增客户项目

6. 由于购销双方登记入账的时间不同而使注册会计师收回的询证函产生差异，其主要表现包括（   ）。

   A. 货物仍在途中，债务人尚未收到货物或未经验收入库

   B. 债务人对收到货物的数量、质量及价格等有争议而全部或部分拒付货款

   C. 记账错误

   D. 债务人在函证日前已付款，而被审计单位在函证日前尚未收到款项

三、判断题

1. 企业采用预收款方式销售商品，应于商品发出时确认收入的实现。（   ）

2. 注册会计师一般不对营业收入实施分析程序。（   ）

3. 销售发票是营业收入的主要凭证，能证实营业收入的发生和准确性。（   ）

4. 对营业收入实施截止测试，其目的主要在于确定营业收入会计记录的归属期是否正确。（   ）

5. 为证实收入的完整性，注册会计师可以从主营业务收入明细账中抽取几笔，追查至销售发票、发运凭证及其他凭证。（   ）

6. 由于应收账款通常存在高估风险，因此，实务中通常采用积极的函证方式。（   ）

四、简答题

1. 与销售与收款循环相关的重大错报有哪些？

2. 销售与收款循环主要业务活动有哪些？

3. 如何实施营业收入截止测试？

4. 如何实施应收账款函证？

拓展实训

1. 资料：兴达会计师事务所负责审计甲公司 2021 年度财务报表审计工作底稿中，与函证相关的部分内容摘录如下：

（1）审计项目组评估认为应收账款的重大错报风险较低，决定全部采用消极的函证方式。

（2）审计项目组评估认为应收账款的重大错报风险较低，对甲公司2021年11月30日的应收账款余额实施了函证程序，未发现差异。2021年12月31日的应收账款余额较11月30日无重大变动。审计项目组据此认为已对年末应收账款余额的存在认定获取了充分适当的审计证据。

（3）审计项目组负责填写询证函信息，甲公司业务员负责填写询证函信封，审计项目组取得加盖公章的询证函及业务员填写的信封后，直接到邮局将询证函寄出。

（4）客户丙公司的回函并非询证函原件。甲公司财务人员解释，在催收回函时，由于丙公司财务人员表示未收到询证函，因此将其留存的询证函复印件寄送了丙公司，并要求丙公司财务人员将回函直接寄回至兴达会计师事务所，审计项目组认为该解释合理，无须实施进一步审计程序。

（5）甲公司管理层拒绝审计项目组向客户丁公司寄发询证函。

要求：

（1）针对上述第（1）至（4）项，逐项指出审计项目组的做法是否恰当。如不恰当，简要说明理由。

（2）针对上述第（5）项，指出审计项目组应当采取的应对措施。

2. 资料：注册会计师李进正在对永丰纺织科技有限公司2021年度财务报表进行审计。该公司为一般纳税人，增值税率13%。为了确定该公司的销售业务是否记录在恰当的会计期间，决定对销售进行截止测试。截止测试的简化审计工作底稿如表12-5所示：

表 12 - 5　销售截止测试表　　　　　　　　　　　单位：元

销售发票号	销售收入	计入销售明细账日期	发运日	发票日	销售成本
7891	100 000	2021 年 12 月 30 日	12 月 27 日	12 月 27 日	60 000
7892	15 0000	2021 年 12 月 30 日	1 月 2 日	1 月 3 日	90 000
7893	80 000	2021 年 12 月 31 日	1 月 5 日	1 月 6 日	48 000
7894	20 0000	2022 年 1 月 2 日	12 月 31 日	12 月 31 日	120 000
7895	10 0000	2022 年 1 月 3 日	1 月 2 日	1 月 3 日	60 000
7896	50 000	2022 年 1 月 8 日	1 月 7 日	1 月 8 日	30 000

要求：根据上述资料：

（1）指出注册会计师所执行截止测试的具体方法及其目的。

（2）分析该公司是否存在提前入账的问题，简要说明理由。

（3）分析该公司是否存在推迟入账的问题，简要说明理由。

3. 资料：注册会计师李进在审计永丰纺织科技有限公司2021年度营业收入时，抽查了该公司12月份的销售业务，发现下列情况：

（1）12月10日，采用交款提货销售方式售给 A 公司产品 1 000 万元（不含税，增值税税率为 13%），货款已收到，发票账单和提货单已交给 A 公司，但对方尚未提货，该公司未确认收入。

（2）12 月 15 日，收到 B 公司退回的 2020 年销售的产品 2 000 万元（不含税，增值税税率为 13%），产品已收到，该公司未做账务处理。

（3）12 月 20 日，售给 C 商场产品 2 500 万元（不含税，增值税税率为 13%），合同规定公司需对出售的商品负责安装检验，5 个月后才能安装完毕，该公司在交付产品的后立即进行了收入确认。

（4）12 月 24 日，预收了 D 公司支付的货款 1 000 万元，合同规定 3 个月后交货，该公司确认了 1 000 万元收入和相关增值税 130 万元。

（5）12 月 25 日，确认对 E 公司销售收入 1 000 万元（不含税，增值税税率为 13%）。相关记录显示：增值税发票上记载的收入 3 000 万元、增值税 390 万元，直接冲抵欠 E 公司原材料采购款 2 340 万元，收到余款 1 170 万元。

（6）12 月 27 日，确认对 F 公司销售收入 1 000 万元（不含税，增值税税率为 13%）。相关记录显示：12 月 27 日销售给 F 公司产品，其成本为 600 万元，收入 1 200 万元；2022 年 1 月 27 日，又以 1 500 万元的价格将其购回。

要求：

（1）指出永丰公司在收入确认方面存在的问题。

（2）指出永丰公司 2021 年应调整的主营业务收入金额。

项目十三　采购与付款循环审计

学习目标

能力目标：

1. 能完成采购与付款循环的重大错报风险评估；
2. 能完成采购与付款循环的控制测试；
3. 能确定完成固定资产项目审计；
4. 能完成应付账款项目审计。

知识目标：

1. 了解采购与付款循环的重大错报风险；
2. 了解采购与付款循环的主要业务活动及相应的凭证、记录；
3. 理解固定资产和应付账款的审计目标。
4. 掌握固定资产和应付账款的审计方法。

项目导入

注册会计师张勇正在对黄河通用机械制造股份有限公司 2021 年度财务报表进行审计。张勇如何执行采购与付款循环的综合业务审计？

任务 13.1　采购与付款循环的风险评估

一、采购与付款循环的相关交易和余额存在的重大错报风险

注册会计师基于在了解被审计单位及其环境的整个过程中所识别的相关风险，结合对采购与付款循环中拟测试控制的了解，考虑在采购与付款循环中发生错报的可能性以及潜在错报的重大程度是否足以导致重大错报，从而评估采购与付款循环的相关交易和余额存在的重大错报风险，以为设计和实施进一步审计程序提供基础。

影响采购与付款交易和余额的重大错报风险可能包括：

1. 低估负债或相关准备。在承受反映较高盈利水平和营运资本的压力下，被审计单位管理层可能试图低估应付账款等负债或资产相关准备，包括低估对存货应计提的跌价准备。重大错报风险常常集中体现在：

（1）遗漏交易，例如不计提已收取货物但尚未收到发票的采购相关的负债或不记提尚未付款的已经购买的服务支出等；

（2）采用不正确的费用支出截止期，例如将本期的支出延迟到下期确认；

（3）将应当及时确认损益的费用性支出资本化，然后通过资产的逐步摊销予以消化等。这些将对完整性、截止、发生、存在、准确性和分类认定产生影响。

2. 管理层错报负债费用支出的偏好和动因。被审计单位管理层可能为了完成预算、满足业绩考核要求、保证从银行获得资金、吸引潜在投资者、误导股东、影响公司股价等动机，通过操纵负债和费用的确认控制损益，例如：

（1）平滑利润。通过多计准备或少计负债和准备，把损益控制在被审计单位管理层希望的程度；

（2）利用特别目的的实体把负债从资产负债表中剥离，或利用关联方间的费用定价优势制造虚假的收益增长趋势；

（3）被审计单位管理层把私人费用计入企业费用，把企业资金当作私人资金运作。

3. 费用支出的复杂性。例如，被审计单位以复杂的交易安排购买一定期间的多种服务，管理层对于涉及的服务受益与付款安排所涉及的复杂性缺乏足够的了解。这可能导致费用支出分配或计提的错误。

4. 不正确地记录外币交易。当被审计单位进口用于出售的商品时，可能由于采用不恰当的外币汇率而导致该项采购的记录出现差错。此外，还存在未能将诸如运费、保险费和关税等与存货相关的进口费用进行正确分摊的风险。

5. 舞弊和盗窃的固有风险。如果被审计单位经营大型零售业务，由于所采购商品和固定资产的数量及支付的款项庞大，交易复杂，容易造成商品发运错误，员工和客户发生舞弊和盗窃的风险较高。如果那些负责付款的会计人员有权接触应付账款主文档，并能够通过在应付账款主文档中擅自添加新的账户来虚构采购交易，风险也会增加。

6. 存在未记录的权利和义务。这可能导致资产负债表分类错误以及财务报表附注不正确或披露不充分。

如前所述，为评估重大错报风险，注册会计师应详细了解有关交易或付款的内部控制，这些控制主要是为预防、检查和纠正前面所认定的重大错报的固有风险而设置的。注册会计师可以通过审阅以前年度审计工作底稿、观察内部控制执行情况、询问管理层和员工、检查相关的文件和资料等方法加以了解。对相关文件和资料的检查可以提供审计证据，例如通过检查供应商对账表和银行对账单，能够发现差错并加以纠正。

在评估重大错报风险时，注册会计师之所以需要充分了解被审计单位对采购与付款交易的控制活动，目的在于使得计划实施的审计程序更加有效。也就是说，注册会计师必须对被审计单位的重大错报风险有一定认识，在此基础上设计并实施进一步审计程序，才能有效应对重大错报风险。

二、根据重大错报风险的评估结果设计进一步审计程序

针对评估的财务报表层次重大错报风险，注册会计师应计划进一步审计程序的总体方案，包括确定针对相关认定计划采用综合性方案还是实质性方案，以及考虑审计程序的性质、时间安排和范围。当存在下列情形之一时，注册会计师应当设计和实施控制测试：

1. 在评估认定层次重大错报风险时，预期控制的运行是有效的（即在确定实质性程

序的性质、时间安排和范围时，注册会计师拟信赖控制运行的有效性）；

2. 仅实施实质性程序并不能够提供认定层次充分、适当的审计证据。

综合控制测试及实质性程序，注册会计师需要评价获取的审计证据是否足以应对识别出的认定层次重大错报风险。

表 13 - 1 为假定评估应付账款为重要账户，且相关认定包括存在/发生、完整性、准确性及截止的前提下，注册会计师计划的进一步审计程序总体方案示例。

表 13 - 1　采购及付款循环的重大错报风险及进一步审计程序总体审计方案

重大错报风险描述	相关财务报表项目及认定	风险程度	是否信赖控制	进一步的审计程序的总体方案	拟从控制测试中获取的保证程度	拟从实质性程序中获取的保证程度
确认的负债及费用并未实际发生	应付账款/其他应付款：存在 销售费用/管理费用：发生	一般	是	综合性方案	高	低
不计提采购相关的负债或不计提尚未付款的已经购买的服务支出	应付账款/其他应付款：完整性 销售费用/管理费用：完整性	特别	是	综合性方案	高	中
采用不正确的费用支出截止期，例如将本期的支出延迟到下期确认	应付账款/其他应付款：存在/完整 销售费用/管理费用：截止	一般	否	实质性方案	无	高
发生的采购未能以正确的金额记录	应付账款/其他应付款：准确性、计价和分摊 销售费用/管理费用：准确性	一般	是	综合性方案	高	低

需要说明的是，上面的计划示例是根据注册会计师对重大错报风险的初步评估安排的，如果在审计过程中注册会计师了解的情况或获取的证据导致其更新相关风险的评估，则注册会计师需要执行的进一步审计程序也需要相应更新。例如，如果注册会计师通过控制测试发现被审计单位针对计价认定的相关控制存在缺陷，导致其需要提高对相关控制风险的评估，则注册会计师可能需要提高相关重大错报风险的评价，并进一步修改实质性审计程序的性质、时间安排和范围。

任务 13.2　采购与付款循环的控制测试

一、采购与付款循环的主要业务活动

（一）请购商品和劳务

仓库负责对需要购买的已列入存货清单的项目填写请购单，其他部门也可以对所需要购买的未列入存货清单的项目编制请购单。请购单可由手工或计算机编制。由于企业内不少部门都可以填列请购单，不便事先编号，为加强控制，每张请购单必须经过对这类支出预算负责的主管人员签字批准。

（二）编制订购单

采购部门在收到请购单后，只能对经过批准的请购单发出订购单。订购单应正确填写所需要的商品品名、数量、价格、厂商名称和地址等，预先予以编号并经过被授权的采购人员签名。其正联应送交供应商，副联则送至企业内部的验收部门、应付凭单部门和编制请购单的部门。随后，应独立检查订购单的处理，以确定是否确实收到商品并正确入账。

（三）验收商品

验收部门首先应比较所收商品与订购单上的要求是否相符，如商品的品名、说明、数量、到货时间等，然后再盘点商品并检查商品有无损坏。验收后，验收部门应对已收货的每张订购单编制一式多联、预先编号的验收单，作为验收和检验商品的依据。

（四）储存已验收的商品存货

将已验收商品的保管与采购的其他职责相分离，可减少未经授权的采购和盗用商品的风险。存放商品的仓储区应相对独立，限制无关人员接近。

（五）编制付款凭单

货物验收后，应核对订购单、验收单和购货发票的一致性，确认负债，编制付款凭单，并将经审核的付款凭单连同每日的凭单汇总表一起送到会计部门，以编制有关记账凭证和登记有关明细账和总账账簿。

（六）确认与记录负债

正确确认已验收货物和已接受劳务的债务，要求准确、及时地记录负债。应付账款确认与记录相关部门一般有责任核查购置的财产并在应付凭单登记簿或应付账款明细账中加以记录。

（七）付款

公司在准备付款前，应核对付款条件，并检验资金是否充足。在签发支票的同时登记支票簿和日记账，以便登记每一笔付款。已签发的支票连同有关发票、合同凭证应送交有关负责人审核签字，并将支票送交供应商。

（八）记录现金、银行存款支出

根据付款凭单、支票登记簿、付款日记账和有关记账凭证登记有关明细账和总账账簿。

二、采购与付款循环的主要凭证和会计记录

采购与付款交易通常要经过请购——订货——验收——付款这样的程序，与销售与收款交易一样，在内部控制比较健全的企业，处理采购与付款业务通常需要使用很多凭证和会计记录。典型的采购与付款循环所涉及的主要凭证和会计记录有以下几种：

（1）请购单。请购单是由产品制造、资产使用等部门的有关人员填写，送交采购部门，申请购买商品，劳务或其他资产的书面凭证。

（2）订购单。订购单是由采购部门填写，向另一企业购买订购单上所指定商品、劳务或其他资产的书面凭证。

（3）验收单。验收单是收到商品、资产时所编制的凭证，列示从供应商处收到的商品、资产的种类和数量等内容。

（4）卖方发票。卖方发票是供应商开具的，交给买方以载明发运的货物或提供的劳务、应付款金额和付款条件等事项的凭证。

（5）付款凭单。付款凭单是采购方企业的应付凭单部门编制的，载明已收到商品、资产或接受劳务的厂商、应付款金额和付款日期的凭证。付款凭单是采购方企业内部记录和支付负债的授权证明文件。

（6）转账凭证。

（7）付款凭证。

（8）应付账款明细账。

（9）库存现金日记账和银行存款日记账。

（10）供应商对账单。供应商对账单是由供货方按月编制的，标明期初余额、本期购买、本期支付给供应商的款项和期末余额的凭证。供应商对账单是供货方对有关交易的陈述，如果不考虑买卖双方在收发货物上可能存在的时间差等因素，其期末余额通常应与采购方相应的应付账款期末余额一致。

三、采购与付款循环的内部控制

（一）采购交易的内部控制

1. 职责分离。

企业应当建立采购与付款业务的岗位责任制，明确相关部门和岗位的职责、权限，确保办理采购与付款业务的不相容岗位相互分离、制约和监督。

企业采购与付款业务的不相容岗位至少包括：

（1）请购与审批；

（2）询价与确定供应商；

（3）采购合同的订立与审核；

（4）采购、验收与相关会计记录；

（5）付款的申请、审批与执行。

2. 请购控制。

（1）原材料或零配件购进。一般首先由生产部门根据生产计划或即将签发的生产通知单提出请购单。材料保管人员接到请购单后，应将材料保管卡上记录的库存数同生产部门需要的数量进行比较。当生产所需材料和仓储所需后备数量合计已超过库存数量时，则应同意请购。

（2）临时性物品的购进。通常由使用者而不需经过仓储部门直接提出，由于这种需要很难列入计划之中，因此，使用者在请购单上一联要对采购需要做出描述，解释其目的和用途。请购单须由使用者的部门主管审批同意，并须经过资金预算的负责人同意签字后，采购部门才能办理采购手续。

3. 订货控制。

（1）在订购多少的控制方面，采购部门首先应对每一份请购单审查其请购数量是否在控制限制的范围内，其次是检查使用物品和获得劳务的部门主管是否在请购单上签字同意。对于需大量采购的原材料、零配件等，必须做各种采购数量对成本影响的成本分析，其内容是将各种请购项目进行有效的归类，然后利用经济批量法来测算成本。

（2）关于向谁订购的问题，采购部门在正式填制购货订单前，必须向不同的供应商（通常要求两家以上）索取供应物品的价格、质量指标、折扣和付款条件以及交货时间等资料，比较不同供应商所提供的资料，选择最有利于企业生产和成本最低的供应商，与供应商签订合同。

（3）关于何时订货问题，主要由存货管理部门运用经济批量法和分析最低存货点来进行，而不是在采购部门。当请购单已提出，采购部门应对这些请购单的处理结果及时告知仓储和生产部门。

4. 验收控制。

（1）对于数量，验收部门在货运单上签字之前，应通过计数、过磅或测量等方法来证明货运单上所列的数量，并要求两个收货人在收货单上签字。

（2）对于质量，验收部门应检验有无因运输损失而导致的缺陷，在货物质量检验需要有较高的专业知识或必须经过仪器、实验才能进行的情况下，收货部门应将部门样品送交专家和实验室对其质量进行检验。

（3）每一项收到的货物必须在检验以后填制包括供应商名称、收货日期、货物名称、数量和质量以及运货人名称、原购货订单编号等内容的收货报告单，并将其及时报告请购、购货和会计部门。

5. 应付账款的控制。

应付账款的记录必须由独立于请购、采购、验收、付款的职员来进行；应付账款的入账还必须在取得和审核各种必要的凭证以后才能进行；对于有预付货款的交易，在收到供应商发票后，应将预付金额充抵部分发票金额，来记录应付账款；必须分别设置应付账款的总账和明细账；对于享有折扣的交易，应根据供应商发票金额减去折扣金额的净额登记应付账款；每月应将应付账款明细账与客户的对账单进行核对。

（二）付款交易的内部控制

对于每个企业而言，由于性质、所处行业、规模以及内部控制健全程度等不同，而使得其与付款交易相关的内部控制内容可能有所不同，但财政部发布的《内部会计控制规范——采购与付款》中规定的以下与付款交易相关的内部控制内容是应当共同遵循的：

1. 单位应当按照《现金管理暂行条例》《支付结算办法》和《内部会计控制规范——货币资金》等规定办理采购付款业务。

2. 单位财会部门在办理付款业务时，应当对采购发票、结算凭证、验收证明等相关凭证的真实性、完整性、合法性及合规性进行严格审核。

3. 单位应当建立预付账款和定金的授权批准制度，加强预付账款和定金的管理。

4. 单位应当加强应付账款和应付票据的管理，由专人按照约定的付款日期、折扣条件等管理应付款项。已到期的应付款项需经有关授权人员审批后方可办理结算与支付。

5. 单位应当建立退货管理制度。对退货条件、退货手续、货物出库、退货货款回收等做出明确规定。及时收回退货款。

6. 单位应当定期与供应商核对应付账款、应付票据、预付款项等往来款项。如有不符，应查明原因，及时处理。

【案例 13 - 1】注册会计师张勇正在对黄河通用机械制造股份有限公司采购与付款交易的内部控制进行测试，并在相关的审计工作底稿中做了记录，现摘录如下：黄河通用机械制造股份有限公司的材料采购需要经授权批准后方可进行，采购部根据经批准的请购单编制、发出订购单，订购单没有编号。货物运达后，由隶属于采购部门的验收人员根据订购单的要求验收货物，并编制一式多联的未连续编号的验收单。仓库根据验收单验收货物，在验收单上签字后，将货物移送仓库加以保管。验收单上有数量、品名、单价等内容。验收单一联交采购部门登记采购明细账和编制付款凭单，付款凭单经批准后，月末交会计部门；一联交会计部门登记材料明细账。会计部门根据只附有验收单的付款凭单登记有关账簿。

【要求】请你替注册会计师张勇评价一下黄河通用机械制造股份有限公司采购与付款交易的内部控制。

【分析】

（1）订购单没有编号和验收单未连续编号，不能保证所有的购货业务都已记录或不被重复记录。建议公司应对其订购单和验收单连续编号。

（2）验收人员隶属于采购部门，会影响其独立行使职责，不能保证验收货物的数量和质量。建议公司应将验收部门从采购部门独立出来。

（3）付款凭单未附订购单及供应商发票，会计部门无法核对采购事项是否真实，登记有关账簿时金额和数量可能就会出现差错。建议公司应将订购单和购货发票等与付款凭单一起交会计部门。

评价：黄河通用机械制造股份有限公司采购与付款循环的内部控制存在严重缺陷，设计不合理，执行效果较差，不能防止或发现和纠正采购与付款循环过程中的错误与舞弊，控制风险为高水平，应扩大实质性程序的范围。

五、采购与付款的控制测试

（一）采购交易的控制测试

1. 查验付款凭单后是否附有单据，检查批准采购、注销凭证和内部核查的标记；

2. 检查订购单、验收单和应付凭单连续编号的完整性；

3. 检查内部核查的标记及批准采购价格和折扣的标记；

4. 检查工作手册和会计科目表，并检查有关凭证上的内部核查的标记；

5. 检查工作手册并观察有无未记录的购货发票存在，检查内部核查的标记；

6. 检查应付账款明细账内容的内部核查标记。

（二）付款交易的控制测试

1. 抽取付款凭证，检查其是否经由会计主管复核和审批，款项支付是否得到适当人员的复核和审批，并检查内部核查标记。

2. 检查银行对账单和银行存款余额调节表，并检查内部核查标记。

【案例 13-2】注册会计师张勇正在对黄河通用机械制造股份有限公司 2021 年度采购业务进行审查，发现一笔采购业务如下：从外地采购原材料一批，共 6 000 公斤，共计价款 480 000 元，运杂费 12 000 元。会计部门将材料采购价款计入原材料成本，运杂费计入管理费用。材料入库后，仓库转来材料验收入库单，发现短缺材料 20 公斤，经查是运输途中的合理损耗。

【要求】请你替注册会计师张勇分析一下黄河通用机械制造股份有限公司原材料采购业务可能存在的问题。

【分析】上述资料反映出黄河通用机械制造股份有限公司材料采购业务相关内部控制存在缺陷，表现在：会计部门记账在前，仓库部门验收在后，会计部门不以验收单据作为记账依据，这样不但采购业务容易出错，账簿记录也容易混乱或造成账实不符。

注册会计师应做出以下处理：

1. 指出该公司的采购业务的控制缺陷，并向公司管理部门提出改进原材料采购程序的建议。

2. 会计部门对材料采购成本的处理有误，运杂费应计入材料采购成本，而不应计入管理费用。建议该公司做出调整，审计调整分录为：

借：原材料　　　　　　　　　　　　　　　　　　　　　12 000

　　贷：管理费用　　　　　　　　　　　　　　　　　　　　　12 000

对于运输途中的合理损耗的短缺，不需要调整入库材料的总金额，但应调整材料明细账的入库材料的数量和单价。

任务 13.3　固定资产审计

一、固定资产的审计目标

1. 确定资产负债表中记录的固定资产是否存在（存在认定）；

2. 确定所有应记录的固定资产是否均已记录（完整性认定）；

3. 确定记录的固定资产是否由被审计单位所有或控制（权利和义务认定）；

4. 确定固定资产是否以恰当的金额包括在财务报表中，与之相关的计价和分摊（固定资产的计价是否恰当、累计折旧和固定资产减值准备的计提是否合理）是否已恰当记录（准确性、计价和分摊认定）；

5. 确定固定资产、累计折旧、固定资产减值准备已记录于恰当的账户（"分类"认定）；

6. 确定固定资产、累计折旧和固定资产减值准备是否已按照企业会计准则的规定在财务报表中做出恰当列报。

二、固定资产的实质性程序

（一）获取固定资产和累计折旧分类汇总表

获取或编制固定资产和累计折旧分类汇总表（表13-2），检查固定资产的分类是否正确并与总账数和明细账合计数核对是否相符，结合累计折旧、固定资产减值准备科目与报表数核对是否相符。

表 13-2　固定资产和累计折旧分类汇总表
年　月　日

编制人：　　　　　　　日期：

被审计单位：　　　　　　　复核人：　　　　　　　日期：

固定资产	固定资产				累计折旧					
类别	期初余额	本期增加	本期减少	期末余额	折旧方法	折旧率	期初余额	本期增加	本期减少	期末余额
合计										

（二）对固定资产实施实质性分析程序

基于对被审计单位及其环境的了解，通过进行以下比较，并考虑有关数据间关系的影响，建立有关数据的期望值：

1. 分类计算本期计提折旧额与固定资产原值的比率，并与上期比较。

2. 计算固定资产修理及维护费用占固定资产原值的比例，并进行本期各月、本期与以前各期的比较。

（三）实地检查重要固定资产

实地检查重要固定资产，确定其是否存在，关注是否存在已报废但仍未核销的固定资产。实施实地检查审计程序时，注册会计师可以以固定资产明细分类账为起点，进行实地追查，以证明会计记录中所列固定资产确实存在，并了解其目前的使用状况；也可以以实地为起点，追查至固定资产明细分类账，以获取实际存在的固定资产均已入账的证据。

当然，注册会计师实地检查的重点是本期新增加的重要固定资产，有时，观察范围也会扩展到以前期间增加的重要固定资产。观察范围的确定需要依据被审计单位内部控制的强弱、固定资产的重要性和注册会计师的经验来判断。

（四）检查固定资产的所有权或控制权

对各类固定资产，注册会计师应获取、收集不同的证据以确定其是否确归被审计单位所有：对外购的机器设备等固定资产，通常经审核采购发票、采购合同等予以确定；对于房地产类固定资产，尚需查阅有关的合同、产权证明、财产税单、抵押借款的还款凭据、保险单等书面文件；对融资租入的固定资产，应验证有关融资租赁合同，证实其并非经营租赁；对汽车等运输设备，应验证有关运营证件等；对受留置权限制的固定资产，通常还应审核被审计单位的有关负债项目等予以证实。

（五）检查本期固定资产的增加

审计固定资产的增加，是固定资产实质性程序中的重要内容。固定资产的增加有多种途径，审计中应注意：

1. 询问管理层当年固定资产的增加情况，并与获取的固定资产明细表进行核对；

2. 检查本年度增加固定资产的计价是否正确，手续是否齐备，会计处理是否正确。

（六）检查本期固定资产的减少

固定资产的减少主要包括出售、向其他单位投资转出、向债权人抵债转出、报废、毁损、盘亏等。固定资产减少的审计要点如下：

1. 结合固定资产清理科目，抽查固定资产账面转销额是否正确。

2. 检查出售、盘亏、转让、报废或毁损的固定资产是否经授权批准，会计理是否正确。

3. 检查因修理、更新改造而停止使用的固定资产的会计处理是否正确。

4. 检查投资转出固定资产的会计处理是否正确。

（七）检查固定资产的后续支出

确定固定资产有关的后续支出是否满足资产确认条件；如不满足，该支出是否在该后续支出发生时计入当期损益。

（八）检查固定资产的租赁

对于承租人来说，固定资产租赁不再区分经营租赁和融资租赁，而是采用单一的会计处理模型，确认使用权资产和租赁负债。对于出租人来说，固定资产租赁仍分为经营租赁和融资租赁，并且采用不同的方法进行会计处理。

（九）检查固定资产的抵押、担保情况

结合对银行借款等的检查，了解固定资产是否存在重大的抵押、担保情况。如存在，应取证，并作相应的记录，同时提请被审计单位作恰当披露。

（十）检查固定资产的其他情况

结合对银行借款等的检查，了解固定资产的利息支出资本化情况；了解固定资产的保险情况、持有待售情况、已提足折旧继续使用情况等。

（十一）检查固定资产是否已按照企业会计准则的规定在财务报表中做出恰当列报

【案例13-3】注册会计师张勇正在对黄河通用机械制造股份有限公司2021年度固定资产业务进行审查，发现固定资产账上记录的一幢两层办公楼，实际上是一幢三层楼房，系该公司利用本公司材料委托基建队扩建，共计消耗开支料、工、费600 000元（其中料

款 400 000 元），已全部作为生产成本处理。

【要求】请你替注册会计师张勇分析一下黄河通用机械制造股份有限公司固定资产业务可能存在的问题。

【分析】该公司在改扩建支出方面存在的问题是混淆了收益性支出和资本性支出的界线，虚增生产成本，少计固定资产。为此，应建议该公司进行账务调整。调整分录为：

借：固定资产　　　　　　　　　　　　　　　　　600 000
　　贷：库存商品　　　　　　　　　　　　　　　　　　600 000

并补提 2021 年度固定资产应提取的折旧。

四、累计折旧的实质性程序

1. 获取或编制累计折旧分类汇总表，复核加计是否正确，并与总账数和明细账合计数核对是否相符。

2. 检查被审计单位制定的折旧政策和方法是否符合相关会计准则的规定。确定其所采用的折旧方法能否在固定资产预计使用寿命内合理分摊其成本。前后期是否一致，预计使用寿命和预计净残值是否合理。

3. 复核本期折旧费用的计提和分配。

（1）了解被审计单位的折旧政策是否符合规定，计提折旧范围是否正确，确定的使用寿命、预计净残值和折旧方法是否合理；如采用加速折旧法。是否取得批准文件。

（2）检查被审计单位折旧政策前后期是否一致。

（3）复核本期折旧费用的计提是否正确。

（4）检查折旧费用的分配是否合理，是否与上期一致；分配计入各项目的金额占本期全部折旧计提额的比例与上期比较是否有重大差异。

（5）注意固定资产增减变动时，有关折旧的会计处理是否符合规定，查明通过更新改造、接受捐赠或融资租入而增加的固定资产折旧费用计算是否正确。

4. 将"累计折旧"账户贷方的本期计提折旧额与相应的成本费用中的折旧费用明细账户的借方相比较，检查本期所计提折旧金额是否已全部摊入本期产品成本或费用。若存在差异，应追查原因，并考虑是否应建议做适当调整。

5. 检查累计折旧的减少是否合理、会计处理是否正确。

6. 检查累计折旧在财务报表中的披露是否恰当。

【案例 13-4】注册会计师张勇正在对黄河通用机械制造股份有限公司 2021 年度固定资产业务进行审查，发现本年度 1 月初新增已投入生产使用的机床一台，原价为 100 000元，预计净残值为 1 000 元，预计使用年限为 5 年，使用年数总和法对该项固定资产计提了折旧，其余各类固定资产均采用直线法计提折旧，且该公司对这一事项未在财务报表中做出披露。

【要求】请你替注册会计师张勇分析一下黄河通用机械制造股份有限公司固定资产折旧计提业务可能存在的问题。

【分析】该公司的固定资产折旧方法不一致，且未在财务报表中做出充分披露，这违反了企业会计准则的规定，其对财务报表造成了一定影响，该事项对当年资产负债表和利润表的影响如下：

该机床使用年数总和法计算的年折旧额＝（100 000－1 000）×5÷15＝33 000（元）

该机床使用直线法计算的年折旧额＝（100 000－1 000）÷5＝19 800（元）

由于折旧方法的改变，使本年度多提折旧额＝33 000－19 800＝13 200（元），致使资产负债表中的"固定资产——累计折旧"项目减少13 200元。利润表中的"利润总额"项目减少13 200元。对此，注册会计师应要求黄河通用机械制造股份有限公司在财务报表附注中说明：由于一台机床的折旧方法从直线法改为年数总和法，使本年度折旧额增加13 200元，固定资产年末余额减少13 200元，利润总额减少13 200元。

【案例13－5】 注册会计师张勇正在对黄河通用机械制造股份有限公司2021年度固定资产业务进行审查，发现下列情况：

（1）2020年12月购入的一台机床一直未使用，该公司对此项固定资产未计提折旧。

（2）对所有的"空调器"，按其实际使用的时间（5月至9月）计提折旧。

（3）公司融资租入的设备4台，租赁期为5年，尚可使用时间为8年，租赁期满返还出租方，公司确定的折旧期为6年。

（4）对已提足折旧继续使用的某设备，仍计提折旧。

（5）8月初购入吊车2辆，价值650万元，当月已投入使用并同时开始计提折旧。

【要求】 请你替注册会计师张勇分析一下黄河通用机械制造股份有限公司固定资产折旧计提可能存在的问题。

【分析】

（1）固定资产应自增加的次月开始计提折旧，公司应将少提的折旧补提。

（2）季节性使用的固定资产在停用期间应照常计提折旧，公司应将少提的折旧补提。

（3）对于融资租入固定资产，若无法合理确定租赁届满时能否取得租赁资产的所有权，则应在租赁期限与租赁资产尚可使用限两个中较短的期间内计提折旧。该公司应按租赁期5年计提折旧，公司应将少提的折旧补提。

（4）已提足折旧继续使用的固定资产，不再计提折旧。该公司对其继续计提，造成多提折旧，应对多提的折旧进行冲减。

（5）当月增加的固定资产应从下月开始计提折旧。该公司的650万元的吊车应从9月份开始计提折旧，而不是8月份，公司应对多提的折旧进行冲减。

五、固定资产减值准备的实质性程序

1. 获取或编制固定资产减值准备明细表，复核加计是否正确，并与总账数和明细账合计数核对是否相符；

2. 检查被审计单位计提固定资产减值准备的依据是否充分，会计处理是否正确；

3. 检查资产组的认定是否恰当，计提固定资产减值准备的依据是否充分，会计处理是否正确；

4. 计算本期末固定资产减值准备占期末固定资产原值的比率，并与期初该比率比较，分析固定资产的质量状况；

5. 检查被审计单位处置固定资产时原计提的减值准备是否同时结转，会计处理是否正确；

6. 检查是否存在转回固定资产减值准备的情况，确定减值准备在以后会计期间没有转回；

7. 检查固定资产减值准备在财务报表中的披露是否恰当。

任务 13.4   应付账款审计

一、应付账款的审计目标

1. 确定资产负债表中记录的应付账款是否存在（存在认定）；

2. 确定所有应当记录的应付账款是否均已记录（完整性认定）；

3. 确定资产负债表中记录的应付账款是被审计单位应当履行的现实义务（权利和义务认定）；

4. 确定应付账款期末余额是否正确，应付账款是否以恰当的金额包括在财务报表中，与之相关的计价调整已恰当记录（"准确性、计价和分摊"认定）；

5. 确定应付账款已记录于恰当的账户（"分类"认定）；

6. 确定应付账款已按照企业会计准则的规定在财务报表中做出恰当的列报。

二、应付账款的实质性程序

（一）获取或编制应付账款明细表

1. 复核加计正确，并与报表数、总账数和明细账合计数核对是否相符；

2. 检查非记账本位币应付账款的折算汇率及折算是否正确；

3. 分析出现借方余额的项目，查明原因，必要时，做重分类调整；

4. 结合预付账款等往来项目的明细余额，调查有无同挂的项目、异常余额或与购货无关的其他款项（如关联方账户或雇员账户），如有，应做出记录，必要时做调整；

（二）对应付账款执行实质性分析程序

1. 将期末应付账款余额与期初余额进行比较，分析波动原因。

2. 分析长期挂账的应付账款，要求被审计单位做出解释，判断被审计单位是否缺乏偿债能力或利用应付账款隐瞒利润；并注意其是否可能无须支付，对确实无须支付的应付款的会计处理是否正确，依据是否充分；关注账龄超过 3 年的大额应付账款在资产负债表日后是否偿还，检查偿还记录，单据及披露情况。

3. 计算应付账款与存货的比率，应付账款与流动负债的比率，并与以前年度相关比率对比分析，评价应付账款整体的合理性。

4. 分析存货和营业成本等项目的增减变动判断应付账款增减变动的合理性。

（三）函证应付账款

一般情况下，应付账款不需要函证，因为函证不能保证查出未入账的应付账款。

若需要函证应付账款，在进行函证时，注册会计师应选择较大金额的债权人，以及那些在资产负债表日金额不大，甚至为零，但为企业重要供货人的债权人，作为函证对象。函证最好采用积极的函证方式，并具体说明应付金额。同应收账款的函证一样，注册会计师应当对函证的全过程进行控制，要求债权人直接回函至会计师事务所，并根据回函情况编制函证结果汇总表，对未回函的债权人，应考虑是否再次函证。

如果仍未收到回函，特别是重大项目，注册会计师应采用替代审计程序。比如，可以检查决算日后应付账款明细账及库存现金和银行存款日记账，核实其是否已支付，同时检查该笔债务的相关凭证资料，如合同、发票、验收单，核实应付账款的真实性。

（四）检查应付账款是否计入正确的会计期间，是否存在未入账的应付账款

1. 检查债务形成的相关原始凭证，如供应商发票、验收报告或入库单等，查找有无未及时入账的应付账款，确定应付账款期末余额的完整性；

2. 检查资产负债表日后应付账款明细账贷方发生额的相应凭证，关注其购货发票的日期，确认其入账时间是否合理；

3. 获取被审计单位与其供应商之间的对账单（应从非财务部门，如采购部门获取），并将对账单和被审计单位财务记录之间的差异进行调节（如在途款项、在途货物、付款折扣、未记录的负债等），查找有无未入账的应付账款，确定应付账款金额的准确性；

4. 针对资产负债表日后付款项目，检查银行对账单及有关付款凭证（如银行划款通知、供应商收据等），询问被审计单位内部或外部的知情人员，查找有无未及时入账的应付账款；

5. 结合存货监盘程序，检查被审计单位在资产负债日前后的存货入库资料（验收报告或入库单），检查是否有大额料到单未到的情况，确认相关负债是否计入了正确的会计期间。

（五）检查已偿付的应付账款的相关凭证

针对已偿付的应付账款，追查至银行对账单、银行付款单据和其他原始凭证，检查其是否在资产负债表日前真实偿付。

（六）检查异常或大额交易

针对异常或大额交易及重大调整事项（如大额的购货折扣或退回，会计处理异常的交易，未经授权的交易，或缺乏支持性凭证的交易等），检查相关原始凭证和会计记录，以分析交易的真实性、合理性。

（七）检查带有现金折扣的应付账款

检查带有现金折扣的应付账款是否按发票上记载的全部应付金额入账，在实际获得现金折扣时再冲减财务费用。

（八）检查应付账款是否已按照企业会计准则的规定在财务报表中做出恰当列报

【**案例 13-6**】注册会计师张勇正在对黄河通用机械制造股份有限公司 2021 年的应付

账款进行审计，发现年末的应付账款余额比上年末减少了90％。

【要求】请你替注册会计师张勇分析该公司应付账款可能存在的问题。

【分析】生产资料价格大幅度下降会对该公司应付账款余额的下降肯定有一定的影响，但下降的幅度是否会达到90％，还需要进一步检查。应了解该公司是否有未及时入账的应付账款。

注册会计师张勇下一步要做的工作主要有以下方面。

（1）了解企业生产及销售额的下降状况，分析其与应付账款的下降幅度是否大体相当。

（2）结合存在的监盘情况，检查被审计单位在资产负债表日是否存在有材料入库但未收到采购发票的经济业务。

（3）检查资产负债表日后若干天的付款业务及相关凭证，确定是否有未及时入账的应付账款。

（4）向主要供货商发放询证函，核对双方的应付账款明细账的余额是否一致。

知识检测

一、单项选择题

1. 为了获取实际存在的固定资产均已入账的审计证据，应当采用的最佳审计程序是(　　　)。

A. 以固定资产明细分类账为起点，进行实地追查

B. 以固定资产实地为起点，追查至固定资产明细分类账

C. 以固定资产实地为起点，追查至固定资产总分类账

D. 以固定资产总分类账为起点，进行实地追查

2. 下列可以证明采购交易的"发生"，同时也是采购交易轨迹起点的是 (　　　)。

A. 订购单　　　　　　　　　　　　B. 请购单

C. 验收单　　　　　　　　　　　　D. 付款凭单

3. 采购和付款交易通常要依次经过 (　　　) 几个业务活动。

A. 请购商品、编制订购单、验收商品、编制付款凭单、记录负债、付款、记录支出

B. 编制订购单、请购商品、验收商品、编制付款凭单、记录负债、付款、记录支出

C. 编制订购单、请购商品、编制付款凭单、验收商品、记录负债、付款、记录支出

D. 请购商品、编制付款凭单、验收商品、编制订购单、记录负债、付款、记录支出

4. 下列各项目不属于采购与付款职责分离控制的是 (　　　)。

A. 请购与审批　　　　　　　　　　B. 请购与询价

C. 采购合同的订立与审批　　　　　D. 采购、验收与相关会计记录

5. 采购与付款循环中"发生"认定的关键内部控制程序是 (　　　)。

A. 已填制的验收单均已登记入账

B. 注销凭证以防重复使用

C. 采购的价格和折扣均经适当批准

D. 内部核查应付账款明细账的内容

6. 注册会计师函证应付账款，通常是为了证实应付账款的（　　　）审计目标。

A. 存在

B. 完整性

C. 权利和义务

D. 准确性、计价和分摊

二、多项选择题

1. 下列审计程序中，有助于证实采购交易记录的"完整性"认定的有（　　　）。

A. 从有效的订购单追查至验收单

B. 从验收单追查至采购明细账

C. 从付款凭证追查至购货发票

D. 从购货发票追查至采购明细账

2. 下列各项控制程序中，能够保证已发生的采购业务均已记录的有（　　　）。

A. 请购单均经事先编号并已登记入账

B. 订货单均经事先编号并已登记入账

C. 验收单均经事先编号并已登记入账

D. 对购货发票、验收单、订货单和请购单进行内部核查

3. 采购与付款业务需要进行职责分离的岗位包括（　　　）。

A. 询价与确定供应商

B. 请购与审批

C. 付款审批与付款执行

D. 采购合同的订立与审批

4. 在下列情况中，属于注册会计师确定的应付账款审计目标的有（　　　）。

A. 存在

B. 完整性

C. 权利和义务

D. 准确性、计价和分摊

5. 低估负债的重大错报风险通常体现在（　　　）。

A. 多记交易

B. 遗漏交易

C. 采用不正确的费用支出截止期

D. 将应当及时确认损益的费用性支出资本化

6. 注册会计师在验证应付账款是否真实存在时，通常实施的审计程序有（　　　）。

A. 将应付账款清单加总

B. 从应付账款清单追查至购货发票和验收单

C. 函证应付账款，重点是大额、异常项目

D. 对未列入本期的负债进行测试

三、判断题

1. 为了加强采购与付款控制，企业的请购单应预先连续编号。　　　　（　　　）

2. 采购与付款业务的不相容岗位应当相互分离、制约和监督。　　　　（　　　）

3. 如果某一应付账款明细账期末余额为零，注册会计师就不需要将其列为函证对象。

（　　　）

4. 注册会计师在检查未入账的应付账款时，最有效的审计程序是函证应付账款。

（　　　）

5. 同应收账款的函证一样，注册会计师应当对函证的全过程进行控制。　（　　　）

6. 注册会计师对固定资产进行审计时，以固定资产明细账为起点追查至固定资产实物，检查其采购发票、验收单，以证实固定资产的真实性。　（　　　）

四、简答题

1. 与采购与付款循环相关的重大错报有哪些？
2. 采购与付款循环的主要业务活动有哪些？
3. 如何实施固定资产审计？
4. 应收账款函证和应付账款函证有何区别？

拓展实训

1. 资料：注册会计师李进于 2021 年年底对永丰纺织科技有限公司进行预审，包括对部分业务的内部控制测试和对部分交易、活动进行实质性程序。在预审中，李进发现以下情况：

（1）为使采购业务的不相容职务彻底分离，规定采购人员不得参与验收。收到供应商发来的货物后，必须由财会部门负责采购业务会计记录的人员进行验收登记，只有当所收货物与订购单一致后，采购部门方能开具付款凭单。

（2）采购部门在办理付款业务时，对请购单、采购发票、结算凭证的签字、盖章、日期、数量、金额等进行严格审核。

（3）永丰纺织公司与甲公司签署的购货合同规定，自收到货物起 10 日内付款者，可获得 10% 的现金折扣。永丰纺织公司在 2021 年 10 月 16 日收到了货物后，于 18 日按照购货发票（普通发票）所列金额 30 万元的 90% 向甲公司支付了货款。永丰纺织公司对此笔付款业务做了借记：应付账款 27 万元；贷记：银行存款 27 万元的会计处理。

（4）7 月 1 日购入并安装价值 50 万元的生产用电子设备一台，当日投入生产。由于设备的特殊性质，需要 3 个月的试运行。在此期间内，随时可能需要进行调试，根据这一情况，永丰纺织公司从 2021 年 10 月 1 日起对该设备开始计提折旧。

（5）永丰纺织公司于 2021 年初开始建造一生产车间，当年 10 月份完工并投入使用，但由于种种原因，尚未办理完竣工手续，编制当年财务报表时，永丰纺织公司对此车间仍在在建工程项目中反映。

（6）永丰纺织公司于 2020 年起采用经营租赁方式租入乙公司一座办公楼，相关合同显示租赁期限为 10 年。2021 年 1 月永丰纺织公司对此办公楼进行了装修，相关的装修费用为 120 万元。永丰纺织公司对此次装修费用确认为固定资产，并按 10 年计提折旧。

要求：请逐一判断永丰公司相关内部控制是否存在缺陷，相关的经营活动及其会计处理是否符合企业会计准则的规定，并简要说明原因。

2. 资料：注册会计师李进审查了甲公司 2021 年 12 月固定资产折旧计提情况。李进发现以下情况：

（1）2021 年 11 月，车间设备计提折旧 120 000 元，年折旧率为 6%；

（2）2021 年 11 月，车间购入设备一台，价值 200 000 元；

（3）2021 年 11 月，将原来未使用的车间设备投入使用，原值 100 000 元；

（4）2021 年 11 月，送外单位大修理车间设备一台，原值 500 000 元；

（5）2021 年 11 月，对一台车间设备技术改造，当月交付使用，设备原值 2 000 000 元，技术改造支出 500 000 元，变价收入 200 000 元；

（6）2021 年 12 月，车间设备计提折旧 210 000 元。

要求：假如 2021 年 11 月车间设备计提折旧数正确，2021 年都所有产品均已售出，分析说明 2021 年 12 月车间设备计提折旧是否正确。如不正确，做出审计调整。

3. 资料：注册会计师李进正在对永丰纺织科技有限公司 2021 年的应付账款进行审计。根据需要，决定对该公司明细账记录表（表 13-3）中的两个客户进行函证。

表 13-3　应付账款明细账（简式）　　　　　　　　　　　单位：元

单位名称	应付账款年末余额	本年度进货总额
永泰公司	32 650	56 100
茂盛公司	——	1 880 000
金星公司	75 000	85 000
申通公司	189 000	2 032 000

要求：

请回答以下问题：

（1）该注册会计师应选择哪两位供货人进行函证？为什么？

（2）假定上述四家公司均为永丰公司的采购人，上表中两栏分别是应收账款年末余额和本年销货总额，注册会计师应选择哪两家公司进行函证？为什么？

项目十四　生产与存货循环审计

学习目标

能力目标：

1. 能完成生产与存货循环的重大错报风险评估；

2. 能完成生产与存货循环的控制测试；

3. 能完成存货项目的审计；

4. 能完成营业成本项目的审计。

知识目标：

1. 了解生产与存货循环的重大错报风险；

2. 了解生产与存货循环的主要业务活动及相关凭证、记录；

3. 理解存货、营业成本的审计目标；

4. 掌握存货、营业成本的审计方法。

项目导入

注册会计师张勇正在对黄河通用机械制造股份有限公司 2021 年度财务报表进行审计。张勇如何执行生产与存货循环的综合业务审计？

任务 14.1　生产与存货循环的风险评估

一、生产与存货循环存在的重大错报风险

以一般制造类企业为例，影响生产与存货循环交易和余额的风险因素可能包括：

1. 交易的数量和复杂性。制造类企业交易的数量庞大，业务复杂，这就增加了错误和舞弊的风险。

2. 成本核算的复杂性。制造类企业的成本核算比较复杂。虽然原材料和直接人工等直接成本的归集和分配比较简单，但间接费用的分配可能较为复杂，并且，同一行业中的不同企业也可能采用不同的认定和计量基础。

3. 产品的多元化。这可能要求聘请专家来验证其质量、状况或价值。另外，计算库存存货数量的方法也可能是不同的。例如，计量煤堆、筒仓里的谷物或糖、黄金或贵重宝石、化工品和药剂产品的存储量的方法都可能不一样。这并不是要求注册会计师每次清点存货都需要专家配合，如果存货容易辨认、存货数量容易清点，就无须专家帮助。

4. 某些存货项目的可变现净值难以确定。例如价格受全球经济供求关系影响的存货，

由于其可变现净值难以确定，会影响存货采购价格和销售价格的确定，并将影响注册会计师对与存货计价和分摊认定有关的风险进行的评估。

5. 将存货存放在很多地点。大型企业可能将存货存放在很多地点，并且可以在不同的地点之间配送存货，这将增加商品途中毁损或遗失的风险，或者导致存货在两个地点被重复列示，也可能产生转移定价的错误或舞弊。

6. 寄存的存货。有时候有货虽然还存放在企业，但可能已经不归企业所有。反之，企业的存货也可能被寄存在其他企业。

由于存货与企业各项经营活动的紧密联系，存货的重大错报风险往往与财务报表其他项目的重大错报风险紧密相关。例如，收入确认的错报风险往往与存货的错报风险共存；采购交易的错报风险与存货的错报风险共存，存货成本核算的错报风险与营业成本的错报风险共存，等等。

综上所述，一般制造型企业的存货的重大错报风险通常包括：

（1）存货实物可能不存在（存在认定）；

（2）属于被审计单位的存货可能未在账面反映（完整性认定）；

（3）存货的所有权可能不属于被审计单位（权利和义务认定）；

（4）存货的单位成本可能存在计算错误（计价和分摊认定/准确性认定）；

（5）存货的账面价值可能无法实现，即跌价损失准备的计提可能不充分（计价和分摊认定）。

二、根据重大错报风险评估结果设计进一步审计程序

注册会计师基于生产与存货循环的重大错报风险评估结果，制定实施进一步审计程序的总体方案（包括综合性方案和实质性方案）（表14-1），继而实施控制测试和实质性程序，以应对识别出的认定层次的重大错报风险。注册会计师通过控制测试和实质性程序获取的审计证据综合起来应足以应对识别出的认定层次的重大错报风险。

表14-1　生产和存货循环的重大错报风险和进一步审计程序总体方案

重大错报风险描述	相关财务报表项目及认定	风险程度	是否信赖控制	进一步审计程序的总体方案	拟从控制测试中获取的保证程度	拟从实质性程序中获取的保证程度
存货实物可能不存在	存货：存在	特别	是	综合性方案	中	高
存货的单位成本可能存在计算错误，	存货：准确性、计价和分摊 营业成本：准确性	一般	是	综合性方案	中	低
已销售产品的成本可能没有准确结转至营业成本	存货：准确性、计价和分摊 营业成本：准确性	一般	是	综合性方案	中	低
存货的账面价值可能无法实现	存货：准确性、计价和分摊	特别	否	实质性方案	无	高

　　注册会计师根据重大错报风险的评估结果初步确定实施进一步审计程序的具体审计计划，因为风险评估和审计计划都是贯穿审计全过程的动态的活动，而且控制测试的结果可能导致注册会计师改变对内部控制的信赖程度，因此，具体审计计划并非一成不变，可能需要在审计过程中进行调整。

　　然而，无论是采用综合性方案还是实质性方案，获取的审计证据都应当能够从认定层次应对所识别的重大错报风险，直至针对该风险所涉及的全部相关认定均已获取了足够的保证程度。

任务 14.2　生产与存货循环的控制测试

一、生产与存货循环的主要业务

（一）计划和安排生产

　　生产计划部门的责任是根据顾客订单或者对销售预测和产品需求的分析来决定生产授权。如果决定授权生产，立即签发预先编号的生产通知单。该部门通常应将发出的所有生产通知单编号并加以记录和控制。

（二）发出原材料

　　原材料的发出主要由仓储部门负责，仓储部门根据从生产部门收到的领料单发出原材料。领料单上必须列示所需的材料数量和种类，以及领料部门的名称。领料单可以一料一单，也可以多料一单，通常采用一式三联。仓库发料后，将其中一联连同材料交给领料部门，其余两联经仓储部门登记材料明细账后，送会计部门进行材料收发的核算和成本核算。

（三）生产产品

　　生产部门在收到生产通知单及领取原材料后，便将生产任务进行分解，同时将所领取的原材料进行分配，组织生产工人执行生产任务。生产工人在完成生产任务后，将完成的产品交由生产部门清点，然后转交检验员验收并办理入库手续；或是将所完成的产品移交下一个部门，做进一步加工。

（四）核算产品成本

　　为了正确核算并有效控制产品成本，必须建立健全成本会计制度，将生产控制和成本核算有机地结合在一起。一方面，根据生产通知单、领料单、计工单、入库单和生产过程记录等文件资料，由会计部门对其进行检查和核对，对生产过程中存货的实物流转进行控制；另一方面，会计部门要设置相应的会计账户，会同有关部门对生产过程中的成本进行核算和控制。完善的成本会计制度应该提供原材料转为在产品，在产品转为产成品，以及按成本中心、分批生产任务通知单或生产周期所消耗的材料、人工和间接费用的分配与归集的详细资料。

（五）储存产成品

产成品入库，须由仓储部门先行清点和检查，然后签收。签收后，将实际入库数量通知会计部门。据此，仓储部门确立了本身应承担的责任，并对验收部门的工作进行验证。此外，仓储部门还应根据产成品的品质特征分类存放，并填制标签。

（六）发出产成品

产成品的发出须由独立的发运部门进行。装运产成品时必须持有经有关部门核准的发运通知单，并据此编制出库单。出库单至少一式四联，一联交仓储部门；一联发运部门留存；一联送交顾客；一联作为给顾客开发票的依据。

二、主要凭证和会计记录

（一）生产指令

生产指令又称"生产任务通知单"或者"生产通知单"，是企业下达制造产品等生产任务的书面文件，用来通知供应部门组织材料发放，生产部门组织产品生产，会计部门组织成本核算。

（二）领发料凭证

领发料凭证是企业为控制材料发出所采用的各种凭证，如材料发出汇总表、领料单、限额领料单、领料登记簿、退料单等。

（三）产量和工时记录

产量和工时记录是登记工人或生产班组出勤内完成产品数量、质量和生产这些产品所耗费工时数量的原始记录。常见的产量和工时记录主要有工作通知单、工序进程单、工作班产量报告、产量通知单、产量明细表、废品通知单等。

（四）职工薪酬汇总表及人工费用分配表

职工薪酬汇总表是为了反映企业全部职工薪酬的结算情况，并进行职工薪酬结算总分类核算和汇总整个企业人工费用而编制的，它是企业进行人工费用分配的依据。人工费用分配表反映了各生产车间各产品应负担的生产工人工资和福利费。

（五）材料费用分配表

材料费用分配表是用来汇总反映各生产车间各产品所耗费的材料费用的原始记录。

（六）制造费用分配汇总表

制造费用分配汇总表是用来汇总反映各生产车间各产品所应负担的制造费用的原始记录。

（七）成本计算单

成本计算单是用来汇总某一成本计算对象所应承担的生产费用，并计算该成本计算对象的总成本和单位成本的记录。

（八）存货明细账

存货明细账是用来反映各种存货增减变动情况和期末库存数量及相关成本信息的会计记录。

三、生产与存货循环的内部控制

总体上看，生产与存货循环的内部控制主要包括存货的内部控制、成本会计制度的内部控制以及职工薪酬的内部控制这三项内容。

（一）存货的内部控制

存货的内部控制主要包括两个方面：一方面是对实物流转的控制，从购货、验收、仓储、生产到销货，对整个流程中的实物进行相应的控制；另一方面是对价值流转的控制，这里主要涉及的是存货的监盘和存货计价测试。具体主要有以下内部控制活动：

1. 适当的职责分离。职责分离是内部控制制度中的重点，在存货项目中的职责分离主要体现在各部门职责分离，如采购、仓储、发运三个部门分置，以及记录与复核职责分工等。

2. 正确的授权审批。授权根据情况又可分为一般授权和特殊授权。一般授权包括材料发出的授权、材料的购入授权、产成品入库授权和材料保管各个环节的授权等；特殊授权主要针对数额较大的项目或者特殊事件而进行的授权，如帐篷生产厂商在地震期间为抗震救灾购入大量原材料生产帐篷的授权批准。

3. 充分的凭证和记录。这里体现的是记录和凭证的完整性。

4. 凭证的预先编号。凭证的预先编号是为了防止存货的重复记录或者是漏记。

5. 限制资产接触。包括与资产或者实物的接触和记录都能够得到批准。如对仓库的存储单的控制就是为了确保与实物的接触获得批准。

（二）成本会计制度的内部控制

成本会计制度的内部控制主要分为四个部分：直接材料的内部控制、直接人工的内部控制、制造费用的内部控制、产成品和在产品内部控制。

1. 直接材料的内部控制。

对直接材料进行审计，主要的内部控制活动有三个方面。一方面是授权批准，主要看领料单的签发是否授权批准；另一方面是完善的复核制度，主要是看成本计算单上的金额和数量是否得到复核；最后是定期核对，主要是针对材料费用汇总表的材料计价方法是否恰当，是否与成本计算单的数额保持一致。

2. 直接人工的内部控制。

直接人工可分为计件工资制和计时工资制。

在计件工资制下，主要的控制活动为定期核对。此时的核对主要包括两个方面，一方面主要是将实际产量记录与产量统计报告进行核对，是否账实相符；另一方面将成本计算单与人工费用分配表进行核对，查看数额是否相符。

在计时工资制下，主要的控制活动也是定期核对。核对主要有两个方面，一方面是将实际工时记录与工时台账进行核对，是否账实相符；另一方面将成本计算单与人工费用分配表进行核对，查看数额是否相符。

3. 制造费用的内部控制。

制造费用的内部控制主要包括定期核对与复核。一方面，对成本计算单与制造费用明细账进行定期对账，确认是否无误；另一方面，将制造费用分配表进行复核，测试其分配标准是否恰当。

4. 产成品与在产品的内部控制。

对于产成品与在产品的审计，主要的内部控制活动有以下三个方面的内容：第一，定期核对。核对在产品盘存表，检查数量是否相符；核对成本计算单，检查金额是否相符。第二，完备的复核制度。计算总成本与单位成本，并进行验算。第三，测试成本分配标准。

（三）职工薪酬的内部控制

与职工薪酬有关的内部控制有很多，具体体现在以下几点：

1. 工薪账项均已适当授权；

2. 记录的工薪是实际发生的，而非虚构的；

3. 所有已发生的工薪支出已记录；

4. 工薪以正确的金额，在恰当的会计期间，及时记录于适当的账户；

5. 人事、考勤、工薪发放和记录之间职责分离。

四、生产与存货循环的控制测试

（一）存货审计的重大错报风险及其相应的控制测试

在存货审计中主要的重大错报风险和对应的控制测试程序如表 14 - 2 所示。

表 14 - 2　存货审计的重大错报风险及控制测试

重大错报风险	控制测试
虚假存货	观察并确认相关职责是否进行了适当分离 观察存货的入库程序 检查验收单编号的连续性 观察存货的发出程序 检查领料凭证的编号连续性 检查有关记账凭证是否附有合规的领料凭证 存货定期盘点
存货在生产过程中或仓库中被盗	审查转移单 观察存货的保护措施 观察存货和记录的接触及相应的批准程序 存货定期盘点
存货入账错误或未入账	检查有关凭证编号的连续性 检查有关尚未处理的凭证，查明原因 询问和观察存货盘点程序 检查有关凭证上的审批标志、已记账凭证
存货损失	观察易损存货的保管措施 检查存货跌价损失准备的计提方法
存货的增减变动未记入永续盘存记录	检查内部稽核标志
存货明细账未汇总并记入总账	检查内部稽核标志

（二）成本审计的重大错报风险及其相应的控制测试

在成本审计中主要的重大错报风险和对应的控制测试策划程序如表 14 - 3 所示。

表 14 - 3 成本审计的重大错报风险及控制测试

重大错报风险	控制测试
生产规模不适合导致成本增加	检查授权生产的证据
原材料未分配或未正确分配到生产任务中	检查生产经理是否复核生产通知单，跟进未分配的原材料和未完成的原材料通知单的情况
直接人工工时和制造费用未记录或未正确记录到正确的生产任务中	检查管理当局复核生产报告和工时调节表的证据 检查管理当局复核工时差异报告的证据
分配到在产品和产成品的间接费用成本未正确计算	检查管理当局对标准成本和间接费用的分配率和分配标准的审批
已完工产品的生产成本未转移到产成品中	利用 IT 审计的方法，将完工产品与产成品的成本及数量进行核对

（三）职工薪酬审计的重大错报风险及其相应的控制测试

在职工薪酬审计中主要的重大错报风险和对应的控制测试策划程序如表 14 - 4 所示。

表 14 - 4 职工薪酬审计的重大错报风险及控制测试

重大错报风险	控制测试
虚报、冒领工薪	审查有关文件或记录中的核准标记 观察各项职责的执行情况 审查人事政策和人事档案
支付的工薪超过员工实际应得	观察工时钟的使用情况 检查工时卡的核准说明，查看输出记录的样本，以获取正常工作时间和加班时间已获批准的证据，检查工作时间计算的准确性
支付的工薪扣款金额不正确或未经授权	检查工薪记录文件，核对数据的准确性，并检查是否有授权人员的签名 检查证明已根据雇佣的解雇情况调节工薪单上员工数量的证据
未记录已发放的工资	审查工时卡编号的连续性 检查编制和核对工薪调节表的证据
工资的计提、工资费用的分配不正确	现场参加工薪的发放，观察工薪发放中的控制运行 对工资循环的账务处理过程、工资费用的归集和分配过程进行穿行测试

任务 14.3 存货审计

一、存货的审计目标

1. 确定资产负债表中记录的存货是否存在（存在认定）；

2. 确定所有应记录的存货是否均已记录（完整性认定）；

3. 确定存货是否由被审计单位所有或控制（权利和义务认定）；

4. 确定存货是否以恰当的金额包括在财务报表中，与之相关的计价或分摊是否已恰当记录（存货的计价是否恰当，存货跌价准备的计提是否合理）（准确性、计价和分摊认定）；

5. 确定存货、存货跌价准备已记录于恰当的账户（分类认定）；

6. 确定存货、存货跌价准备是否已按照企业会计准则的规定在财务报表中做出恰当列报。

二、存货的一般审计程序

（一）获取或编制存货年末余额明细表

1. 复核单项存货金额的计算和明细表的加总计算是否准确；

2. 将本年末存货余额和上年末存货余额进行比较，分析变动原因。

（二）对存货实施实质性分析程序

存货的实质性分析程序较常见的是对存货周转天数的实质性分析程序。

三、存货监盘

（一）存货监盘的作用

如果存货对财务报表是重要的，注册会计师应当实施下列审计程序，对存货存在和状况获取充分、适当的审计证据。

1. 在存货盘点现场实施监盘（除非不可行）；

2. 对期末存货记录实施审计程序，以确定其是否准确反映实际的存货盘点结果。

在存货盘点现场实施监盘时，注册会计师应当实施下列审计程序：

1. 评价管理层用以记录和控制存货盘点结果的指令和程序；

2. 观察管理层制定的盘点程序的执行情况；

3. 检查存货；

4. 执行抽盘。

存货监盘的目的在于获取有关存货数量和状况的审计证据，因此，存货监盘针对的是存货的存在认定，对存货的完整性认定及计价和分摊认定也能提供部分审计证据，此外也可以获取存货的权利和义务认定的审计证据。因此，存货监盘作为存货审计的一项核心审计程序，通常可同时实现上述多项审计目标。

（二）编制存货监盘计划

注册会计师在评价被审单位存货盘点计划的基础上，根据被审单位存货的特点、被审单位的盘存制度以及存货内部控制的有效性，编制存货监盘计划，对存货监盘做出合理的安排。存货监盘计划的主要内容包括：

1. 存货监盘的目标。

存货监盘的目标是获取被审计单位资产负债表日有关存货数量和状况的审计证据，检查存货的数量是否真实完整，是否归属被审计单位，存货有无毁损、陈旧、过时、残次和短缺等状况。

2. 存货监盘的范围。

存货监盘范围的大小取决于存货的内容、性质以及与存货相关的内部控制的完善程度和重大错报风险的评估结果。对存放于外单位的存货，应当考虑实施适当的替代程序，以获取充分、适当的审计证据。

3. 存货监盘的时间。

存货监盘的实际安排包括实地察看盘点现场的时间、观察存货盘点的时间和对已盘点存货实施检查的时间等，应当与被审计单位实施存货盘点的时间相协调。一般来说，存货盘点的时间是在资产负债表日之前几天。

4. 存货监盘的方式。

与库存现金突击盘点的方式不同，存货一般采用通知盘点的监盘方式。

5. 存货监盘的要点及关注事项。

存货监盘的要点主要包括注册会计师实施存货监盘程序的方法、步骤，各个环节应注意的问题以及所要解决的问题。注册会计师需要重点关注的事项包括盘点期间的存货移动、存货的状况、存货的截止确认、存货的各个存放地点及金额等。

6. 参加存货监盘人员的分工。

注册会计师应当根据被审计单位参加存货盘点人员分工、分组情况、存货监盘工作量的大小和人员素质情况，确定参加存货监盘的人员组成，各组成人员的职责和具体的分工情况，并加强督导。一般来说，存货监盘至少要求有三人参加：注册会计师、盘点人员与仓库主管。而三人的分工各不相同，盘点人员负责清点存货；仓库主管负责监督；注册会计师负责观察和抽样检查。

7. 检查存货的范围。

注册会计师应当根据对被审计单位存货盘点和对被审计单位内部控制的评价结果确定检查存货的范围。注册会计师在实施观察程序后，如果认为被审计单位内部控制设计良好且得到有效实施、存货盘点组织良好，可以相应缩小实施检查程序的范围。

（三）存货监盘的主要程序

1. 评价管理层用以记录和控制存货盘点结果的指令和程序。

（1）适当控制活动的运用；

（2）准确认定在产品的完工程度、流动缓慢、过时或毁损的存货项目，以及第三方拥有的存货；

（3）估计存货数量；

（4）对存货不同地点之间的移动以及截止日期后出入库的控制。

2. 观察管理层制定的盘点程序的执行情况。

（1）在被审计单位盘点存货前，注册会计师应当观察盘点现场，确定应纳入盘点范围的存货是否已经适当整理和排列，并附有盘点标识，防止遗漏或重复盘点。对未纳入盘点范围的存货，注册会计师应当查明未纳入的原因。

（2）对所有权不属于被审计单位的存货，注册会计师应当取得其规格、数量等有关资料。确定是否已分别存放、标明，且未被纳入盘点范围。在存货监盘过程中，注册会计师应当根据取得的所有权不属于被审计单位的存货的有关资料，观察这些存货的实际存放情况确保其未被纳入盘点范围，即使在被审计单位声明不存在受托代存存货的情形下。注册会计师在存货监盘时也应当关注是否存在某些存货不属于被审计单位的迹象，以避免盘点范围不当。

（3）注册会计师在实施存货监盘过程中，应当跟随被审计单位安排的存货盘点人员，注意观察被审计单位事先制订的存货盘点计划是否得到了贯彻执行，盘点人员是否准确无误地记录了被盘点存货的真实数量和状况。

3．检查存货。

（1）注册会计师应当对已盘点的存货进行适当检查，将检查结果与被审计单位盘点记录相核对，并形成相应记录。检查的目的既可以是为了确证被审计单位的监盘计划得到适当的执行（控制测试），也可以是为了证实被审计单位的存货实物总额（实质性程序）。

（2）检查的范围通常包括每个盘点小组盘点的存货以及难以盘点或隐蔽性较强的存货。

4．执行抽盘。

（1）在检查已盘点的存货时，注册会计师应当从存货盘点记录中选取项目追查至存货实物，以测试盘点记录的准确性；注册会计师还应当从存货实物中选取项目追查至存货盘点记录，以测试存货盘点记录的完整性。注册会计师应尽可能避免让被审计单位事先了解将抽盘的存货项目。

（2）注册会计师在实施检查程序时发现差异，很可能表明被审计单位的存货盘点在准确性或完整性方面存在错误。由于检查的内容通常仅仅是已盘点存货中的一部分，所以在检查中发现的错误很可能意味着被审计单位的存货盘点还存在着其他错误。一方面，注册会计师应当查明原因，并及时提请被审计单位更正；另一方面，注册会计师应当考虑错误的潜在范围和重大程度，在可能的情况下，扩大检查范围以减少错误的发生。注册会计师还可要求被审计单位重新盘点。重新盘点的范围可限于某一特殊领域的存货或特定的盘点小组。

5．存货监盘过程中应特别关注的问题。

（1）存货的移动情况。

存货盘点时被审计单位的生产经营活动仍将持续，这就意味着会有货物的移动，如果不对这部分存货给予特别关注，可能就会出现遗漏或重复盘点的状况。

（2）存货的状况。

注册会计师应注意观察被审计单位是否已经恰当区分所有毁损、陈旧、过时及残次的存货，同时要将这些存货的详细情况记录下来，以便于进一步追查这些存货的处置情况，也能为测试被审计单位存货跌价准备计提的准确性提供证据。

（3）存货的截止。

注册会计师应当获取盘点日前后存货收发及移动的凭证，检查库存记录与会计记录期末截止是否正确。

（4）对特殊类型存货的监盘。

对某些特殊类型的存货而言，被审计单位通常使用的盘点方法和控制程序并不完全适用。表14-5列举了针对不同特殊存货的类型通常采用的盘点方法与存在的潜在问题，以及可供注册会计师实施的监盘程序。

表 14 - 5　特殊类型存货的监盘程序

存货类型	盘点方法与潜在问题	可供实施的监盘程序
木材、钢筋盘条、管子	通常无标签，但在盘点时会做上标记或用粉笔标识；难以确定存货的数量或等级	检查标记或标识；利用专家或被审计单位内部有经验人员的工作
堆积型存货（如糖、煤、钢废料）	通常既无标签也不作标记，在估计存货数量时存在困难	运用工程估测、几何计算、高空勘测，并依据详细的存货记录；如果堆场中的存货堆不高，可进行实地监盘，或通过旋转存货堆加以估计
使用磅秤测量的存货	在估计存货数量时存在困难	在监盘前和监盘过程中均应检验磅秤的精准度，并留意磅秤的位置移动与重新调校程序；将检查和重新称量程序结合，检查称量尺度的换算问题
散装物品（如贮窖存货，使用桶、罐、槽等容器储存的液体、气体、谷类粮食、流体存货等）	在盘点时通常难以识别和确定，在估计存货数量及质量时存在困难	使用容器进行监盘或通过预先编号的清单列表加以确定；使用浸蘸、测量棒、工程报告以及依赖永续存货记录；选择样品化验与分析，或利用专家的工作
贵金属、石油、艺术品及收藏品	在存货辨认与质量确定方面存在困难	选择样品化验与分析，或利用专家的工作
生产纸浆用木材、牲畜	在存货辨认与数量确定方面存在困难，可能无法对此类存货和移动实施控制	通过高空摄影以确定其存在性，对不同时点的数量进行比较，并依赖永续存货记录

（5）存货监盘结束时的工作。

在被审计单位存货盘点结束前，注册会计师应当根据自己在存货监盘过程中获取的信息对被审计单位最终的存货盘点结果汇总记录进行复核，并评估其是否正确地反映了实际盘点结果。同时，注册会计师还应该：

①再次观察盘点现场，以确定所有应纳入盘点范围的存货是否均已盘点。

②取得并检查已使用、作废及未使用盘点表单的号码记录，确定其是否连续编号，查明已发放的表单是否均已收回，并与存货盘点的汇总记录进行核对。

（四）特殊情况的处理

1. 在存货盘点现场实施存货监盘不可行。

如果由于被审计单位存货的性质或位置等原因导致无法实施存货监盘，注册会计师应当考虑实施替代审计程序，获取有关期末存货数量和状况的充分、适当的审计证据。

注册会计师实施的替代审计程序主要包括：检查进货交易凭证或生产记录以及其他相关资料，检查资产负债表日后发生的销货交易凭证，向顾客或供应商函证。

如果注册会计师不能实施的替代审计程序，或者实施替代审计程序不能获取充分、适当的审计证据，注册会计师应当考虑发表非无保留意见。

2. 因不可预见的因素导致无法在存货盘点现场实施存货监盘。

如果因不可预见的因素导致无法在预定日期实施存货监盘，注册会计师应当另择日期重新监盘；同时对该期间发生的存货交易实施审计程序，以获取有关期末存货数量和状况的充分、适当的审计证据。

3. 由第三方保管或控制的存货。

如果由第三方保管或控制的存货，如：委托其他单位保管的存货或已作质押的存货，对被审计单位财务报表是重要的，注册会计师应当实施下列审计程序：

（1）向保管人或债权人函证；

（2）安排其他注册会计师实施存货监盘或利用其他注册会计师出具的报告；

（3）检查与第三方持有存货相关的文件、记录。

【案例 14-1】注册会计师张勇正在对黄河通用机械制造股份有限公司 2021 年的存货进行审计，以下是该注册会计师撰写的存货监盘计划的部分内容。

存货监盘计划

一、存货监盘的目标

检查黄河通用公司 2021 年 12 月 31 日存货数量是否真实完整。

二、存货监盘范围

2021 年 12 月 31 日库存的所有存货，包括原材料、在产品、库存商品和代加工材料（所有权属于乙公司）。

三、监盘时间

存货的观察与检查时间均为 2021 年 12 月 31 日。

四、存货监盘的主要程序

1. 与管理层讨论存货监盘计划；

2. 观察黄河通用公司盘点人员是否按照盘点计划进行盘点；

3. 检查相关凭证以证实盘点截止日前所有已确认为销售但尚未装运出库的存货均已纳入盘点范围；

4. 对于存放在外地公用仓库的库存商品，主要实施检查货运文件、出库记录等替代程序。

【要求】请你替注册会计师张勇分析存货监盘计划中目标、范围和时间存在的错误，并简要说明理由。

【分析】上述存货监盘的计划共有三处错误：

错误 1：审计目标错误，存货监盘的目标不正确，应该是获取黄河通用公司 2021 年 12 月 31 日有关存货数量和状况的审计证据。

错误 2：审计范围错误，代加工材料的所有权不属于黄河通用公司，不应纳入监盘范围。

错误 3：审计时间错误，存货的观察与检查时间应与盘点时间相协调，应为 2021 年 12 月 29 日至 12 月 31 日。

监盘计划中审计程序分析如下：

程序 1 不恰当。应修改为复核或与管理层讨论存货盘点计划。

程序 2 恰当。

程序 3 不恰当。应修改为检查相关凭证以证实盘点截止日前所有已确认为销售但尚未装运出库的存货均未纳入盘点范围。

程序 4 不恰当。应修改为对于存放在外地公用仓库的库存商品，应实施函证或利用其他注册会计师的工作等替代程序。

四、存货计价测试

监盘程序主要是对存货的结存数量予以确认。为验证财务报表上存货余额的真实性，还必须对存货的计价进行测试。存货计价测试包括两个方面：一是被审计单位所使用的存货单位成本是否正确，二是是否恰当计提了存货跌价准备。

（一）计价测试的目的

对存货进行计价测试，其主要目的是为了验证存货的金额是否正确，是对计价与分摊这一具体审计目标的认定。

（二）样本的选择

计价测试的样本，应从存货数量已经盘点、单价和总金额已经计入存货汇总表的结存存货中进行选择。在选择样本时应注意的影响因素有两个：

1. 结存余额较大的存货类型；

2. 价格变化比较频繁存货类型。

（三）计价方法的合理性审查

存货的计价方法多种多样，被审计单位应结合企业会计准则的基本要求选择符合自身特点的方法。常用的存货计价方法包括：实际成本法和计划成本法。其中，实际成本法又分为：个别计价法、先进先出法、月末一次加权平均法和移动加权平均法。注册会计师除了了解被审计单位的存货计价方法外，还应对这种计价方法的合理性与可比性予以关注，没有足够理由，计价方法不得随意变更。

（四）存货成本测试

1. 存货单位成本测试。

（1）直接材料成本测试；

（2）直接人工成本测试；

（3）制造费用测试；

（4）生产成本在完工产品与在产品之间分配的测试。

2. 存货跌价损失准备测试。

（1）识别需要计提跌价损失准备的存货项目；

（2）检查可变现净值的计量是否合理。

【案例 14 - 2】注册会计师张勇正在对黄河通用机械制造股份有限公司 2021 年的存货进行审计，发现以下情况：该公司产成品采用先进先出法，发现情况如下：年初结存产品 1 000 件，单价 100 元；当年第一批完工入库 1 000 件，单价 110 元；第二批完工入库 1 500 件，单价 120 元；第三批完工入库 1 500 件，单价 105 元；第四批完工入库 2 500 件，单价 110 元；共销售 5 200 件，结转成本 569 500 元，截止审计日结存 2 300 件，结存成本 230 000 元。

【要求】请你替注册会计师张勇分析该公司产成品明细账是否存在问题。

【分析】对产成品明细账进行复核和重新计算，该公司发出产成品按先进先出法计价，其结存的 2 300 件产成品应按最后一批完工入库产成品的单价计价（最后一批完工入库 2 500 件）。结存成本为 2 300×110＝253 000（元）。

上述事项使该公司当期存货成本虚减 23 000 元（253 000－230 000），当期销售成本虚增 23 000 元，虚减当期利润总额 23 000 元。被审计单位对此应做适当调整。

五、存货截止测试

注册会计师应当获取盘点日前后存货收发及移动的凭证，检查库存记录与会计记录期末截止是否正确。注册会计师在对期末存货进行截止测试时，通常应当关注：

1. 所有在截止日以前入库的存货项目是否均已包括在盘点范围内，并已反映在截止日以前的会计记录中；任何在截止日期以后入库的存货项目是否均未包括在盘点范围内，也未反映在截止日以前的会计记录中。

2. 所有在截止日以前装运出库的存货项目是否均未包括在盘点范围内，且未包括在截止日的存货账面余额中；任何在截止日期以后装运出库的存货项目是否均已包括在盘点范围内。并已包括在截止日的存货账面余额中。

3. 所有已确认为销售但尚未装运出库的商品是否均未包括在盘点范围内，且未包括在截止日的存货账面余额中。

4. 所有已记录为购货但尚未入库的存货是否均已包括在盘点范围内，并已反映在会计记录中。

5. 在途存货和被审计单位直接向顾客发运的存货是否均已得到了适当的会计处理。

6. 在存货监盘过程中，注册会计师应当获取存货验收入库、装运出库以及内部转移截止等信息，以便将来追查至被审计单位的会计记录。注册会计师通常可观察存货的验收入库地点和装运出库地点以执行截止测试。在存货入库和装运过程中采用连续编号的凭证时，注册会计师应当关注截止日期前的最后编号。如果被审计单位没有使用连续编号的凭证，注册会计师应当列出截止日期以前的最后几笔装运和入库记录。

【案例 14 - 3】注册会计师张勇正在对黄河通用机械制造股份有限公司 2021 年 12 月 31 日的存货进行审计，发现以下情况：

（1）2021 年 1 月 2 日收到价值为 20 000 元的货物，存货明细账入账日期为 2022 年 1

月 4 日，付款日期为 2022 年 1 月 6 日。合同注明：货物由供应商负责运送，目的地交货，验收合格后付款。发票日期为 2021 年 12 月 26 日，发货日期为 2021 年 12 月 28 日。

（2）销售一批价值为 80 000 元的产品，因产品已移送装运处，公司于 2021 年 12 月 31 日确认了收入并结转了成本。合同注明：货物采用赊销方式销售，货物由供应商负责运送，目的地交货，验收合格后付款。对方于 2022 年 1 月 4 日收到货物，并于次日支付款项。发票日期为 2021 年 12 月 30 日，发货日期为 2022 年 1 月 2 日。

（3）2022 年 1 月 6 日收到价值为 70 000 元的货物，并于当日登记存货明细账。合同注明：货物由供应商负责运送，目的地交货，验收合格后付款。发票日期为 2021 年 12 月 28 日，发货日期为 2022 年 1 月 2 日。

（4）客户定制的产品于 2021 年 12 月 31 日完工并移送装运部门，公司于当日确认了收入并结转了成本。合同注明：货物采用预收款方式销售，2021 年 12 月 31 日前发货，验收合格后支付余款。发票日期为 2021 年 12 月 31 日，发货日期为 2021 年 12 月 31 日。

【要求】请你替注册会计师张勇分析上述四种情况是否应包括在该公司 2021 年 12 月 31 日的存货内，并说明理由。【分析】

（1）货物不应包括在 2021 年 12 月 31 日的存货内。因为，采购的存货应于取得货物所有权时（2022 年 1 月 2 日）确认为存货。该批存货应归属于 2022 年 12 月 31 日的存货。

（2）货物应包括在 2021 年 12 月 31 日的存货内。因为，采用赊销方式销售商品，应于对方取得货物所有权时（2021 年 1 月 4 日）确认收入并结转成本。2021 年 12 月 31 日，货物并未发出，所有权并未转移，不符合收入的确认条件。2021 年 12 月 31 日，该存货仍归属本企业所有。

（3）货物不应包括在 2021 年 12 月 31 日的存货内。因为，采购的存货应于取得货物所有权时（2022 年 1 月 6 日）确认为存货。该批存货应归属于 2022 年 12 月 31 日的存货。

（4）货物不应包括在 2021 年 12 月 31 日的存货内。因为，采用预收款方式销售商品，应在货物发出时（2021 年 12 月 31 日）确认收入并结转成本。2021 年 12 月 31 日，该存货因销售已实现而不应包括在期末存货范围内。

六、存货跌价准备审计

存货跌价准备的审查主要关注以下几个方面：

1. 存货跌价准备的计提依据是否合理；

2. 存货跌价准备的结转是否经授权批准；

3. 存货跌价准备的会计处理是否正确，前后期是否一致。

任务 14.4　营业成本审计

一、营业成本的审计目标

1. 确定财务报表中记录的营业成本是否已发生，且与被审计单位有关（发生认定）；

2. 确定已发生的营业成本是否均已记录（完整性认定）；

3. 确定与营业成本有关的金额及其他数据是否已恰当记录（准确性认定）；

4. 确定营业成本是否已记录于正确的会计期间（截止认定）；

5. 确定营业成本是否已按照企业会计准则的规定在财务报表中做出恰当列报。

二、营业成本的主要错误、舞弊形式和审计要点

（一）产品成本结转不正确

1. 表现形式。

当产品已销售后，对库存商品明细账的贷方数量不记账，这种现象常见于月末集中结转成本的场合，在下期做产成品的盘亏处理。

多记产成品明细账的出库量，在下期做产成品的盘盈处理。

2. 审计要点。

通过编制生产成本与主营业务成本倒轧表（表14-6），分析比较本年度与上年度主营业务成本总额，以及本年度各月份的主营业务成本总额，如有重大波动和异常情况，应查明原因。

将主营业务成本、主营业务收入、库存商品明细账的有关数据进行核对，并将企业的销售发票、出库凭证与上述明细账进行核对，若核对不符，说明结转有误，应进一步查明原因和责任。

表14-6 生产成本和主营业务成本倒轧表

项目	未审数	调整数	审定数
原材料期初余额			
加：本期购入			
减：原材料期末余额			
其他发出额			
直接材料成本			
加：直接人工			
制造费用			
生产成本			
加：在产品期初余额			
减：在产品期末余额			
产成品成本			
加：产成品期初余额			
减：产成品期末余额			
主营业务成本			

（二）随意改变成本结转方法

1. 表现形式。

违反成本结转一致性原则，随意改变成本结转方法，以调节当期成本。

2. 审计要点。

审阅主营业务成本和库存商品明细账，选择金额较大的业务，复核其结转成本的计价方法是否前后期一致。若无充分理由任意改变计价方法，以致对本期利润产生较大影响的，应建议调账。

（三）成本计算不正确

1. 表现形式。

用加权平均法、先进先出法等方法计算确定的单位成本与实际应结转的单位成本相差甚远。

采用计划成本法时，成本差异不在已售产品和库存产品之间分配或以计划成本代替实际成本。

采用定额成本计算销售成本的企业，对定额成本的差异不进行合理分配，根据自身需要将全部或大部分由销货或存货承担。

2. 审计要点。

审阅主营业务成本和库存商品明细账，按企业一贯采用的计价方法，复算主营业务成本是否正确。

【案例 14-4】注册会计师张勇正在对黄河通用机械制造股份有限公司 2021 年的主营业务成本进行审计，通过审查该公司的主营业务成本明细表，并与有关明细账、总账核对，发现账表之间数字完全相符。有关资料如表 14-7 所示：

表 14-7　存货成本资料　　　　　　　　　　　　　　　单位：元

项目	金额
材料期初余额	80 000
本期购进材料	150 000
材料期末余额	60 000
本期销售材料	10 000
直接人工成本	15 000
制造费用	40 000
在产品期初余额	23 000
在产品期末余额	30 000
产成品期初余额	40 000
产成品期末余额	50 000

通过对有关记账凭证和原始凭证的审计，发现以下问题：

（1）本期已入库，但尚未收到结算凭证的材料5 000元未作暂估处理。

（2）已领未用的材料1 000元，未做假退料处理。

（3）为车间在建工程发生的工人工资2 000元计入了生产成本。

（4）本期发生的设备大修理费用4 000元全部计入当期制造费用。

（5）经对期末在产品的盘点发现，在产品的实际金额为38 000元。

【要求】 请你替注册会计师张勇分析上述处理中存在的问题，编制"生产成本及销售成本倒轧表"，并得出审计结论。

【分析】 注册会计师张勇编制的"生产成本及销售成本倒轧表"如表14-8所示：

表14-8　生产成本和主营业务成本倒轧表　　　　　　　　　单位：元

项目	未审数	调整或重分类分录	审定数
原材料期初余额	80 000		80 000
加：本期购进	150 000	借5 000	155 000
减：原材料期末余额	60 000	借1 000	61 000
其他发出额	10 000		10 000
直接材料成本	160 000	借4 000	164 000
加：直接人工成本	15 000	贷2 000	13 000
制造费用	42 000	贷4 000	38 000
生产成本	217 000	贷2 000	215 000
加：在产品期初余额	23 000		23 000
减：在产品期末余额	30 000	借8 000	38 000
产成品成本	210 000	贷10 000	200 000
加：产成品期初余额	40 000		40 000
减：产成品期末余额	50 000		50 000
主营业务成本	200 000	贷10 000	190 000

审计结论：由于多计产品生产成本10 000元，导致多计营业成本10 000元，使营业利润少计10 000元。

● 知识检测

一、单项选择题

1. 仓储部门向生产部门发货的依据是从生产部门收到的（　　　）。

　　A. 验收单　　　　　B. 发料单　　　　　C. 领料单　　　　　D. 保管单

2. 负责产成品发出的部门是独立的（　　　）部门。

　　A. 生产计划　　　　B. 销售　　　　　　C. 仓储　　　　　　D. 发运

3. 注册会计师制订的存货监盘计划，其中不正确的是（　　　）

    A. 监盘的目的是证实存货的存在

    B. 监盘时间为接近资产负债表日

    C. 监盘人员包括仓库管理员、仓库主管和注册会计师

    D. 监盘的方式为突击审查

4. 注册会计师现场观察被审计单位存货盘点的主要目的是为了（　　　）

    A. 查明客户是否漏记某些重要的存货

    B. 鉴定存货的质量

    C. 了解存货盘点计划是否得到贯彻执行

    D. 获得存货期末是否真实存在及其状况的证据

5. 存货单位成本测试不包括（　　　）。

A. 直接材料成本测试	B. 直接人工成本测试
C. 制造费用测试	D. 管理费用测试

6. 由第三方保管或控制的存货，注册会计师通常不采用（　　　）审计程序。

    A. 向保管人或债权人函证

    B. 安排其他注册会计师实施存货监盘

    C. 检查与第三方持有存货相关的文件、记录

    D. 亲自到现场监盘存货

二、多项选择题

1. 审查存货单位成本需要检查下列文件（　　　）。

A. 领料单	B. 材料费用分配表
C. 人工费用分配表	D. 采购合同和购货发票

2. 审查存货项目时，能够根据"计价和分摊"认定得出的结论有（　　　）。

    A. 存货账面数量与实物数量相符，金额的计算正确

    B. 当存货成本低于可变现净值时，已调整为可变现净值

    C. 年末采购材料、销售商品的截止是恰当的

    D. 存货项目总账余额与明细账余额合计数一致

3. 对被审计单位存货的审计是最复杂、最费时的，其原因是（　　　）。

A. 存货占资产比重大	B. 存货放置地点不同，实物控制不便
C. 存货项目的种类繁多	D. 存货计价方法多样化

4. 购货业务年底截止测试的主要方法是抽查存货盘点日前后的（　　　）。

A. 采购合同	B. 购货发票
C. 采购单	D. 验收报告

5. 存货监盘的范围不包括（　　　）。

A. 资产负债表日前收入的存货	B. 资产负债表日前发出的存货
C. 资产负债表日后收入的存货	D. 资产负债表日后发出的存货

6. 一般制造企业存货的重大错报风险通常包括（　　　）。

A. 存货实物可能不存在

B. 属于被审计单位的存货可能未在账面反映

C. 存货的所有权可能不属于被审计单位

D. 存货的单位成本可能存在计算错误

三、判断题

1. 注册会计师应当对被审计单位的存货实施监盘。（　　　）

2. 注册会计师可以通过对存货周转天数的分析，了解存货可能存在的重大错报风险。（　　　）

3. 定期盘点存货，合理确定存货的数量和状况是注册会计师的责任。（　　　）

4. 存货监盘程序主要是为了对存货的数量和存在状况予以确认。（　　　）

5. 对于企业寄存或寄销在外地的存货，也应纳入盘点范围。（　　　）

6. 对存货进行计价测试，其主要目的是为了验证存货的金额是否正确。（　　　）

四、简答题

1. 生产与存货循环相关的重大错报有哪些？

2. 生产与存货循环的主要业务活动有哪些？

3. 如何制订存货监盘计划？

4. 如何实施存货成本测试？

拓展实训

1. 资料：注册会计师李进在审查永丰纺织科技有限公司 2021 年存货时发现下列资料：

单位：元

存货项目余额	2021 年 12 月 31 日	2020 年 12 月 31 日
原材料余额	80 000	100 000
在产品余额	250 000	230 000
产成品余额	380 000	400 000

项目	2021 年度	2020 年度
当期购入原材料	250 000	200 000
本期销售材料	30 000	——
直接人工	150 000	135 000
制造费用	120 000	100 000

（1）对期末在产品进行盘点发现，在产品实际金额为 380 000 元；

（2）领而未用原材料 30 000 元，未做假退料处理；

（3）在建工程人员工资 20 000 元计入了生产成本。

要求：（1）编制生产成本及营业成本倒轧表；

（2）对存货审计发现的问题提出处理意见。

2. 资料：注册会计师李进接受委托，对常年审计客户丙公司的 2021 年度财务报表进行审计。丙公司为玻璃制造企业，存货主要有玻璃、煤炭和烧碱，其中少量玻璃存放于外地公用仓库。另有丁公司的部分水泥存放于丙公司的仓库。丙公司拟于 2021 年 12 月 29 至 31 日盘点存货，以下是注册会计师撰写的存货监盘计划的部分内容。

存货监盘计划

存货监盘的目标：检查丙公司 2021 年 12 月 31 日存货数量是否真实、完整。

存货监盘范围：2021 年 12 月 31 日库存的所有存货，包括玻璃、煤炭、烧碱和水泥。

监盘时间：存货的观察与检查时间均为 2021 年 12 月 31 日。

存货监盘的主要程序如下：

（1）与管理层讨论存货监盘计划。

（2）观察丙公司盘点人员是否按照盘点计划盘点。

（3）检查相关凭证，以证实盘点截止日前所有已确认销售但尚未装运出库的存货均已纳入盘点范围。

（4）对于存放在外地公用仓库的玻璃，主要实施检查货运文件、出库记录等替代程序。

要求：

（1）指出存货监盘计划中的目标、范围和时间存在的错误，并简要说明理由。

（2）判断存货监盘计划中列示的主要程序是否恰当。若不恰当，请予以修改。

3. 资料：注册会计师李进在对金星公司 2021 年度财务报表审计的过程中，发现该公司存货存在以下异常情况：

（1）甲材料的账面记录可能超出了原材料仓库的最大库存；

（2）资产负债表日前入库的乙材料账面未做记录；

（3）由 A 公司代管的原材料可能不存在；

（4）B 公司存放在本公司的原材料可能已计入该公司存货。

要求：分析说明该公司存货存在的异常情况，注册会计师如何查证？

项目十五　货币资金审计

能力目标：

1. 能完成货币资金的重大错报风险评估；
2. 能完成货币资金的控制测试；
3. 能完成库存现金项目审计；
4. 能完成银行存款项目审计。

知识目标：

1. 了解货币资金的重大错报风险；
2. 熟悉货币资金的内部控制制度；
3. 理解库存现金、银行存款的审计目标；
4. 掌握库存现金、银行存款的审计方法。

项目导入

注册会计师张勇正在对黄河通用机械制造股份有限公司 2021 年度财务报表进行审计。鉴于货币资金的重要性，张勇如何执行货币资金综合业务审计？

任务 15.1　货币资金的风险评估

货币资金主要包括库存现金、银行存款及其他货币资金。

库存现金包括企业的人民币现金和外币现金。现金是企业流动性最强的资产，尽管其在企业资产总额中的比重不大，但企业发生的舞弊事件大多与现金有关，因此，注册会计师应该重视库存现金的审计。

银行存款是指企业存放在银行或其他金融机构的各种款项。按照国家有关规定，凡是独立核算的企业都必须在当地银行开设账户。企业在银行开设账户以后，除按核定的限额保留库存现金外，超过限额的现金必须存入银行；除了在规定的范围内可以用现金直接支付款项外，在经营过程中所发生的一切货币收支业务，都必须通过银行存款账户进行结算。

一、货币资金的可能发生错报环节

与货币资金相关的财务报表项目主要为库存现金、银行存款、应收（付）款项、短（长）期借款、财务费用、长期投资等。以一般制造业为例，与库存现金、银行存款相关的交易和余额的可能发生错报环节通常包括（括号内为相应的认定）：

1. 被审计单位资产负债表的货币资金项目中的库存现金和银行存款在资产负债表日不存在。（存在认定）

2. 被审计单位所有应当记录的现金收支业务和银行存款收支业务未得到完整记录，存在遗漏。（完整性认定）

3. 被审计单位的现金收款通过舞弊手段被侵占。（完整性认定）

4. 记录的库存现金和银行存款不是为被审计单位所拥有或控制。（权利和义务认定）

5. 库存现金和银行存款的金额未被恰当地包括在财务报表的货币资金项目中，与之相关的计价调整未得到恰当记录。（计价和分摊认定）

6. 库存现金和银行存款未按照企业会计准则的规定在财务报表中做出恰当列报。

二、识别应对可能发生错报环节的内部控制

为评估与货币资金的交易、余额和列报相关的认定的重大错报风险，注册会计师应了解与货币资金相关的内部控制，这些控制主要是为防止、发现并纠正相关认定发生重大错报的固有风险（即可能发生错报环节）而设置的。注册会计师可以通过审阅以前年度审计工作底稿、观察内部控制执行情况、询问管理层和员工、检查相关的文件和资料等方法对这些控制进行了解，此外，对相关文件和资料进行检查也可以提供审计证据，例如通过检查财务人员编制的银行余额调节表，可以发现差错并加以纠正。

需要强调的是，在评估与货币资金的交易、余额和列报相关的认定的重大错表风险时，注册会计师之所以需要充分了解被审计单位对货币资金的控制活动，目的在于使得计划实施的审计程序更加有效。也就是说，注册会计师必须恰当评估被审计单位的重大错报风险，在此基础上设计并实施进一步审计程序，才能有效应对重大错报风险。

1. 库存现金内部控制。

由于现金是企业流动性最强的资产，加强现金管理对于保护企业资产安全完整具有重要的意义。在良好的现金内部控制下，企业的现金收支记录应及时、准确、完整；全部现金支出均按经批准的用途进行；现金得以安全保管。一般而言，一个良好的现金内部控制应该达到以下几点：

（1）现金收支与记账的岗位分离。

（2）现金收支要有合理、合法的凭据。

（3）全部收入及时准确入账，并且现金支出应严格履行审批、复核制度。

（4）控制现金坐支，当日收入现金应及时送存银行。

（5）按月盘点现金，以做到账实相符。

（6）对现金收支业务进行内部审计。

注册会计师通常通过内部控制流程图来了解企业对现金的内部控制。一般地，了解现金内部控制时，注册会计师应当注意检查库存现金内部控制的建立和执行情况，重点包括：

（1）库存现金的收支是否按规定的程序和权限办理。

(2) 是否存在与被审计单位经营无关的款项收支情况。

(3) 出纳与会计的职责是否严格分离。

(4) 库存现金是否妥善保管，是否定期盘点、核对，等等。

2. 银行存款内部控制。

一般而言，一个良好的银行存款的内部控制同库存现金的内部控制类似，应达到以下几点：

(1) 银行存款收支与记账的岗位分离。

(2) 银行存款收支要有合理、合法的凭据。

(3) 全部收支及时准确入账，全部支出要有核准手续。

(4) 按月编制银行存款余额调节表，以做到账实相符。

(5) 加强对银行存款收支业务的内部审计。

按照我国现金管理的有关规定，超过规定限额以上的现金支出一律使用支票。因此，企业应建立相应的支票申领制度，明确申领范围、申领批准及支票签发、支票报销等。

对于支票报销和现金报销，企业应建立报销制度。报销人员报销时应当有正常的报批手续、适当的付款凭据，有关采购支出还应具有验收手续。会计部门应对报销单据加以审核，出纳员见到加盖核准戳记的支出凭据后方可付款。

付款应及时登记入账，相关凭证应按顺序或内容编制并作为会计记录的附件。

注册会计师对银行存款内部控制的了解一般与了解现金的内部控制同时进行。注册会计师应当注意的内容包括：

(1) 银行存款的收支是否按规定的程序和权限办理。

(2) 银行账户的开立是否符合《银行账户管理办法》等相关法律法规的要求。

(3) 银行账户是否存在与本单位经营无关的款项收支情况。

(4) 是否存在出租、出借银行账户的情况。

(5) 出纳与会计的职责是否严格分离。

(6) 是否定期取得银行对账单并编制银行存款余额调节表等。

三、与货币资金相关的重大错报风险

在评价货币资金业务的交易、账户余额和列报的认定层次的重大错报风险时，注册会计师通常运用职业判断，依据因货币资金业务的交易、账户余额和列报的具体特征而导致重大错报风险的可能性（即固有风险），以及风险评估是否考虑了相关控制（即控制风险），形成对与货币资金相关的重大错报风险的评估，进而影响进一步审计程序。

货币资金业务交易、账户余额和列报的认定层次的重大错报风险可能包括：

1. 被审计单位存在虚假的货币资金余额或交易，因而导致银行存款余额的存在性或交易得发生存在重大错报风险。

2. 被审计单位存在大额的外币交易和余额，可能存在外币交易或余额未被准确记录的风险。例如，对于有外币现金或外币银行存款的被审计单位，企业有关外币交易的增减变动或年底余额可能因未采用正确的折算汇率而导致计价错误（计价和分摊/准确性）。

3. 银行存款的期末收支存在大额的截止性错误（截止）。例如，被审计单位期末存在金额重大且异常的银付企未付，企收银未收事项。

4. 被审计单位可能存在未能按照企业会计准则的规定对货币资金做出恰当披露的风险。例如，被审计单位期末持有使用受限制的大额银行存款，但在编制财务报表时未在财务报表附注中对其进行披露。

在实施货币资金审计的过程中，如果被审计单位存在以下事项或情形，注册会计师需要保持警觉：

1. 被审计单位的现金交易比例较高，并与其所在的行业常用的结算模式不同；

2. 库存现金规模明显超过业务周转所需资金；

3. 银行账户开立数量与企业实际的业务规模不匹配；

4. 在没有经营业务的地区开立银行账户；

5. 企业资金存放于管理层或员工个人账户；

6. 货币资金收支金额与现金流量表不匹配；

7. 不能提供银行对账单或银行存款余额调节表；

8. 存在长期或大量银行未达账项；

9. 银行存款明细账存在非正常转账的"一借一贷"；

10. 违反货币资金存放和使用规定（如上市公司未经批准开立账户转移募集资金、未经许可将募集资金转作其他用途等）；

11. 存在大额外币收付记录，而被审计单位并不涉足外贸业务；

12. 被审计单位以各种理由不配合注册会计师实施银行函证。

除上述与货币资金项目直接相关的事项或情形外，注册会计师在审计其他财务报表项目时，还可能关注到其他一些也需保持警觉的事项或情形。例如：

1. 存在没有具体业务支持或与交易不相匹配的大额资金往来；

2. 长期挂账的大额预付款项；

3. 存在大额自有资金的同时，向银行高额举债；

4. 付款方账户名称与销售客户名称不一致、收款方账户名称与供应商名称不一致；

5. 开具的银行承兑汇票没有银行承兑协议支持；

6. 银行承兑票据保证金余额与应付票据余额比例不合理。

当被审计单位存在以上事项或情形时，可能表明存在舞弊风险。

四、拟实施的进一步审计程序的总体方案

注册会计师基于以上识别的重大错报风险评估结果，制定实施进一步审计程序的总体方案（包括综合性方案和实质性方案），继而实施控制测试和实质性审计程序，以应对识别出的重大错报风险。注册会计师通过综合性方案或实质性方案获取的审计证据应足以应对识别出的认定层次的重大错报风险。

任务 15.2　货币资金的控制测试

一、货币资金审计的特点

（一）货币资金与各交易循环密切相关

货币资金与各交易循环均直接相关，销售与收款循环中款项的收回，采购与付款循环中款项的支付，存货与仓储循环中职工薪酬的支付，筹资与投资循环中资金的筹集、偿还、投出、收回等无不与货币资金有关。因此，对企业进行审计时必须牵涉到对货币资金的审计。

（二）货币资金出错频率高

货币资金收付业务量大，发生频繁，因此发生错误的概率也高。因此，对企业进行审计时货币资金审计作为重点。

（三）货币资金管理风险大

货币资金作为重要的流通和支付手段，比其他资产更容易被贪污、盗窃和挪用，加大了货币资金的管理风险，同时也增加了货币资金审计的难度。

二、货币资金的内部控制

尽管每个企业的性质、所处行业、规模以及内部控制及安全程度不同，使得货币资金的内部控制内容各不相同，但以下要求通常应当共同遵循：

（一）岗位分工及授权批准

1. 单位应当建立货币资金业务的岗位责任制，明确相关部门和岗位的职责权限，确保办理货币资金业务的不相容岗位相互分离、制约和监督。出纳人员不得兼任稽核、会计档案保管和收入、支出、费用、债权债务账目的登记工作。单位不得由一人办理货币资金业务的全过程。

2. 单位应当对货币资金业务建立严格的授权批准制度，明确审批人对货币资金业务的授权批准方式、权限、程序、责任和相关控制措施，规定经办人办理货币资金业务的职责范围和工作要求。审批人应当根据货币资金授权批准制度的规定，在授权范围内进行审批，不得超越审批权限。经办人应当在职责范围内，按照审批人的批准意见办理货币资金业务。对于审批人超越授权范围审批的货币资金业务，经办人员有权拒绝办理，并及时向审批人的上级授权部门报告。

3. 单位应当按照规定的程序办理货币资金支付业务：①支付申请。单位有关部门或个人用款时，应当提前向审批人提交货币资金支付申请，注明款项的用途、金额、预算、支付方式等内容，并附有有效的经济合同或相关证明。②支付审批。审批人根据其职责、权限和相应程序对支付申请进行审批；对不符合规定的货币资金支付申请，审批人应当拒绝批准。③支付复核。复核人应当对批准后的货币资金支付申请进行复核，复核货币资金支付申请的批准范围、权限、程序是否正确，手续及相关单证是否齐备，金额计算是否准确，支付方式、支付单位是否妥当等。复核无误后，交由出纳人员办理支付手续。④办理支付。出纳人员应当根据复核无误的支付申请，按规定办理货币资金支付手续，及时登记库存现金和银行存款日记账。

4. 单位对于重要货币资金支付业务，应当实行集体决策和审批，并建立责任追究制度，防范贪污、侵占、挪用货币资金等行为。

5. 严禁未经授权的机构或人员办理货币资金业务或直接接触货币资金。

（二）现金和银行存款的管理

1. 单位应当加强现金库存限额的管理，超过库存限额的现金应及时存入银行。

2. 单位必须根据《现金管理暂行条例》的规定，结合本单位的实际情况，确定本单位现金的开支范围；不属于现金开支范围的业务应当通过银行办理转账结算。

3. 单位现金收入应当及时存入银行，不得用于直接支付单位自身的支出。因特殊情况需坐支现金的，应事先报经开户银行审查批准。单位借出款项必须执行严格的授权批准程序，严禁擅自挪用、借出货币资金。

4. 单位取得的货币资金收入必须及时入账，不得私设"小金库''，不得账外设账，严禁收款不入账。

5. 单位应当严格按照《支付结算办法》等国家有关规定，加强银行账户的管理，严格按照规定开立账户，办理存款、取款和结算。单位应当定期检查、清理银行账户的开立及使用情况，发现问题，及时处理。单位应当加强对银行结算凭证的填制、传递及保管等环节的管理与控制。

6. 单位应当严格遵守银行结算纪律，不准签发没有资金保证的票据或远期支票，套取银行信用；不准签发、取得和转让没有真实交易和债权债务的票据，套取银行和他人资金；不准无理拒绝付款，任意占用他人资金；不准违反规定开立和使用银行账户。

7. 单位应当指定专人定期核对银行账户、每月至少核对一次，编制银行存款余额调节表，使银行存款账面余额与银行对账单调节相符。如调节不符，应查明原因，及时处理。

8. 单位应当定期和不定期地进行现金盘点，确保现金账面余额与实际库存相符。发现不符，及时查明原因，做出处理。

（三）票据及有关印章的管理

1. 单位应当加强与货币资金相关的票据的管理，明确各种票据的购买、保管、领用、背书转让、注销等环节的职责权限和程序，并专设登记簿进行记录，防止空白票据的遗失和被盗用。

2. 单位应当加强银行预留印鉴的管理。财务专用章应由专人保管，个人名章必须由本人或其授权人员保管。严禁一人保管支付款项所需的全部印章。

按规定需要有关负责人签字或盖章的经济业务，必须严格履行签字或盖章手续。

（四）监督检查

1. 单位应当建立对货币资金业务的监督检查制度，明确监督检查机构或人员的职责权限，定期和不定期地进行检查。

2. 货币资金监督检查的内容主要包括：

（1）货币资金业务相关岗位及人员的设置情况，重点检查是否存在货币资金业务不相容职务混岗的现象；

（2）货币资金授权批准制度的执行情况，重点检查货币资金支出的授权批准手续是否健全，是否存在越权审批行为；

（3）支付款项印章的保管情况，重点检查是否存在办理付款业务所需的全部印章交由一人保管的现象；

（4）票据的保管情况，重点检查票据的购买、领用、保管手续是否健全，票据保管是否存在漏洞。

3. 对监督检查过程中发现的货币资金内部控制的薄弱环节，应当及时采取措施予以纠正和完善。

三、货币资金的控制测试

（一）了解内部控制

注册会计师可以根据实际情况采用不同的方法对被审计单位货币资金的内部控制进行了解。一般而言，注册会计师可以先通过询问、观察等调查手段收集必要的资料，然后根据所了解的情况编制被审计单位的货币资金流程图，对被审计单位的货币资金内部控制进行描述。若以前年度的审计工作底稿中已有以前年度的流程图，注册会计师可根据调查结果对以前的流程图进行修正，以供本年度审计之用。对中小企业，也可采用编写货币资金内部控制说明的方法。

（二）抽取并检查收款凭证及付款凭证

如果货币资金收款的内部控制薄弱，很可能会发生贪污舞弊或挪用等情况。例如，在一个小企业中，出纳员同时负责登记应收账款明细账，就很可能发生循环挪用资金的情况。

为测试货币资金收款及付款的内部控制，注册会计师应选取适当样本的收款及付款凭证进行检查，检查内容如下：

1. 收款凭证的检查内容。

（1）核对收款凭证与存入银行账户的日期和金额是否相符；

（2）核对库存现金、银行存款日记账的收入金额是否正确；

（3）核对收款凭证与银行对账单是否相符；

（4）核对收款凭证与应收账款等相关明细账的有关记录是否相符；

（5）核对实收金额与销货发票等相关凭据是否一致。

2. 付款凭证的检查内容。

（1）检查付款的授权批准手续是否符合规定；

（2）核对现金日记账的付出金额是否正确；

（3）核对付款凭证与应付账款明细账的记录是否一致；

（4）核对实付金额与购货发票是否相符。

（三）抽取一定期间的库存现金、银行存款日记账与总账核对

注册会计师首先应抽取一定期间的库存现金、银行存款日记账，检查有无计算错误，加总是否正确无误。如果检查中发现问题较多，说明被审计单位货币资金的会计记录不够可靠。然后再根据日记账提供的线索，核对总账中的库存现金、银行存款、应收账款、应付账款等有关账户的记录。

（四）抽取一定期间的银行存款余额调节表，查验其是否按月正确编制并经过复核

为证实银行存款记录的正确性，注册会计师必须抽取一定期间的银行存款余额调节表，将其同银行对账单、银行存款日记账及总账进行核对，确定被审计单位是否按月正确编制并复核银行存款余额调节表。

（五）检查外币资金的折算方法是否符合有关规定，是否与上年度一致

对于有外币货币资金的被审计单位，注册会计师应检查外币货币资金有关的日记账及"财务费用""在建工程"等账户的记录，确定企业有关外币货币交易的增减变动金额折算为记账本位币金额时，采用的折算汇率是否为交易发生日的即期汇率，或者按照系统、合理的方法确定与交易发生日即期汇率近似的汇率；选择采用汇率的方法前后各期是否一致；检查企业外币货币资金的余额是否采用期末即期汇率折合为记账本位币金额；折算差额的会计处理是否正确等。

（六）评价被审计单位货币资金的内部控制

注册会计师在完成上述程序之后，即可对被审计单位货币资金的内部控制进行评价。评价时，注册会计师应首先确定货币资金内部控制存在的薄弱环节，然后对相关风险进行评估，据以确定货币资金实质性程序的性质、时间和范围。

任务 15.3 库存现金审计

一、库存现金的审计目标

1. 确定资产负债表中的库存现金是否确实存在（存在认定）；
2. 确定已发生的现金收支业务是否均已记录（完整性认定）；
3. 确定库存现金是否为被审计单位所拥有或控制（权利和义务认定）；
4. 确定资产负债表中的库存现金余额是否正确（准确性、计价和分摊认定）；
5. 确定库存现金已记录于恰当的账户（分类认定）；
6. 确定库存现金是否已按企业会计准则的规定在财务报表中做出恰当列报。

二、库存现金的实质性程序

1. 核对库存现金日记账与总账的余额是否相符。

注册会计师首先将库存现金日记账与总账的金额进行核对，检查二者是否相符，如果不相符，应查明原因，并做出适当调整。

2. 监盘库存现金。

监盘库存现金是证实资产负债表中所列现金是否存在的一项重要程序。企业盘点库存现金，通常包括对已收到但未存入银行的现金、零用金、找换金等的盘点。

盘点库存现金的时间和人员应视被审计单位的具体情况而定，但必须有出纳员和被审计单位会计主管参加，并由注册会计师进行监盘。

盘点和监盘库存现金的步骤和方法主要包括：

（1）制定库存现金盘点程序，实施突击性盘点。

库存现金的盘点时间最好选择在上午上班前或下午下班时进行，盘点的范围一般包括企业各部门经管的现金。在进行现金盘点前，应由出纳员将现金集中起来存入保险柜，必要时可加以封存，然后由出纳员把已办妥现金收付手续的收付款凭证登入库存现金日记账。若企业库存现金存放部门有两处或两处以上，则应同时进行盘点。

（2）审阅库存现金日记账并同时与现金收付凭证相核对。

注册会计师一方面要检查日记账的记录与凭证的内容和金额是否相符，另一方面要了解凭证日期与日记账日期是否相符或接近。

（3）由出纳员根据库存现金日记账加计累计数额，结出现金结余额。

（4）盘点保险柜中的现金实存数，同时编制"库存现金盘点表"。

（5）若注册会计师在资产负债表日后对库存现金进行盘点，还应将盘点数调整为资产负债表日的金额。

（6）将盘点金额与库存现金日记账余额进行核对，如有差异，应查明原因，并做出记录或进行适当调整。

（7）若有冲抵库存现金的借条、未提现支票、未做报销的原始凭证，应在"库存现金盘点表"中注明或做出必要的调整。

3. 分析日常库存现金余额是否合理，关注是否存在未缴存的大额现金。

4. 抽查大额现金收支。

注册会计师应抽查大额现金收支的原始凭证，检查内容填列是否完整，有无授权批准，并核对相关账户的进账情况，有无与被审计单位生产经营业务无关的收支事项，若有，应查明原因，并做相应的记录。

5. 检查现金收支的正确截止。

被审计单位资产负债表货币资金项目中的库存现金数额，应以结账日实有数为准。因此，注册会计师必须验证现金收支的截止日期。通常，注册会计师可考虑对结账日前后一段时期内现金收支凭证进行审计，以确定是否存在跨期事项，是否应考虑提出调整建议。

6. 检查库存现金是否在资产负债表中恰当披露。

注册会计师在确定库存现金的期末余额是否正确后，再确定其是否在资产负债表的货币资金项目中恰当披露。

【案例15-1】注册会计师张勇正在对黄河通用机械制造股份有限公司2021年的货币资金进行审计，发现2022年2月20日的库存现金账面余额575元，在该公司2021年12月31日的资产负债表"货币资金"项目中的库存现金为2 948元。2月21日上午8点上班后，注册会计师立即对该企业出纳员保管的现金进行了清点。清查结果如下：

（1）现金实存数为 545 元。

（2）清查过程中发现，出纳存有下列原始凭证未制单入账：

A. 某会计借条一张，日期为 1 月 16 日，未经批准，金额为 80 元；

B. 某采购员借条一张，系借差旅费，日期为 1 月 19 日，金额 100 元，已经批准；

C. 在保险柜中，有已收款但未记账的凭证共 2 张，金额 150 元；

（3）经核对 A 企业 1 月 1 日至 2 月 20 日的收付款凭证和现金日记账，核实 1 月 1 日至 2 月 20 日的现金收入数为 2 263 元，现金支出数为 4 586 元。

另：银行规定现金库存限额为 500 元。

【要求】编制库存现金盘点表，核实库存现金实有数，以确定黄河通用机械制造股份有限公司 2021 年 12 月 31 日资产负债表"货币资金"中库存现金的数据是否正确，并对黄河通用机械制造股份有限公司的库存现金管理制度及其执行情况提出审计意见。

【分析】（1）编制库存现金监盘表，如表 15 - 1 所示。

表 15 - 1 黄河通用机械制造股份有限公司库存现金监盘表

币别：人民币   2022 年 2 月 21 日   单位：元

项目	项次	金额	备注
上一日库存现金账面余额（2022 年 2 月 20 日）		575	
加：已收款尚未入账的收入金额（2 份）		150	
减：已付款尚未入账的支出金额（1 份）		100	
盘点日库存现金账面应有余额（2022 年 2 月 21 日）	④＝①＋②－③	625	
盘点日库存现金实有数额（2022 年 2 月 21 日）	⑤	545	
盘点日库存现金应有与实有差异	⑥＝④－⑤	80	
差异原因分析	白条抵库		80
追溯调整	报表日至审计日库存现金付出总额	⑦	4 586
	报表日至审计日库存现金收入总额	⑧	2 263
	报表日库存现金应有余额（2021 年 12 月 31 日）	⑨＝④＋⑦－⑧	2 948

（2）根据上表资料可知：

①该公司库存现金没有发生短缺。按企业现金收支的实际情况进行调整后，库存现金的账面余额应为 625 元（575＋150－100），该企业库存现金实有数 545 元，调整后的库存现金账面余额与库存现金实有数相差 80 元，正好与会计白条抵库 80 元相符。

②根据 2022 年 2 月 20 日的库存现金账面应有数 625 元倒推出 2021 年 12 月 31 日该企业库存现金应有数为 2 948 元（625＋4 586－2 263），说明该企业 2021 年末资产负债表中

"货币资金"项目下库存现金的金额 2 948 元是正确的。

③该公司库存现金收支、留存中存在不合法现象，违反现金管理制度的相关规定。一是存在白条抵库现象；二是收付款凭证未及时入账；三是库存现金超限额。

【案例 15-2】注册会计师张勇正在对黄河通用机械制造股份有限公司 2021 年的货币资金进行审计，发现 12 月 1 日的"其他应收款"明细账中有一笔"上年结转"应收王某的暂借差旅费 2 万元，怀疑王某可能挪用公款。

【要求】代注册会计师张勇判断该业务的会计处理是否正确，为什么？

【分析】

（1）查证过程。

注册会计师张勇首先查阅 2021 年的其他应收款明细账，发现借款时间为 2021 年 1 月 10 日，凭证为现付字 20 号，金额 2 万，调阅该凭证，其记录为"暂借王某深圳差旅费"，并有部门领导的签字。决定追踪调查，在询问会计主管时，则以忘了此事推辞，在询问部门负责人时，发现并没有派王某出差一事，进而核对笔迹，与该部门领导的签字有差异，必定是假冒。又询问会计主管，会计主管又以审核不慎为由导致将现金借给王某。注册会计师对调查结果进行分析，认为王某借用大额差旅费，不可能不认真审核。会计主管与王某可能有某种特殊关系。经调查，王某与会计主管是亲戚关系。在最后调查王某时，王某承认借用公款 2 万元用于个人开办的小卖部。

（2）存在问题。

会计主管利用职务之便，为个人挪用公款，责令其立即返还公款。在事实面前，会计主管对上述问题供认不讳，并同意接受处罚。

（3）账项调整。

该公司收回被挪用的公款 2 万元时，应做如下会计分录：

借：库存现金　　　　　　　　　　　　　　　　　　　　　　　　　20 000

　　贷：其他应收款——王红　　　　　　　　　　　　　　　　　　　20 000

任务 15.4　银行存款审计

一、银行存款的审计目标

1. 确定资产负债表中的银行存款是否确实存在（存在认定）；

2. 确定已发生的银行存款收支业务是否均已记录（完整性认定）；

3. 确定银行存款是否为被审计单位所拥有或控制（权利和义务认定）；

4. 确定资产负债表中的银行存款余额是否正确（准确性、计价和分摊认定）；

5. 确定银行存款已记录于恰当的账户（分类认定）；

6. 确定银行存款是否已按企业会计准则的规定在财务报表中做出恰当列报。

二、银行存款的实质性程序

1. 检查银行存款日记账与总账是否核对相符。

注册会计师首先应获取或编制银行存款余额明细表，复核加计是否正确，并与日记账、总账合计数核对是否相符；检查非记账本位币银行存款汇率折算及折算金额是否正确。如果银行存款日记账与总账核对不相符，应查明原因，必要时应建议做出适当调整。

2. 实施实质性分析程序。

注册会计师通过计算定期存款占银行存款的比例，了解被审计单位是否存在高息资金拆借行为。如存在高息资金拆借，应进一步分析拆出资金的金额，检查高额利差的入账情况；计算存放于非银行金融机构的存款占银行存款的比例，分析这些资金的安全性。

3. 检查银行账户发生额。

注册会计师通过编制银行存单检查表，检查是否与账面记录一致，是否被质押或限制使用，存单是否为被审计单位所拥有。

（1）对已质押的定期存款，应检查定期存单，并与相应的质押合同核对，同时关注定期存单对应的质押借款有无入账；

（2）对未质押的定期存款，应检查开户证书原件；

（3）对审计外勤工作结束日前已提取的定期存款，应核对相应的兑付凭证、银行对账单和定期存款复印件。

4. 取得并检查银行对账单和银行存款余额调节表。

取得并检查银行存款余额调节表是证实资产负债表中所列银行存款是否存在的重要程序。银行存款余额调节表通常应由被审计单位根据不同的银行账户及货币种类分别编制。

取得银行存款余额调节表后，注册会计师应检查调节表中未达账项的真实性，以及资产负债表日后的进账情况，如果查明存在应于资产负债表日之前进账的款项，应做出记录并提出适当的调整建议。其审计程序一般包括：

（1）验算调节表的数字计算。

（2）对于金额较大的未提现支票、可提现的未提现支票以及审计人员认为重要的未提现支票，列示未提现支票清单，注明开票日期和收票人的姓名或单位。

（3）追查截止日期银行对账单上的在途存款，并在银行余额调节表上注明存款日期。

（4）检查截止日仍未提现的大额支票和其他已签发一个月以上的未提现支票。

（5）追查截止日期银行对账单已收、企业未收的款项性质及款项来源。

（6）核对银行存款总账余额、银行对账单加总金额。

5. 函证银行存款余额。

函证银行存款余额是证实资产负债表所列银行存款是否存在的重要程序。注册会计师应当对银行存款（包括零余额账户和本期注销的账户）、借款以及与金融机构往来的其他重要信息实施函证程序，除非有充分证据表明银行存款、借款以及与金融机构往来的其他重要信息对财务报表不重要。如果不对这些项目实施函证程序，注册会计师应在审计工作底稿中说明理由。

实施函证程序时，注册会计师应当以被审计单位的名义向其开户银行发函，以验证被审计单位银行存款的真实性、合法性和完整性。按照有关规定，各商业银行、政策性银行、非银行金融机构应该对询证函列示的全部项目做出回复，并在收到询证函之日起10

个工作日内，将回函直接寄给会计师事务所。

完整的银行询证函一般包括：存款、借款、销户情况、委托存款、委托贷款、担保、承兑汇票、贴现票据、托收票据、信用证、外汇合约、存托证券及其他重大事项。银行询证函的格式见参考格式 15-1：

参考格式 15-1：

银行询证函

中国农业银行郑州金水路支行：

本公司聘请的河南兴达会计师事务所正在对本公司 2021 年度财务报表进行审计，按照中国注册会计师审计准则的要求，询证本公司与贵行相关的信息。下列信息出自本公司记录，如与贵行记录相符，请在本函下端"信息证明无误"处签单证明；如有不符，请在"信息不符"处列明不符项目及具体内容；如存在与本公司有关的未列入本函的其他重要信息，也请在"信息不符"处列出其详细资料。回函请直接寄到河南兴达会计师事务所。

回函地址：河南省郑州市翠花路 3 号　　　　　　　　邮编：45005

电话：0371-67894321　　　　　　传真：　　　　　联系人：张勇

截至 2021 年 12 月 31 日，本公司与贵行相关的信息列示如下：

1. 银行存款。

账户名称	银行账号	币种	利率	余额	起止日期	是否被质押、担保或存在其他使用限制	备注

除以上所述，本公司并无其他在贵行的存款。

2. 银行借款。

借款人名称	币种	本息余额	借款日期	到期日期	利率	借款条件	抵（质）押品、担保人	备注

除以上所述，本公司并无其他在贵行借款。

……

结论：1. 数据证明无误
（银行签章） 　　　　经办人：　　　　　　　　　　　年　　月　　日
2. 数据不符，请列明不符事项及具体内容
（银行签章） 　　　　经办人：　　　　　　　　　　　年　　月　　日

通过向往来银行函证，注册会计师不仅可了解企业资产的存在，还可了解企业账面反映所欠银行债务的情况，并有助于发现企业未入账的银行借款和未披露的或有负债。

进行函证时，除了了解被审计单位银行存款余额外，还应对银行借款账户的开户及注销情况，委托贷款、担保贷款及抵（质）押贷款的情况，银行承兑汇票的出票情况，商业汇票的托收情况，信用证的开证情况，未履行完毕的外汇买卖合约，存放于该行的有价证券及其他产权文件及其他重大事项进行函证。

6. 查明银行存款存款人是否为被审计单位，如果不是，应获取户主与被审计单位的书面证明，确认资产负债表日是否需要提请被审计单位进行调整。

7. 抽查大额银行存款收支凭证，检查银行存款收支的真实性、合法性、完整性。

审计人员应抽查大额银行存款（含外埠存款、银行汇票存款、银行本票存款、信用证保证金存款）收支的原始凭证，检查相关内容填写是否完整，是否经过授权审批，并核对相关账户的进账情况。若有与被审计单位生产经营业务无关的收支事项，应查明原因并予以记录。

8. 查明被审计单位是否有质押、冻结等对变现有限制或存放在境外的款项，如果存在，是否需要提请被审计单位进行必要的调整或披露。

9. 检查银行存款收支的正确截止。

注册会计师通过抽查资产负债表日前后若干天的银行存款收支凭证来实施截止测试，并关注业务内容及对应项目，若有跨期收支事项，应考虑是否应提出调整建议。

10. 对不符合现金及现金等价物条件的银行存款应在审计工作底稿中予以说明，以考虑对现金流量表的影响。

11. 确定银行存款在财务报表中的列报是否恰当。

【案例 15-3】注册会计师张勇正在对黄河通用机械制造股份有限公司 2021 年的货币资金进行审计，发现该公司 2021 年 12 月 31 日银行存款日记账账面余额为 13 380 元，银行对账单中银行存款余额是 12 700 元。另外，查明该公司有下列未达账项：

（1）12 月 29 日，委托银行收款 1 250 元，银行已入账，收款通知尚未送达企业；

（2）12 月 31 日，企业开出现金支票 400 元，企业已减少存款，银行尚未入账；

（3）12 月 31 日，银行已代付企业电费 250 元，银行已入账，企业尚未收到付款通知；

（4）12 月 31 日，企业收到外单位转账支票一张，计 2 080 元，企业已收款入账，银行尚未记账。

【要求】（1）代注册会计师张勇编制黄河通用机械制造股份有限公司 2021 年 12 月 31 日的银行存款余额调节表；

（2）假定对账单正确无误，是否说明黄河通用机械制造股份有限公司 2021 年 12 月 31 日资产负债表"货币资金"项目中银行存款的数额正确无误。

【分析】（1）编制银行存款余额调节表如表 15-4 所示。

表 15 - 4 银行存款余额调节表

单位：黄河通用机械制造股份有限公司   2021 年 12 月 31 日   单位：元

项目	金额	项目	金额
公司银行存款账面余额	13 380	开户银行对账单余额	12 700
加：银行已收、公司未收款项	1 250	加：公司已收、银行未收款项	2 080
减：银行已付、公司未付款项	250	减：公司已付、银行未付款项	400
调节后的银行存款余额	14 380	调节后的银行存款余额	14 380

(2) 如果黄河通用机械制造股份有限公司 2021 年 12 月 31 日银行存款日记账余额与银行对账单核对一致，不能表明资产负债表"货币资金"项目中银行存款的数额一定正确。要想证明资产负债表中的银行存款一定正确，注册会计师还要通过相关审计程序对其所有结算户的记录进行核对。

知识检测

一、单项选择题

1. 被审计单位的现金收款通过舞弊手段被侵占违背了（   ）认定。

　　A. 真实性　　　　　　B. 完整性　　　　　　C. 准确性　　　　　D. 权利和义务

2. 银行存款余额调节表应由（   ）来调节，以保证资产的安全完整、会计记录的正确无误。

　　A. 采购员　　　　　　B. 出纳员　　　　　　C. 出纳员以外人员　　D. 会计

3. 向开户银行函证，可以证实若干项目标，其中最基本的目标是证实（   ）。

　　A. 银行存款真实存在　　　　　　　　B. 是否有欠银行的债务

　　C. 是否有漏记的存款　　　　　　　　D. 是否有充作抵押担保的资产

4. 审查库存现金时，在出纳员清点库存现金以后，编制"库存现金盘点表"的人员应是（   ）。

　　A. 注册会计师　　　B. 出纳员　　　　　C. 会计主管　　　　D. 财务经理

5. 如果在资产负债表日后对库存现金进行盘点，应当根据盘点数、资产负债表日至（   ）的现金收支数额，倒推计算资产负债表上所包含的现金数额是否正确。

　　A. 审计报告日　　　　　　　　　　　B. 资产负债表日

　　C. 盘点日　　　　　　　　　　　　　D. 外勤工作结束日

6. 下列（   ）不属于注册会计师把货币资金作为审计重点的理由。

　　A. 货币资金收付业务量大　　　　　　B. 货币资金收付发生频繁

　　C. 舞弊事件大多与货币资金相关　　　D. 货币资金占资产总额的比重大

二、多项选择题

1. 一个良好的货币资金内部控制应包括（   ）。

　　A. 货币资金收支与记账岗位分离　　　B. 货币资金收支要有合理、合法的凭证

C. 全部收支及时准确入账　　　　　　　D. 按月盘点现金，做的账实相符

2. 库存现金的实质性程序包括（　　　）。

  A. 监盘库存现金　　　　　　　　　　B. 抽查大额库存现金收支

  C. 核对库存现金日记账与总账金额是否相符　D. 核对银行对账单和银行存款余额调节表

3. 关于库存现金监盘，正确的做法是（　　　）。

  A. 应包括被审计单位各部门经管的现金

  B. 事先通知出纳员做必要准备

  C. 盘点库存现金的时间一般安排在上午上班前或下午下班时

  D. 清点库存现金时，出纳员和会计主管人员必须参加，注册会计师监盘

4. 注册会计师对库存现金进行盘点时，被审计单位必须参与的人员有（　　　）。

  A. 出纳员　　　　　B. 财务总监　　　　　C. 注册会计师　　　　　D. 会计主管

5. 下列属于银行存款实质性程序的有（　　　）。

  A. 函证银行存款余额　　　　　　　　B. 实施实质性分析程序

  C. 检查银行存款账户发生额　　　　　D. 抽查大额现金收支

6. 注册会计师应当对（　　　）实施函证程序。

  A. 银行存款　　　　　　　　　　　　B. 银行借款

  C. 金融机构往来的其他重要信息　　　D. 零余额账户和本期注销的账户

三、判断题

1. 若被审计单位财会人员较少时，出纳员可以兼任债权债务账目的登记工作。（　　　）

2. 当日收到现金应及时送存银行，以控制现金坐支。（　　　）

3. 库存现金盘点最好采取突击式检查方式。（　　　）

4. 检查银行对账单和银行存款余额调节表是证实资产负债表所列银行存款是否存在的重要程序。（　　　）

5. 若被审计单位某一银行存款账户的余额为零，注册会计师一般不对其实施函证。（　　　）

6. 函证银行存款余额是证实资产负债表所列银行存款是否存在的重要程序。

四、简答题

1. 货币资金可能发生错报的环节有哪些？

2. 如何设计一个良好的对现金内部控制？

3. 如何对库存现金实施监盘？

4. 如何对银行存款实施函证？

拓展实训

1. 资料：甲公司在总部和营业部均设有出纳部门，在对被审计单位甲公司 2021 年度财务报表进行审计时，注册会计师李进负责审计货币资金项目。具体要点如下：

（1）为顺利监盘库存现金，注册会计师在监盘前一天通知甲公司出纳员做好监盘

准备。

（2）考虑到出纳日常工作安排，对总部和营业部库存现金的监盘时间分别定在上午 10 点和下午 3 点。

（3）监盘库存现金的工作由注册会计师及甲公司总部和营业部出纳共同进行。

（4）监盘时，出纳员把现金放入保险柜，并将已办妥现金收付手续的交易登入现金日记账，结出现金日记账余额，注册会计师当场盘点出纳员负责的库存现金。

（5）注册会计师核对现金日记账后填写"库存现金监盘表"，并在签字后形成审计工作底稿。

要求：针对上述（1）至（5）项，逐项指出注册会计师上述库存现金监盘工作中的做法是否恰当。如不恰当，请简要说明理由。

2. 资料：兴达会计师事务所负责审计甲公司 2021 年度财务报表，审计项目组在审计工作底稿中与货币资金审计相关的部分内容摘录如下：

（1）2022 年 1 月 5 日，审计项目组监督甲公司管理层对库存现金进行了盘点，并将结果与现金日记账进行了核对，未发现差异，因此得出库存现金账实相符的结论。

（2）审计项目组成员浏览了银行对账单，发现银行对账单上有一收一付相同金额，询问了出纳员，出纳员解释是客户销售退回业务导致，注册会计师认为情况合理。

（3）审计项目组针对银行存款的完整性存在疑问，委托甲公司财务人员打印《已开立银行结算账户清单》，发现没有异常。

（4）审计项目组针对发现的未质押的定期存款，注册会计师检查的是开立证书原件，不是复印件，认为情况合理。

（5）针对甲公司投资与证券交易业务，审计项目组结合相应金融资产项目审计，核对证券账户名称是否与被审计单位相符，获取证券公司交易结算资金账户的交易流水。

（6）针对甲公司保证金存款，审计项目组检查开立银行承兑汇票的协议，未发现异常情况。

要求：针对上述第（1）至（6）项，逐项指出审计项目组的做法是否恰当。如不恰当，请简要说明理由。

3. 资料：2022 年 1 月 10 日上午 8 时，注册会计师李进对永丰纺织科技有限公司的库存现金进行突击盘点，盘点情况如下：

（1）清点现钞总计 1 500 元。

（2）已收款尚未入账的收款凭证 3 张，共计 130 元。

（3）已付款尚未入账的付款凭证 5 张，共计 520 元，其中有职工马明借条一张，日期为 2009 年 7 月 15 日，余额 200 元，未经批准和说明用途。

（4）盘点日库存现金账面余额为 1 890 元，2022 年 1 月 1 日至 2022 年 1 月 10 日收入现金 4 560 元，支出现金 4 120 元，2021 年 12 月 31 日库存现金账面余额为 1 260 元。

要求：

（1）根据库存现金盘点数推算 2021 年 12 月 31 日库存现金实存数。

（2）分析说明该公司库存现金管理存在的问题，提出处理意见。

第四编

完成审计工作与出具审计报告

项目十六　完成审计工作

学习目标

能力目标：

1. 能评价审计过程中发现的错报；

2. 能复核审计工作底稿；

2. 能与治理层沟通；

3. 能识别期后事项。

知识目标：

1. 了解审计差异的类型；

2. 熟悉审计工作底稿的复核要求；

3. 了解期后事项的种类；

4. 熟悉审计沟通的要点。

项目导入

注册会计师张勇按业务循环完成了对黄河通用机械制造股份有限公司2021年度财务报表项目的审计工作，张勇还应做好哪些工作才能出具审计报告？

任务 16.1　评价审计结果

一、评价审计过程中发现的错报

（一）错报的沟通和更正

注册会计师应及时与管理层沟通错报事项，因为这能使管理层评价这些事项是否为错报。

管理层更正所有错报，能够保持所有会计记录的准确性，降低由于与本期相关的、非重大的且未更正错报的累积影响而导致未来期间财务报表出现重大错报的风险。

（二）评价未更正错报的影响

未更正错报，是指注册会计师在审计过程中积累的且被审计单位未予更正的错报。注册会计师在确定重要性水平时，通常依据对被审计单位财务结果的估计，因为此时可能尚不知道实际的财务结果。因此，在评价未更正错报的影响之前，注册会计师可能有必要依据实际的财务结果对重要性水平作出修改。如果注册会计师对重要性水平进行重新评价导致需要确定较低的金额，则应重新考虑实际执行的重要性水平和进一步审计程序的性质、时间安排和范围的适当性，以获取充分、适当的审计证据，作为发表审计意见的基础。

注册会计师需要考虑每一单项错报，以评价其对相关类别的交易、账户余额或披露的影响，包括评价该项错报是否超过特定类别的交易、账户余额或披露的重要水平（如适用）。如果注册会计师认为某一单项错报是重大的，则该项错报不太可能被其他错报抵消。例如，如果收入存在重大高估，即使这项错报对收益的影响完全可被相同金额的费用高估所抵消，注册会计师仍认为财务报表整体存在重大错报。对于同一账户余额或同一级类别的交易内部的错报，这种抵消可能是适当的。然而，在得出抵消非重大错报是否适当的这一结论之前，需要考虑可能存在其他未被发现的错报的风险。

确定一项分类错报是否重大，需要进行定性评估。例如，分类错报对负债或其他合同条款的影响，对单个财务报表项目或小计数的影响，以及对关键比率的影响。即使分类错报超过了在评价其他错报时运用的重要性水平，注册会计师可能仍然认为该分类错报对财务报表整体不产生重大影响。

在某些情况下，即使某些错报低于财务报表整体的重要性水平，但因与这些错报相关的某些情况，在将其单独或连同在审计过程中积累的其他错报一并考虑时，注册会计师也可能将这类错报评价为重大错报。例如，某项错报的金额虽然低于财务报表整体的重要性，但对被审计单位的盈亏状况有决定性的影响，注册会计师应认为该项错报是重大错报。

下列情况可能影响注册会计师对错报的评价：

1. 错报对遵守监管要求的影响程度。

2. 错报对遵守债务合同或其他合同条款的影响程度。

3. 错报与会计政策的不正确选择或运用相关，这些会计政策的不正确选择和运用对当期财务报表不产生重大影响，但可能对未来期间财务报表产生重大影响。

4. 错报掩盖收益的变化或其他趋势的程度（尤其是在结合宏观经济背景和行业状况进行考虑时）。

5. 错报对用于评价被审计单位财务状况、经营成果或现金流量的有关比率的影响程度。

6. 错报对财务报表中列报的分部信息的影响程度。例如，错报事项对某一分部或对被审计单位的经营或盈利能力有重大影响的其他组成部分的重要程度。

7. 错报对增加管理层薪酬的影响程度。例如，管理层通过达到有关奖金或其他激励政策规定的要求以增加薪酬。

8. 相对于注册会计师所了解的以前向财务报表使用者传达的信息（如盈利预测），错报是重大的。

9. 错报对涉及特定机构或人员的项目的相关程度。例如，与被审计单位发生交易的外部机构或人员是否与管理层成员有关联关系。

注册会计师应要求管理层和治理层提供书面声明，说明其是否认为未更正错报单独或汇总起来对财务报表整体的影响不重大。

二、编制审计差异调整表和试算平衡表

（一）编制审计差异调整表

审计差异按是否需要调整账户记录分为：核算错报和重分类错报。

1. 核算错报。是指因企业对经济业务进行了不正确的会计核算而引起的错报。例如，企业发生的资本化利息应计入在建工程账户，则错误的计入了财务费用账户。通常根据错报的性质和金额，按照重要性原则将核算错报划分为：建议调整的不符事项和不建议调整的不符事项（未调整不符事项）。

2. 重分类错报。是指因企业未按企业会计准则的规定编制财务报表而引起的错报。例如，如果应付账款某一明细账户出现贷方余额，则在编制资产负债表时需要将其未重分类到预付账款项目。

无论是建议调整不符事项、重分类事项还是未调整不符事项，在审计工作底稿中都是以会计分录的形式反映。通常需要将建议调整的不符事项、重分类事项和未调整不符事项分别汇总至账项调整分录汇总表、重分类调整分录汇总表和未调整不符事项汇总表，基本格式见表 16-1、表 16-2 和表 16-3。

表 16-1　账项调整分录汇总表

被审计单位		签名		日期
		编制人		
会计期间		复核人		
序号	调整内容及项目	索引号	调整金额		影响利润（＋或－）
			借方	贷方	

被审计单位授权代表签字：　　　　　　　　　　　　　　　　　日期：

表 16 - 2　　重分类调整分录汇总表

被审计单位			签名	日期
		编制人		
会计期间		复核人		
序号	调整内容及项目	索引号	重分类金额		影响利润（＋或－）
			借方	贷方	

被审计单位授权代表签字：　　　　　　　　　　　　　　　　日期：

表 16 - 3　　未更正错报汇总表

被审计单位			签名	日期
		编制人		
会计期间		复核人		
序号	调整内容及项目	索引号	调整金额		影响利润（＋或－）
			借方	贷方	

被审计单位授权代表签字：　　　　　　　　　　　　　　　　日期：

（二）编制试算平衡表

注册会计师在被审计单位提供的未审计财务报表基础上，考虑调整分录、重分类分录等内容，以确定财务报表的审定数。

有关资产负债表试算平衡表和利润表试算平衡表的参考格式见表 16 - 4、16 - 5。

表 16 - 4　　资产负债表试算平衡表

项目	期末未审金额	账项调整		重分类调整		期末审定金额	项目	期末未审金额	账项调整		重分类调整		期末审定金额
资产	借方	借方	贷方	借方	贷方	借方	负债和所有者权益（或股东权益）	贷方	借方	贷方	借方	贷方	贷方
流动资产：							流动负债：						
货币资金							短期借款						

续表

项目	期末未审金额	账项调整		重分类调整		期末审定金额	项目	期末未审金额	账项调整		重分类调整		期末审定金额
资产	借方	借方	贷方	借方	贷方	借方	负债和所有者权益（或股东权益）	贷方	借方	贷方	借方	贷方	贷方
交易性金融资产							交易性金融负债						
衍生金融资产							衍生金融负债						
应收票据							应付票据						
应收账款							应付账款						
预付款项							预收款项						
其他应收款							合同负债						
存货							应付职工薪酬						
合同资产							应交税费						
持有待售资产							其他应付款						
一年内到期的非流动资产							持有待售负债						
其他流动资产							一年内到期的非流动负债						
流动资产合计							其他流动负债						
非流动资产：							流动负债合计						
债权投资							非流动负债：						
其他债权投资							长期借款						
长期应收款							应付债券						
长期股权投资							租赁负债						
其他权益工具投资							长期应付款						
其他非流动金融资产							预计负债						
投资性房地产							递延收益						
固定资产							递延所得税负债						
在建工程							其他非流动负债						
生产性生物资产							非流动负债合计						
油气资产							负债合计						
无形资产							所有者权益（或股东权益）						
开发支出							实收资本（或股本）						

续表

项目	期末未审金额	账项调整		重分类调整		期末审定金额	项目	期末审未金额	账项调整		重分类调整		期末审定金额
资产	借方	借方	贷方	借方	贷方	借方	负债和所有者权益（或股东权益）	贷方	借方	贷方	借方	贷方	贷方
商誉							其他权益工具						
长期待摊费用							资本公积						
递延所得税资产							减：库存股						
其他非流动资产							其他综合收益						
							专项储备						
非流动资产合计							盈余公积						
							未分配利润						
							所有者权益（或股东权益）合计						
资产总计							负债和所有者权益（或股东权益）总计						

表 16 – 5 利润表试算平衡表

项目	本期未审金额	调整金额		本期审定金额
		借方	贷方	
一、营业收入				
减：营业成本				
税金及附加				
销售费用				
研发费用				
管理费用				
财务费用				
其中：利息费用				
利息收入				
加：其他收益				
投资收益（损失以"－"号填列）				
其中：对联营企业和合营企业的投资收益				
公允价值变动收益（损失以"－"号填列）				
资产减值损失（损失以"－"号填列）				

项目	本期未审金额	调整金额		本期审定金额
		借方	贷方	
信用减值损失（损失以"－"号填列）				
资产处置收益（损失以"－"号填列）				
二、营业利润（亏损以"－"号填列）				
加：营业外收入				
减：营业外支出				
三、利润总额（亏损总额以"－"号填列）				
减：所得税费用				
四、净利润（净亏损以"－－"号填列）				
五、其他综合收益的税后净额				
（一）不能重分类进损益的其他综合收益				
1. 重新计量设定受益计划变动额				
2. 权益法下不能转损益的其他综合收益				
3. 其他权益工具投资公允价值变动				
（二）将重分类进损益的其他综合收益				
1. 权益法下可转损益的其他综合收益				
2. 其他债权投资公允价值变动损益				
3. 金融资产重分类计入其他综合收益的金额				
4. 其他债权投资信用减值准备				
六、综合收益总额				
七、每股收益：				
（一）基本每股收益				
（二）稀释每股收益				

三、复核审计工作底稿

（一）项目组内部复核

会计师事务所安排复核工作时，应当由项目组内部经验丰富的人员复核经验较少人员的工作。所有的审计工作底稿至少要经过一级复核。

执行复核时，应考虑的事项包括：

1. 审计工作是否已按照法律法规、职业道德规范和审计准则的规定执行；

2. 重大事项是否已提请进一步考虑；

3. 相关事项是否已进行适当咨询，由此形成的结论是否得到记录和执行；

4. 是否需要修改已执行审计工作的性质、时间和范围；

5. 已执行的审计工作是否支持形成的结论，并已得到适当记录；

6. 获取的审计证据是否充分、适当；

7. 审计程序的目标是否实现。

对于重要审计事项的重点把关，通常由项目合伙人完成。项目合伙人复核的事项包括：

1. 对关键领域做出的重大判断；

2. 特别风险；

3. 项目合伙人认为重要的其他领域。

在审计报告日或之前，项目合伙人应当通过复核审计工作底稿与项目组讨论，确信已获得充分、适当的审计证据，支持得出的结论和拟出具的审计报告。

以下是项目合伙人的复核记录，如表 16-6 所示。

表 16-6　审计工作完成复核清单

检查项目	是	否	不适用
1. 以前期间审计所结转下来的事项是否全部处理			
2. 各项审计程序是否全部完成			
3. 审计范围是否完全没有受到限制			
4. 期后承诺对财务的影响是否考虑过			
5. 在审计报告日以前的董事会会议、股东大会以及其他相关的会议纪要是否都检查了			
6. 关键管理人员的报酬证明是否已获得			
7. 对借款合约、信托契约等有没有发生违约情况的检查是否感到满意			
8. 审计中发现的所有重大事项是否都已在审计总结中反映，并已得到满意的解决			
9. 审计项目组成员的分工事项是否都已分别完成			
10. 如果出具非标准元保留意见的审计报告，所使用的表达形式是否经主任会计师批准			
11. 下一期间审计时需要考虑的重要事项的备忘录是否已经存档			
12. 是否收到相关事项的声明书			
13. 董事会或管理当局是否已经批准已审财务报表及其附注，并已采纳我们的审计报告			

（二）项目质量复核

会计师事务所应当制定政策和程序，要求对特定业务实施项目质量控制复核，以客观评价项目组做出的重大判断和在准备报告时形成的结论。

会计师事务所应当对特定业务实施项目质量控制复核。例如对上市公司财务报表审计，就必须进行项目质量控制复核，原因在于上市公司财务报表涉及社会公众利益的范围广泛，审计一旦出现问题，社会经济影响比较重大。

会计师事务所只有完成了项目质量控制复核，才能签署审计报告。

项目质量控制复核的范围，取决于审计业务的复杂程度和审计风险，具体包括客观评价下列事项：

1. 项目组做出的重大判断；

2. 项目组在准备审计报告时得出的结论。

质量控制复核的主要内容包括：

1. 与项目合伙人讨论重大事项；

2. 复核财务报表和拟出具的审计报告；

3. 复核与项目组做出的重大判断和得出的结论相关的审计工作底稿；

4. 评价在编制审计报告时得出的结论，并考虑拟出具审计报告的恰当性。

四、与治理层沟通

（一）沟通的目的

注册会计师应当及时与治理层沟通，以实现下列目的：

1. 就审计范围和时间以及审计师、治理层和管理层各方在财务报表审计和沟通中的责任，取得相互了解；

2. 及时向治理层告知审计中发现的与治理层责任相关的事项；

3. 共享有助于审计师获取审计证据和治理层履行责任的其他信息。

（二）沟通的事项

1. 注册会计师与财务报表审计相关的责任；

2. 计划的审计范围和时间安排；

3. 审计工作中发现的重大问题；

4. 值得关注的内部控制缺陷；

5. 注册会计师的独立性；

6. 要求和商定沟通的其他事项。

按照《中国注册会计师审计准则第 1151 号——与治理层的沟通》要求注册会计师与被审计单位治理层沟通审计中的重大发现，包括注册会计师对被审计单位的重要会计政策、会计估计和财务报表披露等会计实务的看法，审计过程中遇到的重大困难，已与治理层讨论或需要书面沟通的重大事项等，以便治理层履行其监督财务报告过程的职责。

《中国注册会计师审计准则第 1504 号——在审计报告中沟通关键审计事项》要求注册会计师在上市实体整体通用目的的财务报表审计中增加关键审计事项部分，用于沟通关键审计事项。关键审计事项是指注册会计师根据职业判断认为对当期财务报表审计最为重要的事项。

（三）沟通过程的要求

注册会计师应当评价与治理层之间双向沟通对实现审计目的的充分性。如果注册会计师与治理层的沟通不充分，注册会计师应当评价其对重大错报风险评估以及获取充分、适当的审计证据的能力的影响。如果这种情况得不到解决，注册会计师应当采取下列措施：

1. 根据范围受到的限制发表非无保留意见；

2. 就采取不同措施的后果征询法律意见；

3. 与第三方或公共部门进行沟通；

4. 在法律法规允许的情况下解除业务约定。

五、获取管理层书面声明

书面声明，是指被审计单位管理层向注册会计师提供的书面陈述，包括对提供的有关资料的真实性、合法性和完整性做出的正面陈述，并明确承认对财务报表负责。

书面声明是注册会计师获取的必要审计证据，在管理层签订书面声明前，注册会计师不能发表审计意见，也不能出具审计报告。

书面声明的日期应尽量接近注册会计师出具审计报告的日期。书面声明应当以声明书的形式致送注册会计师。

以下是注册会计师张勇获取的黄河通用机械制造股份有限公司管理层书面声明书。见参考格式 16 - 1。

参考格式 16 - 1

管理层声明书

注册会计师张勇：

本声明是针对你们审计黄河通用机械制造股份有限公司截至 2021 年 12 月 31 日的年度财务报表而提供的，审计的目的是对财务报表发表意见，以确定财务报表是否在所有重大方面已按照企业会计准则的规定编制，并实现公允反映。

一、财务报表

1. 我们已履行 2022 年 2 月 15 日签署的审计业务约定书中提及的责任，即根据企业会计准则的规定编制财务报表，并对财务报表进行公允反映。

2. 在做出会计估计时，使用的重大假设（包括与公允价值计量相关的假设）是合理的。

3. 已按照企业会计准则的规定对关联方关系及其交易做出恰当的会计处理和披露。

4. 根据企业会计准则的规定，所有需要调整或披露的资产负债表日后事项都已得到调整或披露。

5. 未更正错报，无论是单独还是汇总起来，对财务报表整体的影响均不重大。未更正错报汇总表附在本声明书后。

6. 插入注册会计师可能认为适当的其他任何事项。

二、提供的信息

7. 我们已向你们提供下列工作条件：

（1）允许接触我们注意到的、与财务报表编制相关的所有信息（如记录、文件和其他事项）。

（2）提供你们基于审计目的要求我们提供的其他信息。

（3）允许在获取审计证据时不受限制的接触你们认为必要的本公司内部人员和其他相关人员。

8. 所有交易均已记录并反映在财务报表中。

9. 我们已向你们披露了由于舞弊可能导致的财务报表重大错报风险的评估结果。

10. 我们已向你们披露了我们注意到的、可能影响本公司与舞弊或舞弊嫌疑相关的所有信息，这些信息涉及本公司的：

（1）管理层；

（2）在内部控制中承担重要职责的员工；

（3）其他人员（在舞弊行为导致财务报表重大错报的情况下）。

11. 我们已向你们披露了从现任和前任员工、分析师、监管机构等方面获知的、影响财务报表的舞弊指控或舞弊嫌疑的所有信息。

12. 我们已向你们披露了所有已知的、在编制财务报表时应当考虑其影响的违反或涉嫌违反法律法规的行为。

13. 我们已向你们披露了我们注意到的关联方的名称和特征、所有关联方关系及其交易。

14. 插入注册会计师可能认为必要的其他任何事项。

附：未更正错报汇总表

黄河通用机械制造股份有限公司　　　　　　法定代表人：王明（签章）

　　（盖章）　　　　　　　　　　　　　　　财务负责人：李强（签章）

中国××市　　　　　　　　　　　　　　　二〇二二年二月二十六日

任务 16.2　关注期后事项

企业的经营活动是连续不断、持续进行的，但财务报表的编制却是建立在"会计分期假设"基础之上的。也就是说，作为主要审计对象的财务报表，其编制基础不过是对连续不断的经营活动的一种人为划分。因此，注册会计师在审计被审计单位某一会计年度的财务报表时，除了对所属会计年度内发生的交易和事项实施必要的审计程序外，还必须考虑所审会计年度之后发生和发现的事项对财务报表和审计报告的影响，以保证一个会计期间的财务报表的真实性和完整性。

一、期后事项的种类

期后事项是指财务报表日至审计报告日之间发生的事项，以及注册会计师在审计报告日后知悉的事实。

财务报表可能受到财务报表日后发生的事项的影响。审计报告的日期向财务报表使用者表明，注册会计师应考虑其知悉的截止审计报告日发生的事项和交易的影响。

（一）财务报告日后调整事项

这类事项既为被审计单位管理层确定财务报表日账户余额提供信息，也为注册会计师核实这些余额提供补充证据。如果这类期后事项的金额重大，应提请被审计单位对本期财务报表以及相关的账户金额进行调整。如：

1. 财务报表日后诉讼案件结案，法院判决证实了企业在财务报表日已经存在现时义务，需要调整原先确认的与该诉讼案件相关的预计负债，或确认一项新负债。

2. 财务报表日后取得确凿证据，表明某项资产在财务报表日发生了减值或者需要调整该项资产原先确认的减值。

3. 财务报表日后进一步确定了财务报表日前购入资产的成本或售出资产的收入。

4. 财务报表日后发现了财务报表舞弊或错误。

利用期后事项审计已确认被审计单位财务报表所列金额时，应对财务报表日已经存在的事项和财务报表日后出现的事项加以区分，不能混淆。

（二）财务报表日后非调整事项

这些事项不影响财务报表日财务状况，而不需要调整被审计单位的本期财务报表。但如果被审计单位的财务报表因此可以受到误解，应在财务报表中以附注的形式予以适当披露。

被审计单位在财务报表日后发生的，需要在财务报表附注中披露而非调整的事项通常包括：

1. 财务报表日后发生重大诉讼、仲裁、承诺；

2. 财务报表日后资产价格、税收政策、外汇汇率发生重大变化；

3. 财务报表日后因自然灾害导致资产发生重大损失；

4. 财务报表日后发行股票和债券，以及其他巨额举债；

5. 财务报表日后资本公积转增资本；

6. 财务报表日后发生巨额亏损；

7. 财务报表日后发生企业合并或处置子公司；

8. 财务报表日后企业利润分配方案中拟分配的以及经审议批准宣告发放的股利或利润。

如图 16-1 所示，根据期后事项的上述定义，期后事项可以按时段划分为三个时段：第一个时段是财务报表日后至审计报告日，我们可以把这一期间发生的事项称为"第一时段期后事项"；第二个时段是审计报告日后至财务报表报出日，我们可以把这一期间发现的事实称为"第二时段期后事项"；第三个时段是财务报表报出日后，我们可以把这一期间发生的事实称为"第三时段期后事项"。

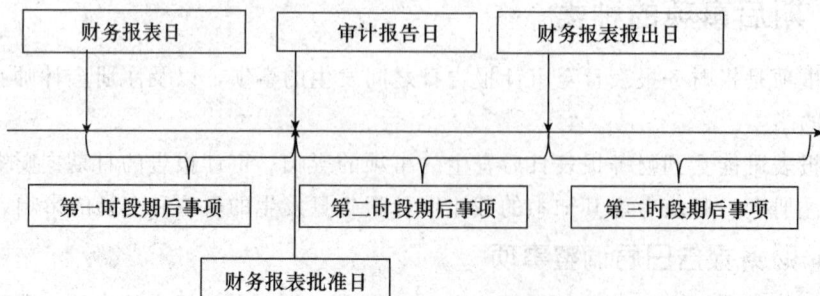

图 16-1　期后事项分段示意图

其中：财务报表日是指财务报表涵盖的最近日期的截止日期；财务报表批准日是指构成整套财务报表的所有报表已编制完成，并且被审计单位的董事会、管理层或类似机构已经认可其对财务报表负责的日期；财务报表报出日是指审计报告和已审计财务报表提供给第三方的日期。审计报告日不应早于注册会计师获取充分、适当的审计证据（包括管理层认可对财务报表的责任且已批准财务报表的证据），并在此基础对财务报表形成审计意见的日期。因此，审计实务中审计报告日与财务报表批准日通常是相同的日期。

二、财务报表日至审计报告日之间发生的事项

（一）主动识别第一时段期后事项

注册会计师应当设计和实施审计程序，获取充分、适当的审计证据，以确定所有在财务报表日至审计报告日之间发生的、需要在财务报表中调整或披露的事项均已得到识别，但是，注册会计师并不需要对之前已经实施审计程序并已得到满意结论的事项执行追加的审计程序。

财务报表日至审计报告日之间发生的期后事项属于第一时段期后事项。对于这一时段的期后事项注册会计师负有主动识别的义务，应当设计专门的审计程序来识别这些期后事项，并根据这些事项的性质判断其对财务报表的影响，进而确定是进行调整还是披露。

（二）用于识别期后事项的审计程序

注册会计师应适当按照审计准则的规定实施审计程序，以使审计程序能够涵盖财务报表日至审计报告日（或尽可能接近审计报告日）之间的期间。

通常情况下，针对期后事项的专门审计程序，其实施时间越接近审计报告日越好。用以识别第一时段期后事项的审计程序通常包括：

1. 了解管理层为确保识别期后事项而建立的程序。

2. 询问管理层和治理层，确定是否已发生可能影响财务报表的期后事项。注册会计师可以是询问根据初步或尚无定论的数据做出会计处理的项目的现状，以及是否已发生新的承诺、借款或担保，是否计划出售或购置资产等。

3. 查阅被审单位的所有者、管理层和治理层在财务报表日后举行会议的纪要，在不能获得会议纪要的情况下，询问此类会议讨论的事项。

4. 查阅被审单位最近的中期财务报表。

（三）知悉对财务报表有重大影响的期后事项的考虑

在实施上述审计程序后，如果注册会计师识别出对财务报表有重大影响的期后事项，应当确定这些事项是否按照适当的财务报告编制基础的规定在财务报表中得到适当反映。

如果所知悉的期后事项属于调整事项，注册会计师应当考虑被审计单位是否已对财务报表做出适当调整。如果所知悉的期后事项属于非调整事项，注册会计师应当考虑被审计单位是否在财务报表附注中予以充分披露。

三、注册会计师在审计报告日后至财务报表报出日前知悉的事实

（一）被动识别第二时段期后事项

在审计报告日后，注册会计师没有义务对财务报表实施任何审计程序。审计报告日后至财务报表报出日前发现的事实属于"第二时段期后事项"，注册会计师针对被审计单位的审计业务已经结束，要识别可能存在的期后事项比较困难，因而无法承担主动识别第二时段期后事项的审计责任。但是，在这一阶段，被审单位的财务报表并未报出，管理层有责任将发现的可能影响财务报表的事实告知注册会计师。当然注册会计师还可能从媒体报道、举报信或者证券监管部门告知等途径获悉影响财务报表的期后事项。

（二）知悉第二时段期后事项的考虑

在审计报告日至财务报表报出日前，如果知悉了某事实，且若在审计报告日知悉可能导致修改审计报告，注册会计师应当与管理层和治理层讨论该事项；确定财务报表是否需要修改，如果需要修改，讯问管理层将如何在财务报表中处理该事项。

1. 管理层修改财务报表时的处理。

如果管理层修改财务报表，注册会计师应当根据具体情况对有关修改实施必要的审计程序；同时，注册会计师将用以识别期后事项的上述审计程序延伸至新的审计报告日，并针对修改后的财务报表出具新的审计报告，新的审计报告日不应早于修改后的财务报表被批准的日期。

2. 管理层不修改财务报表且审计报告未提交时的处理。

如果认为管理层应当修改财务报表而没有修改，而且审计报告尚未提交给被审计单位，注册会计师应当发表非无保留意见，然后提交审计报告。

3. 管理层不修改财务报表且审计报告已提交时的处理。

如果认为管理层应当修改财务报表而没有修改，而且审计报告已经提交给被审计单位，注册会计师应当通知管理层和治理层，在财务报表做出必要修改前不要向第三方报出。如果财务报表在未经修改的情况下仍被报出，注册会计师应当采取适当措施，以设法防止财务报表使用者信赖该审计报告。例如，针对上市公司，注册会计师可以利用证券传媒等刊登必要的声明，防止使用者信赖审计报告。注册会计师采取的措施取决于自身的权利和义务以及所征询的法律意见。

四、注册会计师在财务报表报出后知悉的事实

（一）没有义务识别第三时段的期后事项

财务报表报出日后知悉的事实属于第三时段期后事项，注册会计师没有义务针对财务报表实施任何审计程序。但是，并不排除注册会计师通过媒体等其他途径获悉可能对财务报表产生重大影响的期后事项的可能性。

（二）知悉第三时段期后事项时的考虑

在财务报表报出后，如果知悉的某事实，且若在审计报告日知悉可能导致修改审计报

告，注册会计师应当：

1. 与管理层和治理层讨论此事项；

2. 确定财务报表是否需要修改；

3. 如果需要修改，询问管理层将如何在财务报表中处理该事项。

应当指出的是，需要注册会计师在知悉后采取行动的第三时段期后事项是有严格限制的：①这类期后事项应当是在审计报告日已经存在的事实；②该事实如果被注册会计师在审计报告日前获知，可能影响审计报告。只有同时满足这两个条件，注册会计师才需要采取行动。

1. 管理层修改财务报表时的处理。

如果管理层修改了财务报表，注册会计师应当采取如下必要的措施：

（1）根据具体情况对有关修改实施必要的审计程序。例如查阅法院判决文件、复核会计处理或披露事项，确定管理层对财务报表的修改是否恰当。

（2）复核管理层采取的措施能否确保所有收到原财务报表和审计报告的人士了解这一情况。例如，上市公司管理层刊登公告的媒体是否是中国证券监督管理委员会指定的媒体，若刊登在其注册地的媒体上，则异地的使用者可能无法了解这一情况。

（3）延伸实施审计程序，并针对修改后的财务报表出具新的审计报告。

（4）在特殊情况下，修改审计报告或提供新的审计报告。

需要提醒的是，注册会计师应当在新的或经修改的审计报告中增加强调事项段或其他事项段，提醒财务报表使用者关注财务报表附注中有关修改原财务报表的详细原因和注册会计师提供的原审计报告。

2. 管理层未采取任何行动时的处理。

如果管理层没有采取任何措施确保所有收到原财务报表的人士了解这一情况，也没有在注册会计师认为需要修改的情况下修改财务报表，注册会计师应当通知管理层和治理层，注册会计师将设法防止财务报表使用者信赖该审计报告。

如果注册会计师已经通知管理层或治理层，而管理层或治理层没有采取必要措施，注册会计师应当采取适当措施，以设法防止财务报表使用者信赖该审计报告。注册会计师采取的措施取决于自身的权利和义务。因此，注册会计师可能认为寻求法律意见是适当的。

🔴 知识检测

一、单项选择题

1. 将应予资本化的数额较大的借款利息计入财务费用属于（　　　）。

　　A. 建议调整的不符事项　　　　　　　B. 不建议调整的不符事项

　　C. 重分类错报　　　　　　　　　　　D. 不属于审计差异

2. 在编制财务报表时，被审计单位按照应收账款总账余额填列应收账款项目，而注册会计师发现应收账款的明细中有贷方余额，这属于（　　　）。

　　A. 核算错报　　　　　　　　　　　　B. 重分类错报

C. 建议调整的不符事项　　　　　　D. 不建议调整的不符事项

3. 只有完成了（　　），才可签署审计报告。

    A. 项目组内部复核　　　　　　　　B. 项目组之间复核

    C. 部门之间复核　　　　　　　　　D. 项目质量控制复核

4. 审计报告日后至财务报表报出日前发现的事实属于（　　）。

    A. 第一时段期后事项　　　　　　　B. 第二时段期后事项

    C. 第三时段期后事项　　　　　　　D. 第四时段期后事项

5. 对于第一时段期后事项，注册会计师应（　　）。

    A. 主动识别　　　　　　　　　　　B. 被动识别

    C. 没有义务识别　　　　　　　　　D. 可以识别也可以不识别

6. 审计差异调整表不包括（　　）。

    A. 账项调整分录汇总表　　　　　　B. 重分类调整分录汇总表

    C. 未更正错报汇总表　　　　　　　D. 试算平衡表

二、多项选择题

1. 审计差异包括（　　）。

    A. 核算错报　　　　　　　　　　　B. 重分类错报

    C. 相符事项　　　　　　　　　　　D. 不相符事项

2. 对于审计中发现的核算错报在确定建议调整和不建议调整时，应当考虑的因素是（　　）。

    A. 核算错报的金额　　　　　　　　B. 核算错报的构成

    C. 核算错报的性质　　　　　　　　D. 核算错报产生的原因

3. 审计工作底稿复核包括（　　）。

    A. 项目组内部复核　　　　　　　　B. 项目组之间复核

    C. 部门之间复核　　　　　　　　　D. 项目质量控制复核

4. 项目合伙人复核的内容包括（　　）。

    A. 对关键领域所做的判断　　　　　B. 特别风险

    C. 项目合伙人认为重要的其他领域　D. 所有工作底稿

5. 注册会计师与治理层沟通的事项包括（　　）。

    A. 注册会计师与财务报表审计相关的责任

    B. 计划的审计范围和时间

    C. 审计工作中发现的问题

    D. 注册会计师的独立性

6. 质量控制复核的主要内容包括（　　）。

    A. 与项目合伙人讨论重大事项

    B. 复核财务报表和拟出具的审计报告

    C. 复核与项目组做出的重大判断和得出的结论相关的审计工作底稿

    D. 评价在编制审计报告时得出的结论，并考虑拟出具审计报告的恰当性

三、判断题

1. 如果期末"应付账款"明细账出现借方余额，则将该明细账的借方余额填列在应付账款项目中，属于重分类错报。　　　　　　　　　　　　　　　　　（　　）

2. 注册会计师只要发现了被审计单位的核算错报，就应当要求被审计单位调整，否则就要发表保留意见或否定意见的审计报告。　　　　　　　　　　　　　（　　）

3. 期后事项是指财务报表日至审计报告日之间发生的事项，以及注册会计师在审计报告日后知悉的事实。　　　　　　　　　　　　　　　　　　　　　（　　）

4. 注册会计师在财务报表报出日后知悉的事实，应当主动识别。　　　（　　）

5. 在管理层签订书面声明前，注册会计师不能发表审计意见，也不能出具审计报告。
　　　　　　　　　　　　　　　　　　　　　　　　　　　　　　　（　　）

6. 被审计单位财务报表存在未更正错报，注册会计师可以建议被审计单位调整财务报表，也可以主动为被审计单位调整财务报表。　　　　　　　　　　　（　　）

四、简答题

1. 简述审计工作底稿的复核要求。

2. 简述注册会计师与治理层沟通的内容。

3. 针对识别的期后事项，注册会计师应采取何种措施？

⬤ 拓展实训

1. 资料：注册会计师王博负责审计甲公司2021年度财务报表。注册会计师于2022年3月1日发现：

（1）甲公司于2021年11月31日遭到乙公司的起诉，由于甲公司违反双方签订的合同，乙公司要求甲公司赔偿其直接经济损失600万元（假设重要性水平为100万，甲公司的利润总额为1 000万）。甲公司在2021年12月31日财务报表中未对该事项进行会计确认和会计估计，该事项也未在财务报表附注中披露。

（2）注册会计师对该诉讼案件持续追查，发现该案件已于2022年2月10日判决结案，法院判决结果是甲公司赔偿乙公司经济损失580万元。

（3）假设注册会计师拟出具审计报告日期为2022年3月5日，董事会批准的财务报表对外公布日是2022年3月15日。

要求：根据以上事实回答：

（1）580万的诉讼案件属于哪一时段期后事项？

（2）注册会计师对该事项的审计建议是什么？

（3）如果甲公司拒绝接受注册会计师的审计建议，注册会计师应当如何考虑该事项对审计报告的影响。

2. 资料：注册会计师李进在审计华丰商贸公司的计划阶段初步确定财务报表整体重

要性水平为 80 万元。在报告阶段，对财务报表整体重要性水平进行最终评估，确定为 90 万元。此后，注册会计师李进将未更正错报进行了汇总，并提请华丰商贸公司调整，但该公司拒绝对此加以更正。

要求：分析说明：

（1）注册会计师李进最终确定的重要性水平为多少？其执行的审计程序的是否充分？

（2）若华丰商贸公司未更正错报汇总数为 50 万元，注册会计师李进应得出何种审计结论？

（3）若华丰商贸公司未更正错报汇总数为 100 万元，注册会计师李进应得出何种审计结论？

（4）若华丰商贸公司对已发现的重大错报拒绝调整，是否影响注册会计师发表审计意见的类型？

项目十七 形成审计意见与出具审计报告

学习目标

能力目标：

1. 能根据审计结果形成审计意见；
2. 能根据审计意见出具审计报告。

知识目标：

1. 了解审计意见的类型；
2. 熟悉不同审计意见的条件；
3. 了解审计报告的基本内容；
4. 熟悉审计报告的格式。

项目导入

注册会计师张勇按业务循环完成了对黄河通用机械制造股份有限公司 2021 年度财务报表项目的审计工作，在此基础上，评价了审计结果，与治理层进行了沟通，获取了管理层声明书。张勇如何形成审计意见并出具审计报告？

任务 17.1 形成审计意见

一、得出结论时的考虑

注册会计师应当就财务报表是否在重大方面按照适用的财务报告编制基础编制并实现公允反映形成审计意见。为了形成审计意见，针对财务报表整体是否不存在由于舞弊或错误导致的重大错报，注册会计师应当得出结论，确定是否已就此获取合理保证。

在得出结论时，注册会计师应当考虑下列方面：

1. 是否已获取充分、适当的审计证据；
2. 未更正错报单独或汇总起来是否构成重大错报；
3. 评价财务报表是否在重大方面按照适用的财务报告编制基础编制；
4. 评价财务报表是否实现公允反映；
5. 评价财务报表是否恰当提及或说明适用的财务报告编制基础。

二、形成审计意见

（一）审计意见类型

注册会计师在对约定事项实施了必要的审计程序，搜集了充分的审计证据后，应该根据对审计证据的综合和判断，编制审计报告，以书面形式向委托人就被审计事项发表审计意见。

审计意见类型包括无保留意见和非无保留意见两种，其中非无保留意见又包括保留意见、否定意见和无法表示意见三种类型。

无保留意见是指当注册会计师认为财务报表在重大方面按照适用的财务报告编制基础编制并实现公允反映时发表的审计意见。

当存在下列情形之一时，注册会计师应当发表非无保留意见：

（1）根据获取的审计证据，得出财务报表整体存在重大错报的结论；

（2）无法获取充分、适当的审计证据，不能得出财务报表整体不存在重大错报的结论。

1. 保留意见。

当存在下列情形之一，注册会计师应当发表保留意见。

（1）在获取充分、适当的审计证据后，注册会计师认为错报单独或汇总起来对财务报表影响重大，但不具有广泛性。

（2）注册会计师无法获取充分、适当的审计证据以作为形成审计意见的基础，但认为未发现的错报对财务报表可能影响重大，但不具有广泛性。

2. 否定意见。

在获取充分、适当的审计证据后，如果认为错报单独或汇总起来对财务报表影响重大且具有广泛性，注册会计师应当发表否定意见。

3. 无法表示意见。

如果无法获取充分、适当的审计证据以作为形成审计意见的基础，但认为未发现的错报对财务报表可能影响重大且具有广泛性，注册会计师应当发表无法表示意见。

注册会计师因审计范围受到限制，无法获取充分、适当的审计证据发表保留意见还是无法表示意见，取决于无法获取的审计证据对审计意见的重要性。只有当未发现的错报对财务报表可能产生的影响非常重大且具有广泛性才能发表无法表示意见。

注册会计师因财务报表存在重大错报发表保留意见还是否定意见，取决于错报可能对财务报表的影响程度。只有当未发现的错报对财务报表可能产生的影响重大且具有广泛性才能发表否定意见。

（二）重要性水平对审计意见的影响

注册会计师在出具保留意见、否定意见和无法表示意见的审计报告时，要判断财务报表错报金额或因审计范围受到限制的影响是否重大，往往离不开重要性水平。在其他条件相同的情况下，重要性水平是考虑审计意见类型的重要依据。

1. 错报金额或审计范围受到限制的影响不重大。

当被审计单位会计政策的选用、会计估计的做出或财务报表的披露不符合适用的财务报告编制基础的规定，或因审计范围受到限制，无法获取充分、适当的审计证据，但所涉金额不大，远远低于重要性水平，不至于影响财务报表使用者的决策时，注册会计师可认为该金额是不重要的，可以发表无保留意见。

2. 错报金额或审计范围受到限制的影响重大，但就财务报表整体而言是公允的。

当被审计单位会计政策的选用、会计估计的做出或财务报表的披露不符合适用的财务报告编制基础的规定，或因审计范围受到限制，无法获取充分、适当的审计证据，所涉金额超过重要性水平，在某些方面影响财务报表使用者的决策，但对财务报表整体仍然是公允的时，注册会计师可以发表保留意见。

3. 错报金额或审计范围受到限制的影响重大且具有广泛性，以致财务报表整体公允性存在问题。

当被审计单位会计政策的选用、会计估计的做出或财务报表的披露不符合适用的会计准则和相关会计制度的规定，或因审计范围受到限制，无法获取充分、适当的审计证据，所涉金额远超过重要性水平且影响广泛，将会全面影响财务报表使用者的决策时，注册会计师应当发表否定意见或无法表示意见。

4. 错报的性质对审计意见的影响。

错报性质的不同对财务报表使用者的决策产生的影响也不一样，对注册会计师发表审计意见的影响也不一样。从性质上看，以下列举的错报通常认为是严重的：

(1) 非法交易或舞弊。

(2) 对当期影响不大，但对将来各期影响重大。

(3) 具有心理效应（如小额利润相对于小额亏损）。

(4) 根据合同责任判断影响重大（如违反合同某一条款导致银行收回贷款）。

(5) 对遵守国家有关法律、法规和规章影响重大。

错报金额或审计范围受到限制与审计意见类型的关系如表 17-1 所示。

表 17-1　审计意见决策表

导致发表非无保留意见的事项的性质	这些事项对财务报表产生或可能产生影响的广泛性	
	重大但不具有广泛性	重大且具有广泛性
财务报表存在重大错报	保留意见	否定意见
无法获取充分、适当的审计证据	保留意见	无法表示意见

任务 17.2　出具审计报告

一、审计报告的含义

审计报告是指注册会计师根据中国注册会计师审计准则的规定，在实施审计工作的基础上对被审计单位财务报表发表审计意见的书面文件。

审计报告具有如下特征：

1. 注册会计师应当按照中国注册会计师审计准则的规定执行审计工作；

2. 注册会计师在实施审计工作的基础上才能出具报告；

3. 注册会计师通过对被审计单位财务报表发表审计意见履行业务约定书约定的责任；

4. 注册会计师应当以书面形式出具报告。

审计报告是注册会计师根据中国注册会计师审计准则的规定，在实施审计工作的基础上对被审计单位财务报表发表审计意见的书面文件，因此，注册会计师应当将已审财务报表附于审计报告之后。注册会计师一旦在审计报告上签名并盖章，就表明对出具的审计报告负责。

二、审计报告的作用

注册会计师签发的审计报告具有鉴证、保护和证明三方面的作用：

（一）鉴证作用

注册会计师签发的保护作用具有鉴证作用，得到了政府、投资者和其他相关利益者的普遍认可。

（二）保护作用

注册会计师签发的不同意见类型的审计报告，可以提高或降低财务报表使用者对财务报表的信赖程度，能够在一定程度上对被审计单位的股东、债权人和其他相关利益者的利益起到保护作用。

（三）证明作用

审计报告可以对审计工作质量和注册会计师的审计责任起证明作用。

二、审计报告的种类

审计报告分为无保留意见审计报告和非无保留意见审计报告。无保留意见审计报告是指注册会计师认为财务报表在所有重大方面按照适用的财务报告编制基础编制并实现公允时出具的审计报告。

非无保留意见审计报告是指无保留意见审计报告以外的其他审计报告，包括保留意见的审计报告、否定意见的审计报告和无法表示意见的审计报告。

四、审计报告的基本内容

如果注册会计师认为被审计单位的财务报表符合下列所有条件，应当出具无保留意见审计报告（即发表无保留意见）。

（1）财务报表在所有重大方面按照适用的财务报告编制基础编制，公允反映了被审计单位的财务状况、经营成果和现金流量。

（2）注册会计师按照中国注册会计师审计准则的规定计划和实施审计工作，在审计过程中未受到限制。

无保留意见审计报告应当包括以下十项要素。

（一）标题

审计报告的标题应当统一规范为"审计报告"。

（二）收件人

审计报告的收件人是指注册会计师按照业务约定书的要求致送审计报告的对象，一般是指审计业务的委托人。

审计报告应当载明收件人的全称。注册会计师应当与委托人在业务约定书中约定致送审计报告的对象，以防止在此问题上发生分歧或审计报告被委托人滥用。针对整套通用目的财务报表出具的审计报告，审计报告的致送对象通常为被审计单位的股东或治理层。

（三）审计意见

审计意见由两部分构成：第一部分指出已审财务报表，应当包括下列内容：

（1）被审计单位的名称。

（2）说明财务报表已经审计。

（3）指出构成整套财务报表的每一张财务报表的名称。

（4）提及财务报表附注。

（5）指明财务报表的每一张财务报表的日期或涵盖的期间。

根据《企业会计准则》的规定，整套财务报表的每张财务报表的名称分别为资产负债表、利润表、所有者（股东）权益变动表和现金流量表。

第二部分应当说明注册会计师发表的审计意见。审计意见应当说明：财务报表在所有重大方面是否按照适用的财务报告编制基础编制，是否公允反映了被审计单位的财务状况、经营成果和现金流量。

（四）形成审计意见的基础

审计报告应当包含标题为"形成审计意见的基础"的部分。该部分提供关于审计意见的重要背景，紧接在"审计意见"部分之后，并包括下列内容：

（1）说明注册会计师按照中国注册会计师审计准则的规定执行了审计工作；

（2）提及审计报告中国用以描述审计准则规定的注册会计师责任的部分；

（3）声明注册会计师按照职业道德的要求对被审计单位保持了独立性，并履行了职业道德要求的其他责任；

（4）注册会计师是否相信获取的审计证据是充分、适当的，为其发表审计意见提供了基础。

（五）管理层对财务报表的责任

审计报告应当包含标题为"管理层对财务报表的责任"的部分，用以说明管理层编制财务报表的责任。这种责任包括：

（1）管理层负责按照企业会计准则的规定编制财务报表，使其实现公允反映，并设计、执行和维护必要的内部控制，以使财务报表不存在由于舞弊或错误导致的重大错报。

（2）评估被审计单位的持续经营能力和使用持续经营假设是否适当，并披露与持续经营相关的事项（如适用）。

（六）注册会计师对财务报表审计的责任

审计报告应当包含标题为"注册会计师对财务报表审计的责任"的部分，用以说明注册会计师对财务报表审计的责任。这种责任应当包括下列内容：：

1. 说明注册会计师的目标是对财务报表整体是否不存在由于舞弊或错误导致的重大

错报获取合理保证，并出具包含审计意见的审计报告；

2. 说明合理保证是高水平的保证，但按照审计准则执行的审计并不能保证一定能发现财务报表存在的重大错报；

3. 说明错报可能由于舞弊或错误导致。

注册会计师对财务报表审计的责任还应当包括下列内容：

1. 说明在按照审计准则执行审计的过程中，注册会计师运用职业判断，并保持职业怀疑。

2. 通过说明注册会计师的责任对审计工作进行描述。这种责任包括：

（1）识别和评估由于舞弊或错误导致的财务报表重大错报风险；对这些风险有针对性地设计和实施审计程序；获取充分、适当的审计证据，作为发表审计意见的基础。由于舞弊可能涉及串通、伪造、故意遗漏、虚假陈述或凌驾于内部控制之上，未能发现由于舞弊导致的重大错报的风险高于未能发现由于错误导致的重大错报的风险。

（2）了解与审计相关的内部控制，以设计恰当的审计程序，但目的并非对内部控制的有效性发表意见。

（3）评价管理层选用会计政策的恰当性和做出会计估计及相关披露的合理性。

（4）对管理层使用持续经营假设的恰当性得出结论，同时，根据获取的审计证据，就可能导致被审计单位持续经营能力产生重大疑虑的事项或情况是否存在重大不确定性得出结论。如果我们得出结论认为存在重大不确定性，审计准则要求我们在审计报告中提请报表使用者注意财务报表中的相关披露；如果披露不充分，我们应当发表非无保留意见。我们的结论基于审计报告日可获得的信息。然而，未来的事项或情况可能导致被审计单位不能持续经营。

（5）评价财务报表的总体列报、结构和内容（包括披露），并评价财务报表是否公允反映相关交易和事项。

注册会计师对财务报表审计的责任还应当包括下列内容：

1. 我们与治理层就计划的审计范围、时间安排和重大审计发现（包括我们在审计中识别的值得关注的内部控制缺陷）等事项进行沟通。

2. 我们还就遵守关于独立性的相关职业道德要求向治理层提供声明，并就可能被合理认为影响我们独立性的所有关系和其他事项，以及相关的防范措施（如适用）与治理层进行沟通。

3. 从与治理层的沟通的事项中，我们确定哪些事项对本期财务报表审计最为重要，因而构成关键审计事项。我们在审计报告中描述这些事项，除非法律法规禁止公开披露这些事项，或在极其罕见的情况下，如果合理预期在审计报告中沟通某些事项造成的负面后果超过在公众利益方面产生的益处，我们确定不应在审计报告中沟通该事项。

（七）按照相关法律法规的要求报告的事项（如适用）

除审计责任规定的注册会计师对财务报表出具审计报告的责任外，相关法律法规可能对注册会计师设定了其他报告责任。

（八）注册会计师的签名和盖章

审计报告应当由项目合伙人和另一名负责该项目的注册会计师签名和盖章。

项目合伙人在审计报告上签名并盖章，有利于明确法律责任，增强对审计报告使用者的透明度。

（九）会计师事务所的名称、地址及盖章

审计报告应当载明会计师事务所的名称和地址，并加盖会计师事务所公章。

审计报告除了应由注册会计师签名并盖章外，还应载明会计师事务所的名称和地址，并加盖会计师事务所公章。

注册会计师在审计报告中载明会计师事务所地址时，标明会计师事务所所在的城市即可。在审计实务中，审计报告通常载于会计师事务所统一印刷的、标有该所详细通讯地址的纸张上，因此，无须在审计报告中注明详细地址。

（十）报告日期

审计报告应注明报告日期。审计报告的日期不应早于注册会计师获取充分、适当的审计证据（包括管理层认可对财务报表的责任且已批准财务报表的证据），并在此基础上对财务报表形成审计意见的日期。

审计报告的日期非常重要。注册会计师对不同时段的资产负债表期后事项有着不同的责任，而审计报告的日期是划分时段的关键时点。在审计实务中，注册会计师在正式签署审计报告前，通常把审计报告草稿和已审计财务报表草稿同时提交给管理层。如果管理层批准并签署已审计财务报表，注册会计师即可签署审计报告。注册会计师签署审计报告的日期通常与管理层批准签署已审计财务报表的日期相同或晚于该日。在审计报告日期晚于管理层签署已审计财务报表日期时，注册会计师应当获取自管理层声明书日到审计报告日期之间的进一步审计证据，如补充的管理层声明书。

出具无保留意见的审计报告表明注册会计师通过实施审计工作，认为被审计单位财务报表的编制符合合法性和公允性的要求，合理保证财务报表整体不存在重大错报。

无保留意见的审计报告格式见参考格式 17-1。

【例 17-1】注册会计师张勇完成了对黄河通用机械制造股份有限公司 2021 年度财务报表的各项审计工作，准备草拟审计报告。假如黄河通用机械制造股份有限公司接受了注册会计师的所有审计调整意见，并按要求调整了财务报表。

【要求】分析说明注册会计师应发表何种审计意见？代写一份审计报告。

【分析】

注册会计师认为黄河通用机械制造股份有限公司 2021 年度财务报表符合下列所有条件：

（1）财务报表在所有重大方面按照适用的财务报告编制基础编制，公允反映了被审计单位的财务状况、经营成果和现金流量。

（2）注册会计师按照中国注册会计师审计准则的规定计划和实施审计工作，在审计过程中未受到限制。

应当发表无保留意见。注册会计师签发的无保留意见审计报告见参考格式 17 - 1。

参考格式 17 - 1

审 计 报 告

黄河通用机械制造股份有限公司全体股东：

一、对财务报表出具的审计报告

（一）审计意见

我们审计了黄河通用机械制造股份有限公司（以下简称"黄河通用公司"）财务报表，包括 2021 年 12 月 31 日的资产负债表，2021 年度的利润表、现金流量表、股东权益变动表以及相关财务报表附注。

我们认为，后附的财务报表在所有重大方面按照企业会计准则的规定编制，公允反映了黄河通用公司 2021 年 12 月 31 日的财务状况以及 2021 年度的经营成果和现金流量。

（二）形成审计意见的基础

我们按照中国注册会计师审计准则的规定执行了审计工作。审计报告的"注册会计师对财务报表审计的责任"部分进一步阐述了我们在这些准则下的责任。按照中国注册会计师职业道德守则，我们独立于黄河通用公司，并履行了职业道德方面的其他责任。我们相信，我们获取的审计证据是充分、适当的，为发表审计意见提供了基础。

（三）关键审计事项

关键审计事项是根据我们的职业判断，认为对本期财务报表审计是最为重要的事项。这些事项是在对财务报表整体进行审计并形成意见的背景下进行处理的，我们不对这些事项提供单独的意见。

【按照《中国注册会计师审计准则第 1504 号——在审计报告中沟通关键审计事项》的规定描述每一关键审计事项。】

（四）管理层和治理层对财务报表的责任

管理层负责按照企业会计准则的规定编制财务报表，使其实现公允反映，并设计、执行和维护必要的内部控制，以使财务报表不存在由于舞弊或错误导致的重大错报。

在编制财务报表时，管理层负责评估黄河通用公司的持续经营能力，披露与持续经营相关的事项（如适用），运用持续经营假设，除非计划清算黄河通用公司、停止营运或别无其他现实的选择。

治理层负责监督黄河通用公司的财务报告过程。

（五）注册会计师对财务报表审计的责任

我们的目标是对财务报表整体是否不存在由于舞弊或错误导致的重大错报获取合理保证，并出具包含审计意见的审计报告。合理保证是高水平的保证，但并不能保证按照审计准则执行的审计在某一重大错报存在时总能发现。错报可能由于舞弊或错误导致，如果合理预期错报单独或汇总起来可能影响财务报表使用者依据财务报表做出的经济决策，则通常认为错报是重大的。

在按照审计准则执行审计的过程中，我们运用了职业判断，保持了职业怀疑。我们同时：

（1）识别和评估由于舞弊或错误导致的财务报表重大错报风险；对这些风险有针对性地设计和实施审计程序；获取充分、适当的审计证据，作为发表审计意见的基础。由于舞弊可能涉及串通、伪造、故意遗漏、虚假陈述或凌驾于内部控制之上，未能发现由于舞弊导致的重大错报的风险高于未能发现由于错误导致的重大错报的风险。

（2）了解与审计相关的内部控制，以设计恰当的审计程序，但目的并非对内部控制的有效性发表意见。

（3）评价管理层选用会计政策的恰当性和做出会计估计及相关披露的合理性。

（4）对管理层使用持续经营假设的恰当性得出结论，同时，根据获取的审计证据，就可能导致黄河通用公司持续经营能力产生重大疑虑的事项或情况是否存在重大不确定性得出结论。如果我们得出结论认为存在重大不确定性，审计准则要求我们在审计报告中提请报表使用者注意财务报表中的相关披露；如果披露不充分，我们应当发表非无保留意见。我们的结论基于审计报告日可获得的信息。然而，未来的事项或情况可能导致黄河通用公司不能持续经营。

（5）评价财务报表的总体列报、结构和内容（包括披露），并评价财务报表是否公允反映相关交易和事项。

我们与治理层就计划的审计范围、时间安排和重大审计发现（包括我们在审计中识别的值得关注的内部控制缺陷）等事项进行沟通。

我们还就遵守关于独立性的相关职业道德要求向治理层提供声明，并就可能被合理认为影响我们独立性的所有关系和其他事项，以及相关的防范措施（如适用）与治理层进行沟通。

从与治理层的沟通的事项中，我们确定哪些事项对本期财务报表审计最为重要，因而构成关键审计事项。我们在审计报告中描述这些事项，除非法律法规禁止公开披露这些事项，或在极其罕见的情况下，如果合理预期在审计报告中沟通某些事项造成的负面后果超过在公众利益方面产生的益处，我们确定不应在审计报告中沟通该事项。

二、按照相关法律法规的要求报告的事项

（此段内容并非必需）

河南兴达会计师事务所　　　　　　　　　　中国注册会计师：张勇

　　（盖章）　　　　　　　　　　　　　　　（签名并盖章）

　　　　　　　　　　　　　　　　　　　　中国注册会计师：李进

　　　　　　　　　　　　　　　　　　　　　（签名并盖章）

中国郑州市　　　　　　　　　　　　　　　二〇二二年三月五日

五、非无保留意见审计报告的格式和内容

（一）导致非无保留意见的事项段

如果对财务报表发表非无保留意见，注册会计师应当直接在审计意见段之前增加一个部分，并使用恰当的标题，如"形成保留意见的基础""形成否定意见的基础"或"形成无法表示意见的基础"，说明导致发表非无保留意见的事项。

（二）审计意见段

1. 标题。

发表非无保留意见，注册会计师应当对意见段使用恰当的标题，如"保留意见""否定意见"或"无法表示意见"。

2. 发表保留意见。

如果经过审计，注册会计师认为财务报表整体是公允的，但还存在下列情形之一，应当发表保留意见。

（1）获取充分、适当的审计证据后，错报单独或汇总起来对财务报表影响重大，但不具有广泛性。

（2）因审计范围受到限制，无法获取充分、适当的审计证据，对财务报表可能影响重大，但不具有广泛性。

发表保留意见时，注册会计师应当在审计意见段中说明：注册会计师认为，除了形成保留意见的基础部分所述事项外，财务报表在所有重大方面按照适用的财务报告编制基础编制，并实现公允反映。

当出具保留意见的审计报告时，注册会计师应当在审计意见段中使用"除……可能产生的影响外"等术语。

保留意见的审计报告格式见参考格式 17－2。

应当指出的是，只有当注册会计师认为财务报表就整体而言是公允的，但还存在对财务报表产生重大影响的情形，才能出具保留意见的审计报告。如果注册会计师认为所报告的情形对财务报表产生的影响极为严重，则应出具否定意见的审计报告或无法表示意见的审计报告。

3. 发表否定意见。

在获取充分、适当的审计证据后，如果注册会计师认为错报单独或汇总起来对财务报表影响重大且具有广泛性，应当发表否定意见。

发表否定意见时，注册会计师应当在审计意见段中说明：注册会计师认为，由于形成否定意见的基础部分所述事项的重要性，财务报表没有在所有重大方面按照适用的财务报告编制基础编制，未能实现公允反映。

应当指出的是，只有当注册会计师认为财务报表存在重大错报会误导使用者，以至财务报表在所有重大方面没有按照适用的财务报告编制基础编制，未能实现公允时，注册会计师才出具否定意见的审计报告。

4. 发表无法表示意见。

当由于无法获取充分、适当的审计证据而发表无法表示意见时，注册会计师应当在审计意见段中说明：由于形成无法表示意见的基础部分所述事项的重要性，注册会计师无法获取充分、适当的审计证据以为发表审计意见提供基础，因此，注册会计师不对财务报表发表审计意见。

如果注册会计师在实施审计的过程中，审计范围受到限制，而且该限制可能产生的影响非常重大和广泛，无法获取充分、适当的审计证据，以至于无法对财务报表发表审计意见，注册会计师则应当出具无法表示意见的审计报告。

当出具无法表示意见的审计报告时，注册会计师应当在注册会计师的责任段和审计意见段中使用"由于形成无法表示意见的基础部分所述事项的重要性，我们无法获取充分、适当的审计证据，以对发表审计意见提供基础"等术语。

无法表示意见审计报告的格式见参考格式 17 – 3。

应当指出的是，只有当审计范围受到限制可能产生的影响非常重大和广泛，注册会计师无法获取充分、适当的审计证据，以至于无法确定财务报表的合法性与公允性时，注册会计师才能出具无法表示意见的审计报告。无法表示意见不同于否定意见，它通常仅仅适用于注册会计师无法获取充分、适当的审计证据。如果注册会计师发表否定意见，必须获得充分、适当的审计证据。无论是无法表示意见还是否定意见，都只有在非常严重的情形下采用。

【例 17 – 2】注册会计师张勇完成了对黄河通用机械制造股份有限公司 2021 年度财务报表的各项审计工作，准备草拟审计报告。假如黄河通用机械制造股份有限公司接受了注册会计师的大部分审计调整意见，并按要求调整了 2021 年度财务报表。但 2022 年 1 月 20 日发生的诉讼案件败诉赔偿支出 120 万元，应确定为资产负债表日后调整事项，借记"营业外支出"120 万元，贷记"其他应付款"120 万元，并调整 2021 年度财务报表。该公司未接受注册会计师的审计调整意见。假设重要性水平为 100 万元。

【要求】分析说明注册会计师应发表何种审计意见？代写一份审计报告。

【分析】

由于 2022 年 1 月 20 日发生的诉讼案件败诉赔偿支出 120 万元，应确定为资产负债表日后调整事项，调整 2021 年度财务报表。该公司未接受审计调整意见。这不符合企业会计准则的规定。这一事项对财务报表影响重大，但不具有广泛性。因此，注册会计师应当发表保留意见，保留意见审计报告见参考格式 17 – 2。

参考格式 17 – 2

审 计 报 告

黄河通用机械制造股份有限公司全体股东：

一、对财务报表出具的审计报告

（一）保留意见

我们审计了黄河通用机械制造股份有限公司（以下简称"黄河通用公司"）财务报表，包括 2021 年 12 月 31 日的资产负债表，2021 年度的利润表、现金流量表、股东权益变动表以及相关财务报表附注。

我们认为，除"形成保留意见的基础"部分所述事项产生的影响外，后附的财务报表在所有重大方面按照企业会计准则的规定编制，公允反映了黄河通用公司 2021 年 12 月 31 日的财务状况以及 2021 年度的经营成果和现金流量。

（二）形成保留意见的基础

根据黄河通用公司日后调整事项，黄河通用公司在 2021 年度少计"营业外支出"120 万元，少计"其他应付款"120 万元。这不符合企业会计准则的规定。这一事项致使黄河通用公司 2021 年 12 月 31 日资产负债表中的"其他应付款"项目减少 120 万元，2021

度利润表中的"营业外支出"项目减少 120 万元，相应的所得税、净利润和股东权益将分别增加 30 万元、90 万元和 90 万元。

我们按照中国注册会计师审计准则的规定执行了审计工作。审计报告的"注册会计师对财务报表审计的责任"部分进一步阐述了我们在这些准则下的责任。按照中国注册会计师职业道德守则，我们独立于黄河通用公司，并履行了职业道德方面的其他责任。我们相信，我们获取的审计证据是充分、适当的，为发表审计意见提供了基础。

（三）关键审计事项是根据我们的职业判断，认为对本期财务报表审计是最为重要的事项。这些事项是在对财务报表整体进行审计并形成意见的背景下进行处理的，我们不对这些事项提供单独的意见。除"形成保留意见的基础"部分所述事项产生的外，我们确定下列事项是需要在审计报告中沟通的关键审计事项。

【按照《中国注册会计师审计准则第 1504 号——在审计报告中沟通关键审计事项》的规定描述每一关键审计事项。】

（四）管理层和治理层对财务报表的责任

管理层负责按照企业会计准则的规定编制财务报表，使其实现公允反映，并设计、执行和维护必要的内部控制，以使财务报表不存在由于舞弊或错误导致的重大错报。

在编制财务报表时，管理层负责评估黄河通用公司的持续经营能力，披露与持续经营相关的事项（如适用），运用持续经营假设，除非计划清算黄河通用公司、停止营运或别无其他现实的选择。

治理层负责监督黄河通用公司的财务报告过程。

（五）注册会计师对财务报表审计的责任

我们的目标是对财务报表整体是否不存在由于舞弊或错误导致的重大错报获取合理保证，并出具包含审计意见的审计报告。合理保证是高水平的保证，但并不能保证按照审计准则执行的审计在某一重大错报存在时总能发现。错报可能由于舞弊或错误导致，如果合理预期错报单独或汇总起来可能影响财务报表使用者依据财务报表做出的经济决策，则通常认为错报是重大的。

在按照审计准则执行审计的过程中，我们运用了职业判断，保持了职业怀疑。我们同时：

（1）识别和评估由于舞弊或错误导致的财务报表重大错报风险；对这些风险有针对性地设计和实施审计程序；获取充分、适当的审计证据，作为发表审计意见的基础。由于舞弊可能涉及串通、伪造、故意遗漏、虚假陈述或凌驾于内部控制之上，未能发现由于舞弊导致的重大错报的风险高于未能发现由于错误导致的重大错报的风险。

（2）了解与审计相关的内部控制，以设计恰当的审计程序，但目的并非对内部控制的有效性发表意见。

（3）评价管理层选用会计政策的恰当性和做出会计估计及相关披露的合理性。

（4）对管理层使用持续经营假设的恰当性得出结论，同时，根据获取的审计证据，就可能导致黄河通用公司持续经营能力产生重大疑虑的事项或情况是否存在重大不确定性得出结论。如果我们得出结论认为存在重大不确定性，审计准则要求我们在审计报告中提请报表使用者注意财务报表中的相关披露；如果披露不充分，我们应当发表非无保留意见。我们的结论基于审计报告日可获得的信息。然而，未来的事项或情况可能导致黄河通用公司不能持续经营。

（5）评价财务报表的总体列报、结构和内容（包括披露），并评价财务报表是否公允反映相关交易和事项。

我们与治理层就计划的审计范围、时间安排和重大审计发现（包括我们在审计中识别的值得关注的内部控制缺陷）等事项进行沟通。

我们还就遵守关于独立性的相关职业道德要求向治理层提供声明，并就可能被合理认为影响我们独立性的所有关系和其他事项，以及相关的防范措施（如适用）与治理层进行沟通。

从与治理层的沟通的事项中，我们确定哪些事项对本期财务报表审计最为重要，因而构成关键审计事项。我们在审计报告中描述这些事项，除非法律法规禁止公开披露这些事项，或在极其罕见的情况下，如果合理预期在审计报告中沟通某些事项造成的负面后果超过在公众利益方面产生的益处，我们确定不应在审计报告中沟通该事项。

二、按照相关法律法规的要求报告的事项

（此段内容并非必需）

河南兴达会计师事务所　　　　　　　　　　中国注册会计师：张勇

　　（盖章）　　　　　　　　　　　　　　　（签名并盖章）

　　　　　　　　　　　　　　　　　　　中国注册会计师：李进

　　　　　　　　　　　　　　　　　　　　（签名并盖章）

中国郑州市　　　　　　　　　　　　　　　二〇二二年三月五日

【例17-3】假如注册会计师张勇在对黄河通用机械制造股份有限公司2021年度财务报表审计过程中发现：黄河通用公司绝大部分销售业务均为赊销，由于其无法提供客户的详细资料，导致注册会计师无法对应收账款（2021年应收账款年末余额为21 000万元）实施函证，同时也无法实施替代审计程序。假设重要性水平为100万元。

【要求】分析说明注册会计师应发表何种审计意见？代写一份审计报告。

【分析】

由于黄河通用公司无法提供客户的详细资料，导致注册会计师无法对应收账款实施函证，同时也无法实施替代审计程序。注册会计师无法针对财务报表的应收账款、营业收入等多个要素获取充分、适当的审计证据，影响重大且具有广泛性，因此，注册会计师应当发表无法表示意见，无法表示意见的审计报告见参考格式17-3。

参考格式17-3

审 计 报 告

黄河通用机械制造股份有限公司全体股东：

一、对财务报表出具的审计报告

（一）无法表示意见

我们接受委托，审计黄河通用机械制造股份有限公司（以下简称"黄河通用公司"）财务报表，包括2021年12月31日的资产负债表，2021年度的利润表、现金流量表、股东权益变动表以及相关财务报表附注。

我们不对后附的财务报表发表审计意见。由于"形成无法表示意见的基础"部分所述事项的重要性，我们无法获取充分、适当的审计证据以作为对财务报表发表审计意见的基础。

（二）形成无法表示意见的基础

我们未能对黄河通用公司2021年的应收账款余额实施函证，同时也无法实施替代审计程序，以获取充分、适当的审计证据。我们无法确定是否有必要对应收账款、营业收入以及财务报表的其他项目做出调整，也无法确定应调整的金额。

（三）管理层和治理层对财务报表的责任

管理层负责按照企业会计准则的规定编制财务报表，使其实现公允反映，并设计、执行和维护必要的内部控制，以使财务报表不存在由于舞弊或错误导致的重大错报。

在编制财务报表时，管理层负责评估黄河通用公司的持续经营能力，披露与持续经营相关的事项（如适用），运用持续经营假设，除非计划清算黄河通用公司、停止营运或别无其他现实的选择。

治理层负责监督黄河通用公司的财务报告过程。

（四）注册会计师对财务报表审计的责任

我们的目标是对财务报表整体是否不存在由于舞弊或错误导致的重大错报获取合理保证，并出具包含审计意见的审计报告。合理保证是高水平的保证，但并不能保证按照审计准则执行的审计在某一重大错报存在时总能发现。错报可能由于舞弊或错误导致，如果合理预期错报单独或汇总起来可能影响财务报表使用者依据财务报表做出的经济决策，则通常认为错报是重大的。

在按照审计准则执行审计的过程中，我们运用了职业判断，保持了职业怀疑。我们同时：

（1）识别和评估由于舞弊或错误导致的财务报表重大错报风险；对这些风险有针对性地设计和实施审计程序；获取充分、适当的审计证据，作为发表审计意见的基础。由于舞弊可能涉及串通、伪造、故意遗漏、虚假陈述或凌驾于内部控制之上，未能发现由于舞弊导致的重大错报的风险高于未能发现由于错误导致的重大错报的风险。

（2）了解与审计相关的内部控制，以设计恰当的审计程序，但目的并非对内部控制的有效性发表意见。

（3）评价管理层选用会计政策的恰当性和做出会计估计及相关披露的合理性。

（4）对管理层使用持续经营假设的恰当性得出结论，同时，根据获取的审计证据，就可能导致黄河通用公司持续经营能力产生重大疑虑的事项或情况是否存在重大不确定性得出结论。如果我们得出结论认为存在重大不确定性，审计准则要求我们在审计报告中提请报表使用者注意财务报表中的相关披露；如果披露不充分，我们应当发表非无保留意见。我们的结论基于审计报告日可获得的信息。然而，未来的事项或情况可能导致黄河通用公司不能持续经营。

（5）评价财务报表的总体列报、结构和内容（包括披露），并评价财务报表是否公允反映相关交易和事项。

我们与治理层就计划的审计范围、时间安排和重大审计发现（包括我们在审计中识别的值得关注的内部控制缺陷）等事项进行沟通。

我们还就遵守关于独立性的相关职业道德要求向治理层提供声明，并就可能被合理认为影响我们独立性的所有关系和其他事项，以及相关的防范措施（如适用）与治理层进行沟通。

从与治理层的沟通的事项中，我们确定哪些事项对本期财务报表审计最为重要，因而构成关键审计事项。我们在审计报告中描述这些事项，除非法律法规禁止公开披露这些事项，或在极其罕见的情况下，如果合理预期在审计报告中沟通某些事项造成的负面后果超过在公众利益方面产生的益处，我们确定不应在审计报告中沟通该事项。

二、按照相关法律法规的要求报告的事项

（此段内容并非必需）

河南兴达会计师事务所　　　　　　　　　　中国注册会计师：张勇

　　（盖章）　　　　　　　　　　　　　　　　（签名并盖章）

　　　　　　　　　　　　　　　　　　　　中国注册会计师：李进

　　　　　　　　　　　　　　　　　　　　　　（签名并盖章）

　　中国郑州市　　　　　　　　　　　　　　二〇二二年三月五日

六、在审计报告中增加强调事项段和其他事项段

（一）强调事项段

强调事项段是指审计报告中含有的一个段落，该段落提及已在财务报表中恰当列报或披露的事项，根据注册会计师的执业判断，该事项对财务报表使用者理解财务报表至关重要。

当被审计单位同时满足下列条件时，应考虑在审计报告中增加强调事项段，以提醒财务报表使用者关注：

（1）按照《中国注册会计师审计准则第1502号——在审计报告中发表非无保留意见》的规定，该事项不会导致注册会计师发表非无保留意见。

（2）当《中国注册会计师审计准则第1504号——在审计报告中沟通关键审计事项》适用时，该事项未被确定为在审计报告中沟通的关键审计事项。

具体包括以下情形：

（1）法律、法规规定的财务报告编制基础不可接受；

（2）提醒财务报表使用者注意财务报告按特殊编制基础编制；

（3）注册会计师在财务报告日后知悉了某些事实，并出具了新的审计报告或修改了审计报告。

也包括以下情形：

（1）异常诉讼或监管行动的未来结果存在不确定性。

（2）提前应用对财务报表有重大影响的新会计准则。

（3）存在已经或持续对被审计单位财务状况产生重大影响的特大灾难。

如果在审计报告中增加强调事项段，注册会计师应当使用"强调事项"标题，并指出："我们提醒财务报表使用者关注……本段内容不影响已发表的审计意见。"

在审计报告中增加强调事项段的格式见参考格式17-4。

（二）其他事项段

其他事项段是指审计报告中含有的一个段落，该段落提及未在财务报表中列报或披露的事项，根据注册会计师的执业判断，该事项对财务报表使用者理解审计工作、注册会计师的责任或审计报告相关。

当被审计单位同时满足下列条件时，应考虑在审计报告中增加其他事项段，以提醒财务报表使用者关注：

（1）未被法律、法规禁止。

（2）当《中国注册会计师审计准则第1504号——在审计报告中沟通关键审计事项》适用时，该事项未被确定为在审计报告中沟通的关键审计事项。

具体包括以下情形时：

（1）与财务报表使用者理解审计工作相关的情形。

（2）与财务报表使用者理解注册会计师的责任或审计报告相关的情形。

（3）对两套以上财务报表出具审计报告的情形。

（4）限制审计报告分发和使用的情形。

如果在审计报告中增加强调事项段，注册会计师应当使用"其他事项"标题，并指出："我们提醒财务报表使用者关注……本段内容不影响已发表的审计意见。"

【例17-4】见案例17-1，假如黄河通用机械制造股份有限公司在财务报表附注中描述了：该公司发生了火灾，火灾对该公司生产设备造成了一定影响，但不影响财务报表整体的合法性、公允性，因此，不影响注册会计师的审计意见。

【要求】分析说明注册会计师应发表何种审计意见？代写一份审计报告。

【分析】

由于黄河通用机械制造股份有限公司在财务报表附注中描述了：该公司发生了火灾，火灾对该公司生产设备造成了一定影响，但不影响财务报表整体的合法性、公允性。注册会计师应当发表无保留意见，同时在审计报告中增加强调事项段。注册会计师签发的增加强调事项段的无保留意见审计报告见参考格式17-4。

参考格式17-4

审 计 报 告

黄河通用机械制造股份有限公司全体股东：

一、对财务报表出具的审计报告

（一）审计意见

我们审计了黄河通用机械制造股份有限公司（以下简称"黄河通用公司"）财务报表，包括2021年12月31日的资产负债表，2021年度的利润表、现金流量表、股东权益变动表以及相关财务报表附注。

我们认为，后附的财务报表在所有重大方面按照企业会计准则的规定编制，公允反映了黄河通用公司 2021 年 12 月 31 日的财务状况以及 2021 年度的经营成果和现金流量。

（二）形成审计意见的基础

我们按照中国注册会计师审计准则的规定执行了审计工作。审计报告的"注册会计师对财务报表审计的责任"部分进一步阐述了我们在这些准则下的责任。按照中国注册会计师职业道德守则，我们独立于黄河通用公司，并履行了职业道德方面的其他责任。我们相信，我们获取的审计证据是充分、适当的，为发表审计意见提供了基础。

（三）强调事项——火灾的影响

我们提醒财务报表使用者关注，财务报表附注中描述了火灾对该公司生产设备造成的影响，但不影响财务报表整体的合法性、公允性。本段内容不影响已发表的审计意见。

（四）关键审计事项

关键审计事项是根据我们的职业判断，认为对本期财务报表审计是最为重要的事项。这些事项是在对财务报表整体进行审计并形成意见的背景下进行处理的，我们不对这些事项提供单独的意见。

【按照《中国注册会计师审计准则第 1504 号——在审计报告中沟通关键审计事项》的规定描述每一关键审计事项。】

（五）管理层和治理层对财务报表的责任

管理层负责按照企业会计准则的规定编制财务报表，使其实现公允反映，并设计、执行和维护必要的内部控制，以使财务报表不存在由于舞弊或错误导致的重大错报。

在编制财务报表时，管理层负责评估黄河通用公司的持续经营能力，披露与持续经营相关的事项（如适用），运用持续经营假设，除非计划清算黄河通用公司、停止营运或别无其他现实的选择。

治理层负责监督黄河通用公司的财务报告过程。

（六）注册会计师对财务报表审计的责任

我们的目标是对财务报表整体是否不存在由于舞弊或错误导致的重大错报获取合理保证，并出具包含审计意见的审计报告。合理保证是高水平的保证，但并不能保证按照审计准则执行的审计在某一重大错报存在时总能发现。错报可能由于舞弊或错误导致，如果合理预期错报单独或汇总起来可能影响财务报表使用者依据财务报表做出的经济决策，则通常认为错报是重大的。

在按照审计准则执行审计的过程中，我们运用了职业判断，保持了职业怀疑。我们同时：

（1）识别和评估由于舞弊或错误导致的财务报表重大错报风险；对这些风险有针对性地设计和实施审计程序；获取充分、适当的审计证据，作为发表审计意见的基础。由于舞弊可能涉及串通、伪造、故意遗漏、虚假陈述或凌驾于内部控制之上，未能发现由于舞弊导致的重大错报的风险高于未能发现由于错误导致的重大错报的风险。

（2）了解与审计相关的内部控制，以设计恰当的审计程序，但目的并非对内部控制的有效性发表意见。

（3）评价管理层选用会计政策的恰当性和做出会计估计及相关披露的合理性。

（4）对管理层使用持续经营假设的恰当性得出结论，同时，根据获取的审计证据，就可能导致黄河通用公司持续经营能力产生重大疑虑的事项或情况是否存在重大不确定性得出结论。如果我们得出结论认为存在重大不确定性，审计准则要求我们在审计报告中提请报表使用者注意财务报表中的相关披露；如果披露不充分，我们应当发表非无保留意见。我们的结论基于审计报告日可获得的信息。然而，未来的事项或情况可能导致黄河通用公司不能持续经营。

（5）评价财务报表的总体列报、结构和内容（包括披露），并评价财务报表是否公允反映相关交易和事项。

我们与治理层就计划的审计范围、时间安排和重大审计发现（包括我们在审计中识别的值得关注的内部控制缺陷）等事项进行沟通。

我们还就遵守关于独立性的相关职业道德要求向治理层提供声明，并就可能被合理认为影响我们独立性的所有关系和其他事项，以及相关的防范措施（如适用）与治理层进行沟通。

从与治理层的沟通的事项中，我们确定哪些事项对本期财务报表审计最为重要，因而构成关键审计事项。我们在审计报告中描述这些事项，除非法律法规禁止公开披露这些事项，或在极其罕见的情况下，如果合理预期在审计报告中沟通某些事项造成的负面后果超过在公众利益方面产生的益处，我们确定不应在审计报告中沟通该事项。

二、按照相关法律法规的要求报告的事项

（此段内容并非必需）

河南兴达会计师事务所　　　　　　　　　　　中国注册会计师：张勇

（盖章）　　　　　　　　　　　　　　　　　（签名并盖章）

中国注册会计师：李进

（签名并盖章）

中国郑州市　　　　　　　　　　　　　　　　二〇二二年三月五日

知识检测

一、单项选择题

1. 如果注册会计师认为财务报表整体是合法的、公允的，应发表（　　）。

A. 无保留意见　　　　　　　　　　　B. 保留意见

C. 否定意见　　　　　　　　　　　　D. 无法表示意见

2. 如果财务报表存在重大错报，但不具有广泛性，注册会计师应发表（　　）。

A. 无保留意见　　　　　　　　　　　B. 保留意见

C. 否定意见　　　　　　　　　　　　D. 无法表示意见

3. 如果财务报表存在重大错报，且具有广泛性，注册会计师应发表（　　）。

　　A. 无保留意见　　　　　　　　　　B. 保留意见

　　C. 否定意见　　　　　　　　　　　D. 无法表示意见

4. 如果注册会计师无法获取充分、适当的审计证据，重大但不具有广泛性，应发表（　　）。

　　A. 无保留意见　　　　　　　　　　B. 保留意见

　　C. 否定意见　　　　　　　　　　　D. 无法表示意见

5. 审计报告的收件人通常为（　　）。

　　A. 注册会计师　　　　　　　　　　B. 被审计单位管理层

　　C. 被审计单位全体股东　　　　　　D. 被审计单位全体债权人

6. 审计报告的审计意见部分不包括（　　）。

　　A. 指出构成整套财务报表的每张财务报表的名称

　　B. 提及财务报表附注

　　C. 指明构成整套财务报表的每张财务报表的日期和涵盖的期间

　　D. 提及审计报告日期

二、多项选择题

1. 非无保留意见包括（　　）。

　　A. 无保留意见　　　　　　　　　　B. 保留意见

　　C. 否定意见　　　　　　　　　　　D. 无法表示意见

2. 如果注册会计师认为财务报表存在重大错报，应发表（　　）。

　　A. 无保留意见　　　　　　　　　　B. 保留意见

　　C. 否定意见　　　　　　　　　　　D. 无法表示意见

3. 如果注册会计师无法获取充分、适当的审计证据，应发表（　　）。

　　A. 无保留意见　　　　　　　　　　B. 保留意见

　　C. 否定意见　　　　　　　　　　　D. 无法表示意见

4. 如果注册会计师认为必要，无保留意见审计报告可以增加（　　）。

　　A. 强调事项段　　　　　　　　　　B. 其他事项段

　　C. 说明事项段　　　　　　　　　　D. 附加事项段

5. 注册会计师发表（　　）时，应对审计报告要素内容进行修改。

　　A. 无保留意见　　　　　　　　　　B. 保留意见

　　C. 否定意见　　　　　　　　　　　D. 无法表示意见

6. （　　）应在审计报告上签名并盖章。

　　A. 项目合伙人　　　　　　　　　　B. 负责该项目的注册会计师

　　C. 被审计单位财务部经理　　　　　D. 负责该项目的助理人员

三、判断题

　　1. 审计意见类型包括无保留意见和非无保留意见两种。　　　　　　　　（　　）

2. 无法表示意见审计报告属于非无保留意见的审计报告。　　　　（　　　）

3. 审计报告具有鉴证、保护和证明三方面的作用。　　　　　　　（　　　）

4. 如果财务报表存在重大错报，注册会计师应发表保留意见的审计报告。（　　　）

5. 审计报告的日期不应早于注册会计师获取充分、适当的审计证据，并在此基础上对财务报表形成审计意见的日期。　　　　　　　　　　　　　　（　　　）

6. 审计报告应由签字注册会计师签名并盖章，不必加盖会计师事务所公章。（　　　）

四、简答题

1. 审计意见有哪些种类？

2. 无保留意见审计报告包括哪些基本内容？

拓展实训

1. 资料：河南兴达会计师事务所的注册会计师李进带领项目组已于 2022 年 3 月 10 日完成了对泰运股份有限公司 2021 年财务报表的审计工作，获取了充分、适当的审计证据。主任会计师李进复核了审计工作底稿。注册会计师确定的财务报整体重要性水平为 5 万元。注册会计师在审计过程中发现了如下问题：

（1）2021 年 12 月预付 2022 年财产保险费 5 万元，全部作为当月管理费用处理。该公司没有接受注册会计师的调整建议。

（2）2021 年 1 月从二级市场购入 50 万元股票，将其列入"管理费用"账户，造成资产、利润、所得税反映严重失实。注册会计师提出了调整建议，该公司拒绝采纳。

（3）该公司管理层拒绝注册会计师观察存货盘点，该存货占总资产的 50%。注册会计师无法对存货运用替代审计程序。

要求：

（1）分别根据上述各种情况，说明注册会计师应发表何种审计意见，并简要说明理由。

（2）假如只存在第一种情况，代注册会计师编写一份审计报告。

2. 资料：河南兴达会计师事务所注册会计师王豪已于 2022 年 3 月 10 日完成对 ABC 股份有限公司 2021 年度财务报表的审计工作，现正草拟审计报告。按审计业务约定书的要求，审计报告应于 2022 年 3 月 25 日提交。在复核审计工作底稿时，王豪发现存在以下情况：

（1）审计工作底稿显示，2021 年度利润表重要性水平为 85 万元，2021 年 12 月 31 日资产负债表重要性水平为 95 万元。

（2）2022 年 3 月 5 日，北京市高级人民法院最终裁定，2021 年 2 月，ABC 股份有限公司被控告侵权，应赔偿 XYZ 股份有限公司 125 万元。

（3）在 2021 年 12 月 31 日对 A 产品进行监盘时，发现数量短缺 1 000 件，A 产品单位成本为 870 元，但 ABC 股份有限公司未做调整。

要求：

（1）针对上述第（1）种情况，注册会计师应选择的重要性水平为多少？为什么？

（2）对上述情况，注册会计师应提出何种处理建议？若提出调整建议，应列示调整分录。

（3）ABC 股份有限公司均未接受注册会计师的调整或披露建议，请代注册会计师编写一份审计报告。

参 考 文 献

[1] 中国注册会计师协会. 审计[M]. 北京:中国财政经济出版社,2021.

[2] 东奥会计在线. 审计[M]. 北京:北京大学出版社,2021.

[3] 中国注册会计师协会. 会计[M]. 北京:中国财政经济出版社,2021.

[4] 周慧玲. 审计基础与实务[M]. 北京:机械工业出版社,2014.

[5] 邵丽. 审计实务[M]. 北京:北京邮电大学出版社,2016.

[6] 张惠芳,周慧玲. 审计原理与实务[M]. 南京:南京大学出版社,2011.

[7] 曹金华,周慧玲. 审计原理与实务[M]. 北京:对外经济贸易大学出版社,2009.

[8] 刘爱萍. 审计 [M]. 上海:立信会计出版社,2009.

[9] 刘秀玲,张志萍. 审计原理与实务[M]. 西安:西北工业大学出版社,2010.

[10] 李敏. 审计学 [M]. 上海:上海财经大学出版社,2009.

[11] 闫红玉. 审计实务[M]. 厦门:厦门大学出版社,2009.

[12] 俞校明. 审计实务[M]. 北京:清华大学出版社,2009.

[13] 张志和,郑毅. 审计 [M]. 北京:高等教育出版社,2008.

[14] 高翠莲. 基础审计[M]. 3 版. 北京:高等教育出版社,2009.

[15] 高翠莲. 基础审计习题集[M]. 北京:高等教育出版社,2009.

[16] 李若山,刘大贤. 审计学——案例与教学[M]. 北京:经济科学出版社,2001.

[17] 胡中艾. 审计[M]. 大连:东北财经大学出版社. 2007.

[18] 刘丽华. 审计学[M]. 2 版. 北京:经济科学出版社. 2007.

[19] 吴秋生. 审计实务[M]. 北京:电子工业出版社. 2007.

[20] 杨紫元. 审计基础[M]. 郑州:河南科学技术出版社. 2008.